看看人家過得這麼慘
你不可能衰到比他慘！

憤世嫉俗、顧影自憐、憂鬱耍廢、茫然自卑……

生活本就不盡人意，你還在整天怪命運？

目錄

第一章　正確認識社會，掌握命運羅盤

第二章　全面認識自己，保持高度自信

第四章　克服人性弱點，鍛鍊人格魅力

第五章　保持樂觀心態，造就亮麗人生

第七章　抓住每個機遇，拓展人生前程

第八章 激揚頭腦風暴，發掘事業天地

第十章　正確對待名利，辯證看待得失

第十一章　平凡中求幸福，自然界怡身心

第十二章　培育情感之花，繪出人間麗景

目錄

第一章　正確認識社會，掌握命運羅盤

人生好像一艘船，世界好像大海。人自身好像是駕船的舵手，歷史的傾斜與時代的選擇，好像時而變化著方向的水流與或大或小的風。

▌命運對每一個人都是公平的

有一位著名的女高音，年僅 30 歲就已經享譽全球，而且有個如意郎君，家庭美滿。

一次，她到鄰國來開獨唱音樂會，門票早在一年以前就被搶購一空，當晚的演出也受到了當地人非常熱烈的歡迎。

演出結束之後，女高音和丈夫、兒子從劇場裡走出來的時候，一下子就被早已等候著的歌迷團團圍住。人們七嘴八舌地與她攀談著，其中不乏讚美和羨慕之詞。

大部分觀眾都熟悉這位當紅女高音的經歷，所以紛紛恭維她，有的人說她大學剛畢業就走紅，進入了國家級的歌劇院，成為扮演主要角色的演員；有的人說她 25 歲時就被評為世界十大女高音之一；也有的人說她有個家財萬貫的大老闆丈夫，而膝下又有個活潑可愛、臉上總帶著微笑的小男孩……。

在人們議論的時候，女高音只是聽著，什麼也沒有說。

等人們把話說完後，女高音才平靜地說：「我首先要謝謝大家對我和我的家人的讚美，我希望能將這快樂與大家分享。但是，你們看到的只是其中一個方面，還有另外一個方面沒有看到 —— 你們誇獎的這個活潑可愛、臉上總帶著微笑的小男孩，是一個不會說話的啞巴，而且，他還有一個姐姐在家裡，是必須長期關在裝有鐵窗的房間裡的思覺失調症患者。」

女高音的一席話，使人們震驚得說不出話來，你看看我，我看看你，似乎很難接受這樣的事實，但它卻是實實在在的現實。

這時，女高音又心平氣和地對人們說：「這一切說明什麼呢？恐怕只能說明一個道理，那就是上帝給誰都不會太多。」

> **感悟：**當我們兩隻眼睛都盯住幸福的招牌時，我們無法保留一隻眼睛注視自己、反省自己。其實，命運對每個人都是公平的，上帝給誰都不會太多。所以，與其羨慕他人、怨天尤人，不如從自己的身上挖掘命運的瑰寶、上帝的恩賜。
>
> **格言：**文王拘而演《周易》；仲尼厄而作《春秋》；屈原放逐，乃賦《離騷》；左丘失明，厥有《國語》；孫子臏腳，兵法修列；不韋遷蜀，世傳《呂覽》；韓非囚秦，《說難》、《孤憤》；《詩》三百篇，大抵聖賢發憤之所為作也。──〔西漢〕司馬遷

▍命中注定的真相

有一個男孩，他出生在一個傳統保守的家庭，父母相信一切全是命中注定，男孩也對此深信不疑，認為命運自然會安排一切。

在他居住的那條街上，有一個非常有名的算命師，據說非常靈驗。

這一天，男孩也來找這位算命師算命。看了一陣子之後，算命師冷靜地說：「你相貌寬厚，深具福緣。」緊接著，男孩又給算命師生辰八字。經過一番推算之後，算命師喜形於色又說：「你實在是命格絕佳，35 歲之前，就能賺到不少財富。」

當時，這個男孩只有 19 歲，聽了算命師的話，暗自竊喜，從此開始努力打拚，累積一點財富之後，就做起了更大的生意，財源滾滾而來。每當夜深人靜，男孩就會想起算命師的話，第二天的他就會精神百倍。就這樣，還不到 35 歲，他已是同輩朋友中最有錢的商人了。

34 歲那一年，男孩的母親過世，咽氣之前，母親告訴他：「你其實是半夜兩點左右出生的，我當時痛得忘了正確時間，產婆又忙進忙出，結果就記成是隔天早上了。」

聽了這番話，男孩立即拿著新的生辰八字去找那位算命師。此時，原先那位算命師已經過世，換了另一位。「根據你的八字，你命格清苦，一生勞碌，要好好廣結善緣才行。」這算命師簡單說了幾句話之後便不再多言。

回家後，男孩沮喪不已！「今後是不是會倒楣呢？」男孩總是這樣問自己。

從那天之後，他沒心情再做生意，業務都交給員工辦理。於是，生意也越來越差，五年之後，男孩只剩了一棟僅能棲身的房屋。

「一切都是命中注定呀！」那名男孩總是這樣嘆息。

> **感悟**：大多數人所謂的「命中注定」，其真相類似於故事裡的男孩，也就是說命運並非天生，而是掌握在我們的手中。所謂「天生」只不過是一種虛假的幻覺，信命的人被其迷惑，成功者則識破幻覺、自主生存。
>
> **格言**：宿命論是那些缺乏意志力的弱者的藉口。—— ［法國］羅曼·羅蘭

出身不能決定前途

拿破崙出身於窮困的法國科西嘉沒落貴族家庭，父親為了兒子能有所成就，將他送進了一所貴族學校。

拿破崙的同學大都是有錢有勢的貴族子弟，他們大肆嘲諷他的窮困。拿破崙非常憤怒，暗暗發誓一定要出人頭地，證明自己是最優秀的！

拿破崙發憤學習，不理會周圍的喧鬧與白眼，就這樣忍受了五年的痛苦。這五年之中，每一種嘲笑、每一種侮辱、每一種輕視的態度，都使他增加了決心，堅定了鬥志。靠著不懈的努力，在 16 歲那年，拿破崙榮升為少尉，並以全校第一名的成績畢業於貴族學校。

隨後，拿破崙接受軍事徵召來到部隊。到部隊以後，他發現周圍的同伴不務正業，卻以追逐女人和賭博為榮。由於自己經濟依然困難，再加上不善於拍馬屁，不久拿破崙便遭到同事排擠，從少尉一職上被擠了下來。

拿破崙不再理會他們無聊的遊戲，埋首於圖書館中，下定決心要讓天底下所有的人都知道自己的才華。他大量閱讀哲學、軍事、名人傳記等著作。在部隊中，他孤寂、沉悶、憤怒，但是他頑強地堅持了下來，並描繪著自己美好的未來。

在圖書館的這段歲月裡，拿破崙僅摘錄的筆記就累積了一公尺多厚。他將自己想像成一個總司令，把科西嘉島的地圖畫出來，並清楚地指出哪些地方應該布置要塞等防禦，而且計算得非常精確。

　　一次，長官見拿破崙的很有學問，便派他到訓練操場上執行一項任務。這項任務需要非常繁雜的計算能力，他把工作做得非常出色，讓長官十分吃驚，於是他獲得了新的機會。從此，拿破崙飛黃騰達。

> **感悟：**綜觀歷史，我們發現在各行各業中成功的人，往往是出身貧苦的居多。他們大多是在苦難的皮鞭驅策下奮發向上的，是在想要改變自己命運的願望引導下而不斷向前的。
>
> **格言：**征服命運的常常是那些不甘於等待機運恩賜的人。── ［法國］馬修‧阿諾德

▌同樣境遇，兩種命運

　　威爾遜是一位成功的商人，他從一個普普通通的事務所小員工做起，經過多年的奮鬥，終於擁有了自己的公司、辦公大樓。

　　一天，威爾遜從他的辦公大樓裡走出來，剛走到街上，就聽見身後傳來「嗒嗒嗒」的聲音──那是盲人用竹竿敲打地面發出的聲響。那盲人感覺到前面有人，連忙掏出一個打火機，放到威爾遜手裡，說：「先生，這個打火機只賣1美元。」

　　威爾遜伸手掏出一張鈔票遞給盲人。

　　盲人用手摸了一下那張鈔票，竟然是100美元！

　　威爾遜正準備走開，盲人卻拉住他，又喋喋不休地說：「您不知道，我並不是一生下來就瞎的。都是23年前布林頓的那次事故！」

　　威爾遜心頭一震，問：「你是在那次化工廠爆炸中失明的嗎？」

　　盲人想用自己的遭遇打動對方，爭取得到更多的錢，他可憐巴巴地接著說了「你不知道當時的情況，火一下子冒了出來，逃命的人群都擠在一起，我好不容

易衝到門口，可是一個大個子在我身後大喊：『讓我先出去，我還年輕，我不想死！』他把我推倒，踩著我的身體跑了出去。我失去了知覺，醒來就成了瞎子，命運真不公平啊！」

威爾遜冷冷地說：「我當時也在那裡當工人，是你從我的身上踏過去的！你長得比我高大，你說的那句話，我永遠都忘不了！」

盲人愣了愣，突然一把抓住威爾遜，發出一陣大笑，「這就是命運啊！不公平的命運！你在裡面，現在出人頭地了；我跑了出去，卻成了一個沒有用的瞎子！」

威爾遜用力推開盲人的手，用自己手中精緻的棕櫚手杖敲了敲地面，平靜地說：「你知道嗎？我也是一個瞎子。你相信命運，可是我不信。」

> **感悟：**同樣的遭遇，為什麼會出現兩種截然不同的結果呢？關鍵就在於，他們對身處逆境的承受力和對命運的理解迥然不同。把命運交到上天手裡的人總被命運捉弄，自己掌握命運的人則總是有好運。
>
> **格言：**幸運並非沒有許多的恐懼與煩惱；厄運也並非沒有許多的安慰與希望。── ［英國］培根

▌事情並非總是黑白分明

瑟蒂是個才華洋溢的作者和編輯，她總是能夠找到新方法解決問題，而且具有良好的職業精神和道德風範。此外，她聰明、漂亮，能言善辯。但是，瑟蒂又總是守不住自己的工作，在華盛頓工作的十年間，她不停地辭職，從未在一個地方做滿一年。

辭職的理由只有一個，並且一直都是這一個，那就是：她所在的公司總是逼迫她做「不道德」的事，或者這個公司本身捲入了「不道德」的行為。她不想成為其中的一分子，不願意接受這種有「陰影」的行為。

後來，瑟蒂在一家研究機構擔任交流與出版主任，這種專家學者雲集的機構，在華盛頓通常被稱為「思想坦克」。商會、工會、基金會、富人和其他人都

會直接提供資金，以影響政策。這個機構當時正陷入財政危機，一些基金組織懷疑它對華盛頓是否還有影響力，失去了信心，沒有興趣再投錢進去了。

瑟蒂想出了一些絕妙的主意，可以使機構起死回生，並能引起廣泛注意。機構總裁很讚賞她的計畫，但注意到有一個著名卻總是譁眾取寵的人物沒有在名單內。總裁建議瑟蒂將這個人加入名單，但瑟蒂認為名單是經過深思熟慮的，拒絕將那人加入名單。

總裁認為瑟蒂太感情用事，過於情緒化，因為如果此人的名字出現在名單上，會促使其他人參加；而且此人是總裁多年的朋友，不邀請他，總裁在面子上也過不去。因此，總裁對瑟蒂說：「我們真的不得不邀請他。」

然而，瑟蒂還是拒絕了，她稱總裁「巴結名人」。「我並沒有讓妳邀請他，」總裁說，「我只是堅持把他的名字列在邀請人名單上。」但瑟蒂堅持己見，不肯退讓。

在這間機構裡，瑟蒂這樣拒絕政治捲入她的計畫，已經在機構中引起過幾次小衝突了，這一次，總裁不再遷就她了。

瑟蒂被迫辭職了，再一次為她的非黑即白的觀點，付出了沉重的代價。

> **感悟：**我們可以坦然地接受這個世界不完美的一面，就像我們可以微笑著接受這個世界的美好一樣。嘗試著去接受它、去理解它，即使你仍無法認同它，但也不要情緒化地固執己見，別讓它妨礙了你的個人發展。
>
> **格言：**在這個世界上，盡如人意的事是並不多的。我們既然活著做人，就只能遷就我們所處的實際環境，凡事忍耐些。── ［印度］泰戈爾

▎善於讀社會這本「無字之書」

俄羅斯文豪高爾基（Maxim Gorky）曾寫過自傳體作品《我的大學》。其實，這位大文豪唯讀過幾個月的書，他把投身於「社會」視為上「大學」。

高爾基的童年生活非常困苦，僅僅上過兩年小學。外祖母去世後不久，外祖父就叫他退學，將他送進了一家鞋店去當學徒，這年他才 11 歲。

學徒工是非常辛苦的，每天都比別人起得早，幫店裡所有的人擦皮鞋、揮衣服，然後生爐子，燒熱水，收拾店鋪，為顧客拿貨物，一刻也不能休息。高爾基實在不想忍受這種學徒生活，就逃了出來，到伏爾加河一艘輪船上當了洗碗工。以後又做過警衛、打雜工人等。他在伏爾加河上到處漂泊。河面上的片片白帆，沿河喧鬧的城市和美麗的村莊，以及各地的風土民情，都讓高爾基感到新鮮。他與碼頭工人、廚師等各種人廣交朋友，從他們那裡聽到了很多故事。

15歲那年，高爾基流浪到了名城喀山，加入卸貨的行列。在這裡，他接觸了一些具有革命思想的青年，使他耳目一新，更加關心社會，關心處在水深火熱之中的勞動人民。後來，高爾基又沿著伏爾加河往下游流浪，到了察里津、烏克蘭、克里米亞、高加索地區等等。他走了幾千公里，做過各式各樣的苦工，認識到形形色色的人。

高爾基在社會的底層，對自己的人生有了深刻的認識，對自己的俄羅斯社會有了深刻的認識，這也增加了他對祖國的濃厚感情。他從伏爾加河碼頭的搬運工們那裡學到了勞動的習慣；從流放的政治犯那裡得到了精神上的鼓舞；從麵包師那裡學到的則是可貴的人生哲學。

從「社會大學」中讀「無字之書」所獲得的一切，為高爾基日後創作「有字之書」提供了無盡的源泉。這些，在高爾基的自傳體三部曲——《童年》、《在人間》、《我的大學》之中皆有體現。

感悟：生活是一本大書。成大事者要善於讀這本「無字之書」，參透人情世故，體悟成敗之理。人不僅要有較多的書本知識和豐富的閱歷，而且還要有理論結合實際的能力，善於利用知識處理各種事情。

格言：如果不肯學習便無法有成就。小時候跟父母學，在學校時跟教師學，就業以後向社會學習。學習之後，才能擁有自己的想法。——［日本］松下幸之助

▌迷戀外物，迷失人生

皮克住在一座破廟裡，他是地球上最快樂的乞丐。可是有一天，皮克臉上的快樂突然丟失了。這是因為，有一天，皮克在回破廟的路上撿到了一袋金幣，準確地說是 99 塊金幣。

撿到金幣的那個晚上，皮克非常快樂。「我可以不再是乞丐了，我有了 99 塊金幣！這夠我吃一輩子啊！99 塊，哈！我得再數數。」皮克怕這是一個夢，不敢睡覺，直到第二天太陽出來時，他才相信這是真的。

第二天，皮克直至深夜也沒有走出破廟，他要把這 99 塊金幣藏好，而這可真的需要費一番工夫。「這錢不能花，我得存著。可是，為什麼是 99 塊呢？要是擁有 100 塊金幣就好了。我要擁有 100 塊金幣。」從來沒有什麼理想的皮克現在開始有了理想。他還需要一塊金幣，這對一個乞丐來說，絕對是一個非常遠大的理想。

晌午了，皮克才出去討飯。不，不是討飯，而是討錢，一分一分的。中午他很餓，只討了一點剩飯。下午，他很早就「收工」了，他得用更多的時間守著他的金幣。

「還差 97 分。」晚上，皮克反覆地數著金幣，他開始忘記了飢餓。

一連幾天，皮克都是這樣度過的。在這樣的日子裡，皮克就再也沒有吃飽過，同時也再沒有快樂過。

討錢越來越難。難的原因之一，是別人願意給剩飯而不願意給錢；其次是皮克用來討錢的時間越來越少了；此外更重要的是，因為皮克不快樂了，別人也不願再施捨給他了 —— 誰願意面對一個滿臉苦相的人呢？

皮克越來越憂鬱，越來越苦悶，也越來越瘦弱了。終於有一天，他病倒了。而這一切的起因，全是因為他擁有了那 99 塊金幣。

> **感悟：**當我們感到生活不愉快、不幸福時，很容易就會聯想到金錢，認為正是自己缺少金錢，因此才如此不幸福。我們會盼望著有一天可以發財，有了錢，就不會有這麼多的煩惱。如果誰真的迷戀於身外之物，那他無疑步入了歧途。

▌不要怕麻煩，麻煩就是人生

詹尼已經 50 多歲了，曾不止一次地，向人們講述過他 40 歲前經歷過的三次令他刻骨銘心的談話。

詹尼 20 歲那年，任職的公司倒閉了，詹尼失業了。公司經理卻對詹尼說：「你很幸運。」

「幸運！」詹尼咆哮著，「我浪費了兩年的光陰，還有 1,600 元的欠薪沒有拿到。」

「是的，你很幸運。」經理平靜地說：「凡在早年受挫的人都是很幸運的，因為他可以鼓起勇氣，不憂不懼地從頭學起。如果運氣一直很好的人，到了四五十歲，忽然災禍臨頭，又無其他技能，想從頭學起嗎？年紀已經太大了，那才是真正的不幸。」

詹尼 35 歲時，人到中年，各方面的負擔都十分沉重，公司交給他的工作不僅多，還很棘手。這時，一位在職場上打滾了半輩子的長者對他說：「你不要因為事情麻煩而抱怨，你的收入比較多，就是因為工作麻煩。一般人不需要負什麼責任，沒有什麼負擔，自然就沒有什麼麻煩，報酬當然也少。只有困難的工作、麻煩的事情，才有豐厚的報酬。」

詹尼 40 歲時，麻煩有增無減，而詹尼似乎也有些習慣了。這時，一位哲學家告訴他：「再過五年你就會有重大的發現。那就是，你終於懂得：麻煩不是偶然出現的，而是經常存在的，麻煩就是人生。」

> **感悟：**「麻煩不是偶然出現的，而是經常存在的，因為麻煩就是人生」可謂一語道破天機，生活就是由大大小小麻煩的事情構成的，它需要人們耐心、細心地對待。在這個過程中，人們才會日漸成熟。

▌以充滿希望的一面看待世界

美國銀行家傑・庫克（Jay Cooke）是一位傳奇人物，他的人生經歷為人們津津樂道。

經過半生的奮鬥，在 51 歲的時候，庫克的財富高達數百萬美元。這個數字在今天來說也許不值一提，但在 1940 年代卻相當可觀，庫克完全可以稱得上那個時代的大富翁。

然而，由於客觀局勢的影響和自己投資的失誤，只過了一年，到 52 歲的時候，庫克失去了所有的財富，而且背上了一大堆債務。

此時的庫克已經年過半百，但他雄心不減當年，決定要東山再起。

不久，庫克又累積了巨額的財富。當他還清最後 300 個債務人的欠款後，這位金融家實現了他那偉大的承諾。

對於庫克的東山再起，許多人驚訝不已，也充滿了疑惑 —— 一位經受巨大創傷、年過半百的人，怎麼還有重振雄風的可能？就一般人而言，恐怕只有潦倒餘生了。

有一次，一位客人問庫克：「庫克先生，您的第二筆財富是怎樣累積起來的？」

庫克回答：「這很簡單，就是因為我從來沒有改變從父母身上繼承下來的天性。從早期謀生開始，我就認為要以充滿希望的一面來看待世間萬物，從不在陰影的籠罩下生活。我總是有理由讓自己相信，實際的情況比一般人設想和批評的情況要好得多。我相信，我們的社會到處都是財富，只要去努力工作，就一定會發現財富、獲得財富。這就是我生活成功的祕密。」

最後，庫克告誡大家：「記住：總是要看到事物陽光燦爛的一面。」

感悟：人生總會有處於逆境的時候。此時，有些人會將痛苦、挫折等等放大，從而被其壓垮；另一些人則不讓痛苦、挫折的陰影籠罩自己，而是在陰雲的縫隙尋找陽光。以樂觀正向的心態看待事物，就會發現自己的身邊充滿機會，簡直可以左右逢源。

格言：人類最寶貴的財富是希望，希望減輕了我們的苦惱，為我們在享受當前的樂趣中，描繪出來日樂趣的遠景。如果人類不幸到目光只限於考慮當前，那麼人就會不再去播種，不再去種植，人對什麼也不準備了；從而在這塵世的享受中，人就會缺少一切。—— ［法國］伏爾泰

不論悲傷快樂，日子總是天天過

　　波特生長在沿海，一直靠海做生意。經過數年的打拚，他有了不菲的家業。為了進一步把生意做大，他與人合夥進了一大批貨，幾乎把所有的家當都押了進去。

　　天有不測風雲。無情的海浪把波特與合夥人的貨船掀翻了，他們所有的財產和夢想也隨之墜入了海底。波特經不起這個打擊，從此變得萎靡不振，神情恍惚。

　　與波特一起遭到變故的人卻不同，他居然活得十分快活，這讓波特很不解，於是前去請教。

　　那人對波特說：「你咒罵，你傷心，日子一天天地過去；你快活，你歡樂，日子也一天天地過去，你選擇哪一種呢？」聽了這話，波特似有所悟，也開始快活地過日子，生命也隨之亮麗起來。

　　過了幾年，波特想去學醫，可是又猶豫不決，就去問一個朋友：「再過四年，我就 44 歲了，行嗎？」

　　朋友對波特說：「為何不行呢？你不學醫，再過四年也是 44 歲啊！」波特想了想，瞬間領悟了，第二天就去學校報了名。

　　後來，波特終於成了遠近馳名的大醫生。

　　感悟：有這樣一首詩寫：「你知道，你愛惜，花兒努力地開；你不知，你厭惡，花兒努力地開。」是的，花兒總是在努力地開，美好的日子也一天天地在流逝，我們是欣喜地度過每一天，還是痛苦地熬過每一日，可全在於自己。

　　格言：假如生活欺騙了你，不要憂鬱，也不要憤慨！不順心的時候暫且容忍；相信吧，快樂的日子就會到來。──〔俄國〕普希金

▎只要心中有光，前途就會光明

　　孟先生是一家資產破億的企業集團的董事長，他的桌子上擺放著一隻傷痕累累、鏽跡斑斑的手電筒。孟先生一看到手電筒，就會想起那段永生難忘的往事。

　　那時，孟先生還很年輕，在一家國營工廠裡做政工幹部。五年時間，他目睹了這家工廠一步步從興盛走向衰敗。但他無力回天，最後自己也被裁員了。

　　很長時間他都不敢出門，不與朋友聯繫，也不去找工作。家庭的重擔驟然壓在了妻子身上。

　　朋友以前在郊區的市場上有一個攤位，孟先生被裁員以後，他的妻子把攤位拿過來自己經營，每天早出晚歸地做生意。回家的路上會經過一片荒地，沒有路燈，很少有人經過那裡，只有半個小時一班的公車。那天晚上，妻子打電話給孟先生，說自己沒有趕上最後一班車，讓丈夫去接她。

　　孟先生費力地騎著自行車，妻子坐在前面的大梁上，給他打著手電筒。夜，漆黑一片；路，崎嶇不平。妻子一隻手壓在他的手上，另一隻手擎著那只鏽跡斑斑的手電筒。

　　「你還是出去做點事吧？」妻子試探著問。

　　孟先生顫抖了一下，車子一晃，手電筒滅了，兩個人重重地摔在了地上。

　　「你要我幹什麼？」孟先生惱怒地問。

　　妻子站起身，打開手電筒，幽幽地說：「天這麼黑，路又不平，而手電筒就這麼一點亮光，但只要它開著，我們看見的就只有光 —— 你可不能讓我跟孩子走一輩子夜路啊！」

　　這句話狠狠地撞擊著孟先生的心。他扶起自行車，把妻子摟在懷裡……。孟先生開始振作起來，創辦了自己的企業。之後，企業從小到大，終於成了資產破億的集團。

> **感悟**：一時的困難並不可怕，怕的是因此失去生活的勇氣。勝不驕、敗不餒，心靈之光就會越來越亮。只要心中有光，前途就會光明，人生就會充滿希望。

格言：不幸時滿懷希望，順利時小心謹慎。──〔古羅馬〕賀拉斯

若為失去太陽流淚，也將失去群星

幾年以前，巴特在澳洲的中、北部做了一次旅行。巴特的目的是要了解一些被澳洲人認為應該很熟悉的事情。然而，他最清晰的一次記憶是在澳大利亞炎熱的中部、愛麗絲斯普林以南的一座農舍的邂逅。

那天，巴特正在跟幾位朋友享受著騎馬的樂趣，不慌不忙地穿梭在赭紅色的大地上，正巧加里‧格萊茲布魯克（那座農舍的主人）開著一輛摩托車隆隆地駛過來。他看見巴特他們便停下來，作了自我介紹。在確定他們平安無事、正在自我享受之後，他的摩托車飛也似的駛出了巴特的視線。

巴特很高興能遇上他，不過更高興的，是他那輛隆隆的摩托車沒有嚇著他們的坐騎，看來這些馬已經習慣那種噪音了。

那天晚上，當巴特他們圍坐在一根圓木點燃的篝火旁傾，聽加里講述一些內陸生活的故事時，驚訝地發現，這位農舍主人竟然是殘疾人士，他坐在輪椅裡出現在眾人面前。

原來，加里曾經是一個剪毛工，在一次車禍中失去了雙腿和一隻手臂。但是，他依然借助一輛只用一隻手駕駛的改造過的摩托車，親自監督牧場上的活動。

巴特和所有人都驚訝地張大了嘴。因為誰都無法想到，一個騎著摩托車東奔西跑的人，竟是一個四肢癱瘓的殘疾人士。

巴特覺得，加里對任何事情都抱持一種幽默的態度。當你遇到他時，在幾分鐘之內你就會忘記他身上的嚴重殘疾（如果你已經發現的話）。但是當你離去時，你永遠都不會忘記他。

感悟：人生就是選擇，面對困境，面對磨難，人們如何選擇心態？你負面悲觀，生活便會黯淡無光；你正向樂觀，生活就充滿快樂的陽光。保持良好的心態，克服種種困難，才能造就快樂的生活。

> **格言：**如果你因失去了太陽而流淚，那麼你也將失去群星了。──〔印度〕泰戈爾

▌勤奮不懈的人，好運終會垂青

西元 1648 年，在荷蘭的一座小鎮，有一位只有國中學歷的年輕人，他找到的打工就是為政府看守大門。

看門工作比較輕鬆，時間充裕，能接觸到各行各業的人。一個偶然的機會，他從朋友那裡得知有一種放大鏡，可以把微小的東西放大，使觀察者可以看得清清楚楚。他很想買一架，可又買不起。

由於出身手工藝人家庭，他的手工藝程度不錯，他決定自己製作放大鏡。他仔細觀察了眼鏡行磨制鏡片的過程，默默牢記在心，回去便耐心磨起了鏡片。

他下班時間一不下棋打牌，二不去泡酒館聊天，一有空閒便打磨鏡片。雖然又費時又費力，可他卻樂此不疲、興趣濃厚。

他後來從事了許多工作，當過酒類化驗員、政府小職員、財產保管員等，但他一直沒有放棄打磨鏡片。就這樣不停地磨呀磨，一直磨了 60 年。其中的艱辛、枯燥和乏味是可想而知的，如果沒有決心和毅力，是無法堅持下去的。

由於他的專注細緻和鍥而不捨，磨出的複合鏡片的放大倍數超過了當地的專業技師。憑藉自己研磨的鏡片，他研製出了顯微鏡，終於揭開了當時人們尚未知道的微生物世界的「面紗」。

他一生製造了 491 架顯微鏡，這使他聲名大噪，被授予巴黎科學院院士的頭銜。英國女王訪問荷蘭時，還專程到小鎮拜訪過他。

創造這個奇蹟的「小人物」是誰呢？讀者也許會猜到，他就是後來成為著名科學家的雷文虎克。他一直活到了 90 歲。

> **感悟：**偉大的成就並不一定都來自於偉大的過程，只要專注細緻、鍥而不捨，同樣能創造偉大的成就。小人物數十年如一日堅持不懈，朝著一個目標努力，總有一天會實現目標，進而改變命運。

> **格言：**對那個永遠勤精不懈的人，好運也一定會加以垂青。── ［印度］《五卷書》

▍幸運脫離不了進取和努力

在南非某貧窮的鄉村裡，住了兄弟兩人。後來，他們被奴隸主賣到了海外，大哥似乎幸運些，被奴隸主賣到了富庶的美國舊金山；弟弟好像要不幸得多，他被賣到了貧窮的菲律賓。

40 年後，兄弟倆又幸運地聚在了一起。此時的他們，已今非昔比了。大哥從做了一輩子的工程師職位退了下來，當一個守本分的退休人士，且有兩家餐廳、兩間洗衣店和一間雜貨店。弟弟呢？居然成了一位享譽國際的銀行家，擁有東南亞相當數量的山林、橡膠園和銀行。

人們對他們昨天的境遇和今天的狀況有些不解，便議論說：「經過幾十年的努力，他們都成功了，但為什麼兄弟兩人在事業上的成就，卻有如此的差別呢？」

兄弟相聚，不免談談分別以來的遭遇。

哥哥說：「我們黑人到了白人的社會，既然沒有什麼特別的才華，唯有用一雙手煮飯給白人吃，為他們洗衣服。總之，白人不肯做的工作，我們黑人統統頂上了，生活是沒有問題的，但事業卻不敢奢望了。」

弟弟對哥哥的看法表示肯定，因為大部分人都是這樣想、這樣做的，而哥哥又可以算是其中的佼佼者了 ── 他畢竟沒有一輩子洗衣做飯。

看見弟弟這般成功，做哥哥的不免羨慕。弟弟卻說：「我並沒有比較幸運。剛來菲律賓的時候，我也做了些低賤的工作。但當我發現有些當地人比較懶惰時，便接下他們放棄的事業，慢慢地不斷收購擴張，生意便逐漸做大了。」

> **感悟：**命運這東西，真是說有就有、說無就無，信它則有，不信則無，關鍵在如何看待。如果承認現有的境遇是命中注定，那就不可能「逃脫」宿命；如果認為現有的境遇可以大大改變，那「命運」就會把你引

向另一種境遇。所謂幸運，脫離了進取和努力，就成為不幸了。

格言：如果我曾經或多或少地激勵了一些人的努力，我們的工作，曾經或多或少地擴展了人類的理解範圍，因而給這個世界增添了一分歡樂，那我也就感到滿足了。── ［美國］愛迪生

▌從苦難中發現幸運

英國科學家霍金由於罹患疾病，成了一個全身癱瘓的人，他只有少數幾個手指可以活動。他要借助電動輪椅代替雙腳，說話、寫字都要靠電腦幫忙，閱讀也要別人把稿紙攤平在桌子上。但他卻寫出了《時間簡史》等著作，被稱為當今最傑出的科學家之一。

有一次，在學術報告結束之際，一位年輕的女記者面對這位原已在輪椅上生活了 30 餘年的科學巨匠，深深景仰之餘，又悲憫地問：

「霍金先生，盧·賈里格症（肌萎縮性脊髓側索硬化症）已經將你永遠固定在輪椅上，你不認為命運讓你失去太多了嗎？」

這個問題顯然有些突兀和尖銳，廳內頓時鴉雀無聲，一片寂靜。

人們的眼光都集中到霍金身上。霍金的臉龐卻依然充滿恬靜的微笑，他用還能活動的手指，艱難地叩擊鍵盤，於是，隨著電腦發出的標準倫敦音，寬大的投影螢幕上緩慢然而醒目地顯示出如下一段文字：

「我的手指還能活動，我的大腦還能思考；我有終生追求的理想，有我愛和愛我的親人和朋友；對了，我還有一顆感恩的心……」之後，掌聲雷動。人們紛紛擁向臺前，簇擁著這位非凡的科學家，向他表示由衷的敬意。

人們深受感動的，並不是因為霍金曾經的苦難，而是他面對苦難時的堅守、樂觀和勇氣。

感悟：生活中每個人都會遇到挫折和不幸，但千萬不要認為自己就是個「不幸兒」、「倒楣鬼」。珍惜自己的所有，用一顆感恩的心面對生活，世界將會充滿陽光。

> **格言：**我曾經嘆息，因為我失去了鞋子；但是就在街上，我遇到了沒有腳的男子。 —— ［美國］戴爾‧卡內基

▌不幸的命運只能靠努力改變

在人的一生當中，挫折和失敗是在所難免的，重要的不是避免挫折和失敗，而是要正視挫折，在挫折面前採取樂觀進取的態度。

一天，美國南卡羅來納州一個學院的學生，正準備聽一位重要人物發表演說。這個學院規模不大，整個禮堂坐滿了學生，他們因為有機會聆聽一個大人物的演說而興奮不已。

演講開始，只見一位女士走到麥克風前，掃視了一下聽眾，然後說：

「我的母親是聾啞人，因此沒有辦法說話；我不知道自己的父親是誰，做什麼的，也不知道他是否還在人間。對我來說，生活如此的艱辛，而我這輩子的第一份工作，就是到棉花田去做事。」

臺下一片寂靜，聽眾顯然都很驚訝。

「如果情況不盡如人意，我們只能想辦法做出改變。」她繼續說，「一個人的未來怎麼樣，不是因為運氣，不是因為環境，也不是因為生下來的狀況。」

她重複著方才說過的話，「如果情況不盡如人意，我們只能想辦法做出改變。」

「一個人如果想改變眼前充滿不幸或無法盡如人意的情況，那他只要回答這樣一個簡單的問題：『我想讓情況變成什麼樣？』確認你的希望，然後就全心全意投入，採取行動，朝著你的理想目標去做就可以了。」

隨後她的臉上綻放出美麗的笑容，「我的名字叫阿濟泰勒‧摩爾頓，今天我以美國財政部長的身分，站在這裡。」

> **感悟：**人的一生中總會碰上情況不盡如人意的時候，這一點似乎無從改變，可以改變的只有不如意的情況。好呀，人生的不幸既已客觀存在，

> 如果我們只是等待改變，那永遠也不可能實現。只有自己去努力，才會改變不幸的命運。
>
> **格言：**我要扼住命運的咽喉，它絕不能使我完全屈服。—— ［德國］貝多芬

▌努力改變才是走出不幸的途徑

1989 年，數千家澳洲企業，被長達六個月的國內航空公司糾紛拖入了一場危機之中。韋恩的公司就是其中之一。

韋恩的公司，是一家人力資源開發公司，在全國幾乎每個州都有分機構，但不到兩個月，韋恩那個擁有 12 年歷史、已是非常成功的公司，就難以為繼地垮掉了。韋恩的自信心急轉直下。

韋恩開始顧影自憐，一連數月生活在沮喪之中，對任何一個願意聽他故事的朋友講述自己的不幸經歷。

突然，有一天晚上，韋恩在南亞拉的一個咖啡館裡遇到了一個不同凡響的人 —— 一個對他的生活將產生重大影響的人。當這個人聽完韋恩的故事後，便直直地盯著韋恩的眼睛，最後問：「韋恩，你將如何去收拾這種結局？你將如何去讓你的生活重新進入軌道？」

韋恩對這個人缺乏感情的反應幾乎感到震驚。從此以後，這個朋友每天都打來電話，問這幾個同樣的問題，並且每一次都拒絕聽他悲哀的藉口。

後來，突然有一天，韋恩意識到，這位朋友對自己如此不近人情，是因為她在真正地關心自己、幫助自己！在以後的日子裡，這位朋友有意告訴韋恩一些韋恩的其他大多數朋友都不曾有意告訴他的關於韋恩自身的事情。

在那些日子裡，無論在事業上，還是在個人生活上，韋恩不再為自己尋找藉口，而是努力去改變現狀、挑戰不幸。結果，他在過去的五年中，比在這之前的十年中獲得的成功還要大。

隨著韋恩的新公司的不斷成長壯大，她那位最初的「不近人情理的朋

友」——溫蒂，終於成為他公司的執行長。幾年之後，韋恩娶了這位「不近人情的朋友」。每天，韋恩都感謝上帝——溫蒂在他最需要的時候走進了他的生活。

> **感悟：**當人們處於不幸的境遇中時，常常無比沮喪，為自己尋找種種悲哀的藉口，不肯重新振作起來。而只有努力向不幸挑戰，走出自卑，才能擺脫不幸。
>
> **格言：**宿命論是那些缺乏意志力的弱者的藉口。——〔法國〕羅曼·羅蘭

從痛苦中走出的人生更為豐富

希思和丈夫瓦立克都是畫家，各自保持著獨立的工作，他們之間的摯愛和對藝術的獻身精神，使他們緊緊地結合在了一起。

不幸的是，瓦立克患上了絕症，在與病魔頑強抗爭八年之後，他離開了人世。

當希思眼睜睜地看著護士把丈夫的屍體放進一個黑色的塑膠袋時，她的心簡直要碎了。她呆呆地站在療養院門外的街上，目送著他們用一輛小車把他拉走。

就是在那個時候，希思體驗到黑暗和無望的憂鬱。她脫離了家人與朋友，甚至心理師和支持團體都不能給她絲毫的安慰。

希思的身體健康每況愈下，她開始對自己的作品感到不滿意，所有的靈感似乎都遠離了她。希思不得不面對一個殘酷的現實：她已經到了山窮水盡的地步，同時又面對著可怕的空虛。

逐漸地，一步一步地，希思開始認識到：黑暗是一個人傷痛癒合和發生改變的必須過程。在這個過程中，舊的已經結束，但新的尚未開始——一個生物學上稱之為變態的過程，就像在黑暗的蛹中，毛毛蟲從一個蠕動的、只會咀嚼葉子的、蛆一樣的東西，變成一隻能自由飛翔和吮吸花蜜的美麗蝴蝶。

這種對生活的看法使她又撐過了痛苦的兩年，直到終於有一天，她又能富有創造性地作畫了。

希思覺得，丈夫的去世使她有了深刻的改變。在學著如何去面對空虛和失去的過程中，她在更深的層次上獲得了激情與動力。儘管這種經歷是痛苦和令人心碎的，它卻極大地豐富了希思的人生，她將永遠銘記它。

> **感悟：**當人們處在巨大的痛苦中時，一定要學會如何去面對空虛和失去，給自己一段體驗悲痛的時間，然後人們才會獲得新的前進的動力。蛻變是一個艱難的過程，但只要不放棄，總有一天，會破繭成蝶。
>
> **格言：**人一生的路，要走多遠、多快、多高，只有你自己能決定，重要的是要早早決定。── ［美國］比爾‧克林頓

▍天無絕人之路

　　西元 1882 年 5 月 4 日早晨，巴西護衛艦「阿拉古阿里」號上的水手像往常一樣，用吊桶提上來一桶海水，以便測量水溫，卻發現桶裡浮著一個密封的瓶子。

　　艦長科斯塔看了一眼躺在甲板上的瓶子，立刻吩咐打碎它。瓶裡掉出一頁從《聖經》上撕下的紙，空白處用英文不太整齊地寫：「縱帆船『西‧希羅』號上發生譁變。船長死亡。大副被拋出船舷。發難者強迫我（二副）操舵將船駛向亞馬遜河口，航速 35 節。請救援！」科斯塔當下立即取出羅意德商船協會登記簿一查，知道確實有「西‧希羅」這樣一艘英國船，於是命令立即追蹤。

　　兩小時後，護衛艦追上了叛船，在開炮鳴警後下達了接舷衝鋒命令。於是中尉維耶伊拉帶著軍需官和七名全副武裝的水兵，乘舢板靠上了「西‧希羅」號，並很快控制了縱帆船。叛變者被繳了械，戴上了鐐銬。同時，軍需官在貨艙裡找到了拒絕與叛變者合作的二副赫傑爾和其他兩名水手。

　　尚不相信自己已經獲救的水手向救星們複述著譁變事件的經過。之後，二副赫傑爾覺得奇怪：「請問你們是怎麼得知我船遇難的？」

　　「我們是在收到您的求救信後才趕來的。」巴西中尉維耶伊拉回答。

　　維耶伊拉出示了那頁紙，赫傑爾疑惑不解地讀了一遍上面的英文。「這可不是我的筆跡，」他說，「而且我根本不可能將瓶子扔下海。」

「西‧希羅」號全體船員被遣返回英國後，法庭上揭開了令人瞠目結舌的真相。原來，巴西護衛艦從海洋裡撈上來的並非求救信，而是廣告信！

在「西‧希羅」叛亂事件發生前 16 年，有個叫約翰‧帕爾明格托恩的人出了一部名為《西‧希羅》(《海上英雄》) 的小說。為了宣傳，在小說出版前，作者往海裡扔了 5,000 個封裝著《聖經》著名片段和書稿中求援內容的瓶子。其中一部分瓶子已先後找到，另有幾百個瓶子則仍舊在海洋裡四處飄蕩。無巧不成書，偏偏有那麼一個瓶子會被撈起，裡面封裝的摘自小說中的內容，又偏偏會與一次海上的事件掛上鉤……。

> **感悟**：常言道：「盡人事而聽天命。」始料不及的事總在發生，好運總是眷顧那些不灰心、不絕望者，奇蹟總是鍾情於那些從不放棄、與命運抗爭的人，上天的厚待也總是可以期待的。
>
> **格言**：每人心中都應有兩盞燈光，一盞是希望的燈光；一盞是勇氣的燈光。有了這兩盞燈光，我們就不怕海上的黑暗和波濤的險惡了。——〔法國〕羅曼‧羅蘭

▌生命中沒有征服不了的障礙

1994 年 4 月的一天，在一場橄欖球比賽中，佩里在做一個高難度的防守動作時摔倒在地，脖子折斷。當時，他年僅 18 歲。

佩里的倖存是現代醫學的奇蹟之一。傷後三個月他不能進食，六個月之後才開始能夠講話。在家人一如既往的支持下，他長期與醫生談判，醫生最終允許他出院，回到他在黃金海岸的家。

從脖子被折斷到出院歷時僅八個月！他創下了一項時間紀錄 —— 很多四肢癱瘓的病人永遠都沒有離開醫院，即使出院，也是在 18 個月這個里程碑之後。

20 歲時，佩里報名參加了一個演講訓練班，他想讓演講代替體育成為他新的運動。

起初，老師對佩里還抱持懷疑的態度。但隨著談話的繼續，老師的疑慮很

快就消失了。是的，他很清楚課堂上的其他學員可能會覺得他的出現很難接受，甚至第一次見面還會嚇著他們。然而，佩里相信他能完全地投入課程學習，並在六週的學期內完成每週一次的作業。老師驚訝地發現自己竟能跟他合作，興奮不已。

開課的第一天晚上，佩里坐在他那架電動輪椅裡「走」進了討論室。他講起話來如行雲流水一樣自然，大家都被他身上沒有絲毫的自憐痕跡和表現出的巨大決心所震撼。六個星期的課程很快就結束了，每個人都對這位不可思議的年輕人產生了仰慕、尊重和關心之情。

在演講課程結束的時候，老師對佩里的生命力和談話的威力肅然起敬，主動提出幫助他開始職業演說生涯。佩里的新職業開始後的僅僅六個月，便與戰無不勝的勞麗·勞倫斯、體育冠軍蓋伊·安德魯斯和里恩·科貝特同臺發表演講。每當佩里的關於征服生命中的障礙和關於價值關係的鼓舞人心的演講結束時，聽眾都報以持久的熱烈掌聲。

佩里創造了歷史，成為澳洲第一位四肢癱瘓的職業演說家。

> **感悟：**堅定正向的人生態度能征服生命中最大的障礙。所以，無論人們身處於何種情況，尤其是艱難的環境，都要勇敢地對自己說：「你的潛力是無限的，你一定能成功。」
> **格言：**透過滿地的積雪，我看到了玫瑰的花蕾。——〔美國〕愛默生

▌生命的輪迴，愛的接力

曉楓生完孩子後，感到自己照顧孩子的經驗不足又力不從心，於是就將母親從鄉下接來。這一年，他的老母親已經 63 歲了。

一天，曉楓發現兒子紅紅嫩嫩的牙床中冒出一顆牙齒來，十分激動，立刻大喊：「媽，快來看！寶寶長牙了！」但是曉楓喊叫了半天，母親卻沒有任何動靜，她一轉頭，看見母親正盯著手裡的饅頭發呆。

曉楓向母親大喊：「妳在看什麼？」

母親低聲說：「掉了一顆牙。」

曉楓探過頭，果然看見母親咬過的饅頭上扎著一顆牙齒。她突然感到有點噁心，就一把奪走饅頭，丟在垃圾桶裡，又拿起一個饅頭遞給母親說：「換個饅頭吧。」

母親取下其他假牙，嘆了口氣說：「這是我最後一顆牙了！」然後轉過頭來看看寶寶的小牙，笑著對曉楓說，「比妳長牙早了一個多月。妳長第一顆牙是在 11 個月的時候，第一次掉牙是在 7 歲半的時候。妳的第一顆小牙至今還存放在我的化妝盒中。」

母親陶醉地回憶著，曉楓也注意到，母親咧開的嘴裡露出了光光的牙床。她的心忽然痛了一下，埋怨自己竟然不知道母親的牙齒已經全掉光了。

曉楓端起垃圾桶走進了洗手間，撿出母親的牙齒，仔細地清洗、擦拭乾淨，然後放進了首飾盒裡。她知道，終究會有她對兒子講著兒子的第一顆牙齒的那一天，到那時，她會同時講她母親的最後一顆牙齒的事情。

> **感悟**：當我們把目光和精力全部集中在下一代，快樂地看著他們成長的時候，卻常常忘了我們的上一輩正在一天天地衰老。無論處於生命過程中的哪一個階段，我們都要獻出我們的關愛，對長輩，對晚輩，也對同輩同齡人，從而使愛的接力永遠延續下去。
>
> **格言**：能將自己的生命寄託在他人記憶中，生命彷彿就加長了一些；光榮是我們獲得的新生命，其可珍可貴，實不下於天賦的生命。——〔法國〕孟德斯鳩

▌人只要運動就難免摔跤

1984 年，可口可樂公司授權捷曼與百事可樂公司競爭，引發銷售下滑的不利局面。捷曼的策略是改變可口可樂的配方，以「新可樂」商標上市，並對此大肆宣傳。然而，這不僅沒有贏得新市場，也沒能保住舊可樂的市場。捷曼的錯誤，從某種程度上說，歸咎於他的自負。

「新可樂」是自美國聞名的 Edsel 汽車市場失利以來，損失最嚴重的新產品。僅 79 天，舊配方的可口可樂又回到了超級市場的貨架上。一年後，受挫的捷曼離開了可口可樂公司。

失敗以及由此帶來的中傷、恥辱、破滅感，也許並不像人們想像的那般壞。僅 7 年之後，捷曼又殺回了可口可樂公司。

捷曼離開可口可樂公司後，有 14 個月沒與公司的任何人交談過。他回憶說：「那些日子是孤寂的。」

但是，捷曼並沒有關閉任何門路。他與一位合夥人共同創辦了一家諮商公司。在亞特蘭大的地下室裡（他戲稱之為「捷曼市場」），靠著一臺電腦、一部電話和一臺傳真機，他的公司運作起來。逐漸地，他的諮商客戶發展到像微軟公司及米勒釀造集團公司這樣的大公司。

捷曼的信條是：不落俗套，勇於冒險。

後來，可口可樂公司甚至也來尋求他的建議，管理部門需要他協助整頓。捷曼說：「我做夢也沒想到，公司會請我回去。」

「我們因為不能容忍失敗而喪失了競爭力，」可口可樂公司的總經理羅伯特・古茲維塔（Roberto Goizueta）承認，「人只要運動就難免摔跤。」

> **感悟：** 如今的商業界有一個共識：失敗不可怕，一個人從未失敗才有些可怕。人們這樣來評價一個人與其失敗：年紀不大就遭受過失敗——「這是個好兆頭」；一大把年紀卻從未失敗過——「這有些不妙」。因為承受過失敗的人，如同身經百戰的戰將，值得信賴；相反，誰會把一場戰役託付給沒上過戰場、沒經過失敗的人之手呢？
>
> **格言：** 那些能從失利中扳回優勢的人是樂觀主義者，他們堅信「我的問題是暫時的」。而那些悲觀主義者，他們把失敗看成是永恆的，往往不能捲土重來。——　［美國］馬丁・塞里格曼

▋ 珍惜眼前的一切

第一次世界大戰期間草率結婚的人們當中，有一對熱情、引人注目的年輕夫婦克拉拉和弗萊德。1919 年勞動節後的一個晚上，他們爭吵起來。儘管他們還相愛，可兩人的婚姻卻已經岌岌可危。他們甚至認為：總是兩人在一起，簡直是愚蠢。於是克拉拉約了查理出去，弗萊德約了珍妮參加酒會。

突然，一陣震耳欲聾的汽笛呼嘯著打斷了他們的爭吵 —— 一英里以外的鐵路上出了事故，只是克拉拉和弗萊德當時一無所知。

那天晚上，另一對年輕夫婦正在外面散步。他們是威廉·坦納和瑪麗·坦納。他們結婚的時間比弗萊德和克拉拉長，兩人深深相愛。吃了晚飯，他們動身去看電影。在一個火車軌道路口，瑪麗右腳滑了一下，插進鐵軌和護板之間的縫裡，既抽不出腳來，也脫不掉鞋子。這時，一列火車卻越駛越近了。

他們本來有足夠的時間通過道口，可現在由於瑪麗的那隻鞋搞亂，只有幾秒鐘時間了。火車司機直到火車離他倆很近才突然發現他們。他拉響汽笛，猛地拉下制動閘，想把火車剎住。起初只有兩個人影，接著是三個，正在道口上的鐵路訊號工約翰·米勒也衝過來幫助瑪麗。

威廉跪下來，想一把扯斷妻子鞋上的鞋帶，但已經沒有時間了。於是，他和訊號工一起把瑪麗往外拽。火車呼嘯著，朝他們駛來。

「沒希望啦！」訊號工尖叫起來，「你救不了她！」

瑪麗也明白了這一點，於是朝丈夫喊著：「離開我！威廉，快離開我吧！」她竭盡全力想把丈夫從自己身邊推開。

威廉·坦納還有一秒鐘可以選擇。救瑪麗是不可能了，可他現在還能讓自己脫險。在撲天蓋地的隆隆火車聲裡，訊號工聽見威廉·坦納喊著：「我跟妳在一起，瑪麗！」

不久以後，鄰居們到弗萊德家做客，把那幕慘劇講給了他們。

聽完這個故事，克拉拉淚流滿面，弗萊德也久久不能平靜下來……。

> **感悟：**不要對不如意的事情抱怨不休，生活的真諦並不是享受完美。幸福之中的人們往往感覺不到生活的美好，這是他們的憾事。我們必須認識生活的真諦，求全責備而不珍惜眼前一切的人，只會使自己遭受無盡的痛苦。
>
> **格言：**誰不知足，誰就不會幸福，即便他是世界的主宰也不例外。──〔古希臘〕伊壁鳩魯

▌努力發掘人事物隱藏的內在美

有一年耶誕節，愛迪收到一件禮物——一塊手鏡大小的藍色塑膠片，裡面嵌著不規則的綠、藍、褐色雲母片，以及一些類似魚輪廓的東西。這塑膠片看起來沒有任何用途，也不美麗，愛迪道了謝就束之高閣，不久便將它遺忘了。

有一天，因為需要騰出空間，愛迪拿下了那個盒子，又看了一眼他的禮物。這回愛迪注意到盒子的一端上有個掛鉤，盒底面印著一項說明：掛在向陽的窗口。

愛迪走進廚房，將這件禮物掛在幾乎終日有陽光傾瀉進來的一扇窗戶上。霎時五光十色湧進了愛迪的廚房，透過海藍色橢圓弧形輝映著，隨著陽光的移動，這小小的海底世界由碧綠色轉為深藍色，再轉為曙光的紫羅蘭色，帶著潮汐起伏的無窮魔力與韻味⋯⋯。

看著眼前的這個變幻多彩的「海底世界」，愛迪驚訝了。

因此，他想起應該好好感謝送這件禮物的朋友。但遺憾的是，想了半天，愛迪也沒有憶起那個人究竟是誰。

在耶誕節那天愛迪沒有發現那種美，因為愛迪沒有想到一件看起來相當平凡的東西，只要恰當地運用它，就會美麗非凡。

之後，愛迪的禮物一直掛在窗戶，它每天提醒愛迪多花點時間，去發掘人事物隱藏的內在美。

> **感悟：**平常生活中，許多事物都非常不起眼。有些人也對它們視而不見，忽略它們的存在，甚至懷著輕視的情緒，將它們冷落一旁。但這些

不起眼的事物，在特定條件下，也會綻放絢麗的光彩。因此，我們一定要克服輕視情緒。

格言：我們周圍有光也有顏色，但我們自己的眼睛裡如果沒有光和顏色，也就看不到外面的光和顏色了。── ［德國］歌德

人生的利潤應該如何計算

張老闆經營五金行生意已經有三十多年了。他的生意一直都很好，但他對會計卻一竅不通。他總是把支票放在一個大信封內，把現金放在一個大盒子裡，然後把到期的帳單都放到架上。

有一天，張老闆在外地當會計師的小女兒回來了，希望幫父親設計一個現代化的會計系統。

誰知道張老闆說「不必了，不必了，我心裡有數呢。我爸爸，也就是妳的爺爺，是農民，他去世時，我只有一條工裝褲和一雙鞋。而到今天，我已經有一個妻子，三個孩子，妳哥哥當醫生，妳姐姐當律師，而你是個會計師。我和妳媽媽住在很好的房子裡，有兩部汽車，不欠別人一分錢……。

女兒聽著有些不解，張老闆也看出了女兒的疑惑，於是接著說：「我的會計方法很簡單，就是把我擁有的一切都加起來，再減去那條工裝褲和一雙鞋，剩下的都是利潤！」

感悟：計算人生的利潤，這實在算得上複雜的會計問題。也許有人以為故事中的小老闆疏於計算，而實際上他樸實的演算法中隱含著絕妙的人生智慧。

▌只看所有，不看所無

有一個女孩子，她由於小時候感染了腦性麻痺，不僅失去了平衡感，還喪失了最基本的講話溝通能力，但是，她卻獲得了加州大學的藝術博士學位。

後來，有個學校曾邀請她去演講。在演講時，這位女子用自己的手畫出了「寰宇之力與美」，演講會上所有的人立刻都被她震懾住了。

這時，有位學生小聲地問：「妳從小長成這樣，沒怨恨過嗎？妳是怎麼看妳自己的？」

只見演講者用粉筆在黑板上用力地寫完標題「我怎麼看自己？」後回過頭來，對著所有與會者嫣然一笑，轉身接著寫上：

我好可愛！／我的腿很長很美！／爸爸媽媽這麼愛我！／上帝這麼愛我！／我會畫畫！我會寫稿！／我有隻可愛的貓！／還有……

寫完這段話之後，演講者又在黑板上寫著她對這個問題的結論：「我只看我所有的，不看我所沒有的。」

> **感悟：**只看所有，不看所無，這實在是一種比較高明的自我認識境界。人生來就有許多缺憾，如果盯著這些缺憾，勢必難以有所成就；而同時又有許多優點，如果發揮這些優點，那些缺憾在你的人生旅途中就無足輕重了。

▌感受不完美中的完美

喬治先天失明，看不見東西，但父母的愛和信心，使他的生活豐富多彩。只是身為一個小孩，他還不知道失去的東西意味著什麼。

然而，在喬治6歲時，發生了他所不能理解的事情。一天下午，他正在與另一個孩子玩耍。那個孩子忘了喬治是盲人，拋一個球給他：「當心！球要擊中你了！」喬治被球擊了個正著。喬治雖沒有受傷，但非常疑惑不解。後來他問母親：「比爾怎麼在我之前先知道我將要發生的事情？」母親嘆了一口氣，因為她所

擔心的事情終於發生了，現在她不能不告訴她的兒子：「你是盲人。」

「喬治，坐下。」母親溫柔地說著，同時伸過手去抓住他的一隻手，開始計算手指頭。

「1 —— 2 —— 3 —— 4 —— 5。這些手指頭代表著人的五種感覺。」母親說著，同時用她的大拇指和食指依次捏著孩子的每個手指，「這個手指表示聽覺，這個手指表示觸覺，這個手指表示嗅覺，這個手指表示味覺。」然後她猶豫了一下，又繼續說，「這個手指表示視覺。這五種感覺中的每一種，都能把資訊傳送到你的大腦。」

母親把那表示視覺的手指彎起來，按住，使它處在喬治的手心裡。「喬治，你和別的孩子不同，」她說，「因為你僅僅用了四種感覺，但你並沒有用你的視覺。現在我要給你一樣東西。你站起來。」

喬治站了起來。母親拿起他的球。「現在，伸出你的手，用四個手指抓住這個球。」她說。

喬治伸出他的雙手，手接觸到了球，他就把手指合攏，抓住了它。

「好，好。」母親說，「我要你絕不忘記你剛才所做的事。喬治，你能用四個而不用五個手指抓住球。如果你由此起步，並不斷努力，你也能用四種感覺代替五種感覺，抓住豐富而幸福的生活。」

從此之後，喬治從未忘記「用四個手指代替五個手指」的信條。每當他由於心理障礙感到沮喪的時候，他就用這個信條當作自己的座右銘激勵自己。最終，他獲得了事業上的成功，尋找到了自己真正的幸福。

> **感悟：**人生中不完美的事情絕不在少數，與其一味地鑽牛角尖去挑剔那些相對的缺陷，讓自己陷入無止境的困擾，倒不如微笑著去包容、享受那不完美中的完美。
>
> **格言：**人生的道路沒有撒滿鮮花。如果不能盡如人意，一個人也不要抱怨……得到多少，就應該感到快樂。這是對人的考驗。 —— ［印度］泰戈爾

▌別讓心中的頑石阻路

在一戶人家的菜園子裡，有一塊直徑三公尺多的大石頭埋在地裡。這塊石頭給這戶人家帶來不少麻煩，每當人們從菜園走過，都會不小心踢到它，不是跌倒就是擦傷。但由於認為石頭很大，父子兩代人都沒去搬它。

兒子娶了老婆，也當了父親，但那塊大石頭還擺在菜園裡。大石頭不知道讓老婆跌倒了多少次。有一天，老婆終於忍不住了，不再聽公公和丈夫的勸言，抓起一挖土農具、提了一桶水來到菜地，將整桶水倒在大石頭的四周。十幾分鐘後，媳婦把大石頭四周的泥土刨鬆，準備用一天的時間把它挖走。

可誰都沒想到的是，幾分鐘石頭就被挖了起來，看看大小，並沒有想像的那麼大。原來，它只是露出地上的一面大些，在土裡埋了淺淺的一截。

> **感悟：** 我們心中的自我設限，就像院子裡的那塊石頭。正是因為自我設限，本來不大的障礙被放大了，本來有的能力被忽視了。而實際上，前進的門檻並沒有那麼高，只要勇於跨越，抬腿邁步就過去了。

▌把絆腳石變成墊腳石

施羅德出生在一個貧民家庭，出生後三天父親就戰死了，母親當清潔工，帶著他們姐弟二人，生活十分艱難。

因繳不出學費，施羅德國中畢業就到一家零售店當學徒。因貧窮被輕視和貶低，並沒有使他自暴自棄，反而使他立志改變自己的人生。

後來，施羅德辭職，一邊在夜校學習，一邊到建築工地當清潔工。4 年的夜校畢業後，1966 年施羅德進入了哥廷根大學夜校學習法律，圓了上大學的夢。

在有所成就之後，施羅德當了律師。32 歲時，他成為漢諾威霍爾特律師事務所的合夥人。

經由在大學對法律的研究，施羅德對政治產生了興趣。他積極參加政黨的集會，逐漸嶄露頭角。1969 年，他擔任哥廷根法區的主席，1971 年得到政界的肯

定，1980 年當選議員，1990 年當選下薩克森州總理。1998 年 10 月，他終於走進了總理府。

> **感悟：** 從某種意義上說，一個人克服了多少困難，就獲得了多少成長。人生的意義，並不在於做了多少事，而在於在每件事中收穫多少經驗、教訓以及體悟了多少生活真諦。有成就的人，都是在困難面前毫不退縮，努力把絆腳石，變成自己追求更大進步的墊腳石的人。

▌自己為自己加油

一位名不經傳的年輕人，第一次參加馬拉松比賽就獲得了冠軍，並且打破了世界紀錄。

他衝過終點後，新聞記者蜂擁而至，團團圍住他，不停地提問：「你是如何取得這樣好的成績的？」

年輕的冠軍喘著粗氣說：「因為、因為每天我跑步時，我的身後都有一隻狼。」

伴隨記者們驚訝和疑問的目光，他接著說：「三年前，我開始練長跑。訓練基地的四周是崇山峻嶺，每天凌晨兩三點鐘，教練就叫我起床，在山嶺間訓練。可是我盡了最大的努力，卻一直無法快速進步。」

「有一天清晨，在訓練的途中，我忽然聽見身後傳來了狼的叫聲，一開始是零星的幾聲，似乎還很遙遠，但很快就急促起來，而且就在我的身後。我知道有一隻狼盯上了我，我甚至不敢回頭看一下狼離我還有多遠，只能沒命地跑著。」

「結果，我那天訓練的成績好極了。後來教練問我原因，我說我聽見了狼的叫聲。

「教練意味深長地說：『原來不是你不行，而是你身後缺少一隻狼。』

「此時我才知道，那天清晨根本就沒有狼，我聽見的狼叫，是教練裝出來的。

「從那以後，每次訓練時，我都想像著身後有一隻狼緊緊追著我，我的成績突飛猛進。今天我比賽時，依然想像身後有一隻狼，就這樣，我打破了世界的紀錄。」

感悟： 好的成績是自我激勵的結果，沒有自我激勵，就等於將人生之舟的舵輪拋在一旁，當然也就不可能成功。無需等待他人的督促和激勵，要堅定人生之舟的航向並不斷前進，就要自己給自己加油。

格言： 人啊！還是靠自己的力量吧！──　〔德國〕貝多芬

第二章　全面認識自己，保持高度自信

一滴水放進大海才永遠不會乾涸，一個人只有當他將自己和大眾融合在一起的時候才能最有力量。

▍每個人都是無價之寶

一個年輕人非常苦惱：「老師，我覺得自己什麼事都做不好，大家都說我沒用，又蠢又笨。我該怎麼辦呢？」

老師什麼也沒說，而是把一枚戒指從手指上摘下來，交給年輕人，說：「請你騎著馬到市場去，先幫我賣掉這枚戒指，然後我才能幫你。記住要賣一個好價錢，最低不能少於一個金幣。」

年輕人一到市場，他就拿出戒指給客人看。人們圍上來看，而當年輕人說出了戒指的價格後，有人嘲笑他，有人說他瘋了，有人想用一個銀幣和一些不值錢的銅器來換這枚戒指，但年輕人記著老師的叮囑，拒絕了。

年輕人騎著馬悻悻而歸。他沮喪地對老師說：「對不起，我沒有換到您要的一個金幣。也許可以換到兩個或三個銀幣。」

「年輕人，」老師微笑著說，「首先，我們應該知道這枚戒指的真正價值。你再騎馬到珠寶商那裡去，告訴他我想賣這枚戒指，問問他給多少錢。但是，不管他說什麼，你都不要賣，帶著戒指回來。」

年輕人來到珠寶商那裡，珠寶商在燈光下，用放大鏡仔細檢驗戒指後說：「年輕人，告訴你的老師，如果他現在就想賣，我最多給他 58 個金幣。」

「58 個金幣？」年輕人驚訝極了，他簡直不敢相信自己的耳朵。

「是啊，我知道，要是再等等，也許可以賣到 70 個金幣。但是，我不知道，你的老師是不是急著要賣⋯⋯」珠寶商說。

年輕人激動地跑到老師家，把珠寶商的話告訴老師。

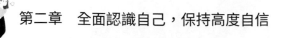

老師聽後，說：「孩子，你就像這枚戒指，是一件舉世無雙、價值連城的珠寶。但是，只有真正的內行人才能發現你的價值。」

> **感悟**：是金子總有發光的時候，在人生這個大市場裡，要自我珍視，一定能找到自己的價值所在。因為我們每個人都是無價的寶石。
> **格言**：你如何看待自己遠比他人如何看待你重要得多。 ——〔古羅馬〕塞涅卡

▌自認是泥塊，那就真的會變成泥塊

拿破崙有一句名言：「我成功，是因為我想要成功。」

不僅如此，拿破崙從小就有成功的自信。儘管他出身貧寒，但他從不看輕自己。他有自信必將在同學、同事中脫穎而出，成為頂天立地的偉人。

拿破崙自己是這樣想的，也是這樣做的；同時，他也要求自己的將士們這樣想、這樣做。

有一次，一個士兵從前線飛馳而歸，將戰訊呈遞給拿破崙。因為路程趕得太急促，他的坐騎在還沒有到達拿破崙的總部時就倒地累死了。拿破崙立刻下了一道手諭，交給這位士兵，叫他騎上自己心愛的坐騎，火速趕回前線。

這位士兵看著那匹魁偉的駿馬，還有上面所配的華貴的馬鞍，戰戰兢兢地脫口而出：「不，將軍！我只是一個平常的士兵，這坐騎太偉大，太好了，我承擔不起！」

拿破崙斬釘截鐵地回答他：「對於一個法國的兵士，沒有一件東西可以稱為太偉大、太好而不能承擔的！」

那位士兵受到統帥的鼓舞，矯健地翻身躍上馬背，神采飛揚地行了一個軍禮，策馬賓士而去。

後來，這位士兵成為那次戰役中表現最出色的戰士，再後來，這位士兵成為拿破崙麾下戰無不勝的將軍。

感悟：世間有不少原本可以成就大業的人，但是他們最終只得平平淡淡地老死，度過自己平庸的一生。他們之所以落得如此命運，就因為他們對於自己期待太小、要求太低的緣故。請記住美國科學家的話吧：「假使我們自比為泥塊，那我們將真的會成為被人踐踏的泥塊。」

格言：只有滿懷自信的人，才能在任何地方都懷有自信，並實現自己的意志。──〔蘇聯〕高爾基

▌認清自己，自珍自愛

一個從小就生長在孤兒院裡的孩子常常悲傷地問院長：「像我這樣沒人要的孩子，活著究竟有什麼意思呢？」

院長總是笑而不答。

有一天，院長交給孩子一塊普通的石頭，說：「明天早上，你拿這塊石頭到市場上去賣，但不是『真賣』。記住，無論別人出多少錢，你絕對不能賣。」

第二天，男孩真的聽從院長的指示，蹲在市場一角賣石頭。令他感到意外的是，竟有許多人向他問價，而且價錢越出越高。」

回到孤兒院後，男孩兒興奮地向院長報告。院長笑笑，要他明天拿到黃金市場上去賣。

在黃金市場上，奇蹟發生了，竟有人出價比昨天高十倍。更由於男孩兒怎麼都不賣，這塊普通的石頭竟被傳揚為「稀世珍寶」。

面對男孩的疑惑，院長說：「一塊普通石頭況且如此，何況人呢？」

感悟：生命的價值就像這塊石頭一樣，在不同的環境下就會有不同的意義。一塊不起眼的石頭，由於我們的珍惜而提升了它的價值，被說成是稀世珍寶。我們每個人不就像這塊石頭一樣嗎？只要看重自己，自珍自愛，生命就有意義、有價值。

格言：自愛者方能為人所愛。──〔法國〕蒙田

轉弱為強，開發弱點

美國電視臺一檔節目中，曾有過一個傑出的踢踏舞舞者，他被稱為「木腿貝茨」。貝茨在早年失去了一條腿，這樣的狀況會令大部分人放棄任何成為職業舞者的夢想。

但是於貝茨來說，失去一條腿並未成為他的弱點，而是把它變成了一種優勢。他把一個踢踏板安裝在木腿的底部，發展出一種神奇的切分音式的踢踏舞風格。他在演出中脫穎而出。

基金募集大師邁克爾·巴斯奧福因為將不被看好的成員培養為最好的基金募集人而震驚西方世界。他並非喜歡弱點，但他知道弱點可以轉化為優點。比如說，如果基金會有一個「害羞」的祕書和他一起工作，他就會讓那位「害羞」的祕書成為「最佳的傾聽者」。很快的，捐贈人都迫不及待地要與這位害羞的員工談話，因為她是一個絕佳的傾聽者，她讓說話的人感到自己非常重要。

阿諾·施瓦辛格（Arnold Schwarzenegger）成為一名職業演員的時候，有一個弱點：濃厚的奧地利口音。這並沒有持續很長時間，奧地利口音，和他扮演的動作英雄的魅力混合在一起出現在螢幕上的時候，他的弱點就變成了優點。口音成為他所塑造人物的一個特徵，人們也紛紛仿效。

美國勵志大師史蒂夫·錢德勒（Steve Chandler）早年的一個弱點是與別人談話的障礙。他對自己與別人交談的能力沒有自信，因此養成了寫信給人和寫便條紙的習慣。熟能生巧，過了一段時間，他成了寫信和寫便條紙的高手，他把弱點轉化成了力量，他寫的信和便條紙拓展了他的人際關係。

> **感悟**：我們每一個人都存在弱點，即使那些成就了一番大事業的名人也是如此。不同的是，一般的人讓弱點成為羈絆，一事無成；成功人士卻克服、甚至轉化了自己的弱點，使弱點成為自己人生事業的強大助力。
>
> **格言**：聰明人對自己的弱點瞭若指掌，不認為自己一貫正確；見多識廣的人最清楚自己孤陋寡聞。──〔美國〕傑弗遜

▌永遠保留一隻眼睛看自己

日本歷史上有兩個武藝高超的劍客，一個是宮本武藏，另一個是柳生幼壽郎，柳生是宮本的徒弟。

柳生第一次去見宮本時，問：「師傅，根據我現在的條件，你認為我要練劍多久，才能成為第一流的劍客？」

宮本回答說：「大概要十年吧！」

柳生想：十年好長啊，我不想花這麼長時間。於是他對師傅說：「如果我加倍努力練劍，多少時間可成為第一流劍客？」

師傅答：「那需要 20 年。」

20 年不是更長了？柳生有點納悶，接著問師傅：「如果我晚上不睡覺，夜以繼日地練劍，多久才能成為第一流的劍客呢？」

宮本不耐煩地回答說：「那你這輩子就不可能成為第一流的劍客了。」

柳生覺得很奇怪，莫非師傅腦袋有什麼毛病？於是又疑惑地問：「為什麼我越努力，越不能成為第一流的劍客呢？」

宮本告訴他：「你現在兩隻眼睛都盯在『第一流劍客』這塊金字招牌上了，哪裡有眼睛好好看看自己呢？成為第一流劍客的首要條件，就是『永遠保留一隻眼睛看自己』。」

柳生聽完，茅塞頓開。後來，他跟隨師傅勤學苦練，終於成為唯一與師傅齊名的劍客。

> **感悟：**「永遠保留一隻眼睛看自己」，就是要正確地認識自己，放棄功利心，避免心浮氣躁、患得患失。如果眼睛只盯在名利上，而不去努力，那只能徒然眼紅別人的成功。
>
> **格言：**所有偉大的東西總要在遠離市場與浮名的地方才會產生。──〔德國〕尼采

▌ 相信自己，無需別人喝采

黛比從小就非常渴望得到父母的讚揚和鼓勵，但由於兄妹很多，父母根本顧不上她。這種經歷使她長大以後依然缺少自信心。儘管她嫁給了一個非常成功的丈夫，但美滿的婚姻並沒有改變她缺乏自信心的狀態。

有一天，黛比突然意識到必須選擇一條屬於自己的路，否則就會庸碌無為地度過一生。她對自己的父母和丈夫說：「我準備去開一家餐廳，因為你們總是說我的烹飪技巧有多麼了不起。」

她的父母和丈夫都告訴她說：「這真是一個荒唐的主意。妳肯定是會失敗的，這件事太難了。別胡思亂想了！」但這一次，黛比沒有聽從他們的勸阻，而是毅然採取了行動。

生意剛開始的時候的確很艱難，餐廳開張的那一天，竟然沒有一個顧客光臨。黛比幾乎被冷酷的現實擊垮了，她幾乎要相信父母和丈夫的看法是對的了。

但是，黛比最終沒有退縮。她決定堅持下去，並一改平時羞澀的窘態，端起一盤剛剛烘制好的食物在她居住的街區，請每一位過路的人品嘗。這樣做的結果使她越來越自信，因為所有品嘗過食物的人都認為味道非常好。

今天，「黛比・菲爾斯」（Debbi Fields）的名字，已經出現在美國數以萬計的食品商店的貨架上，她的公司——菲爾斯太太原味食品公司，也已經成為美國食品產業中最成功的連鎖企業。

> **感悟：**人的一生，常常會為尋求他人認可而掉進愛慕虛榮的牢籠裡，這無異於說：「你對我的看法比我對自己的看法更重要！」在一片反對聲中，我們必須相信自己能夠做好，不需要別人來喝采。

▌ 先相信自己，然後別人才會相信你

有一個小男孩，10 歲的時候，父母告訴他將永遠不能游泳，因為有一次他差點淹死，怕水怕得要命。

小男孩沒有聽父母的，反倒憶起了爺爺的那句話：「不要讓任何人對你說你不能做某件事。你能做任何一件事，只要你想去做，並下定決心！」

小男孩漸漸長大了，他不但證明了自己能游泳，而且還成了游泳世界冠軍。

然而，致命的一天從天而降。當他在醫院裡甦醒過來的時候，醫生告訴他永遠不能再踢足球，也永遠不能再代表國家參加游泳比賽了。他的奧林匹克之夢破碎了。醫生告訴他如果再游泳，他就會承擔極度的疼痛和困難，而且跛腳將會伴隨他的餘生。他陷入越來越深的絕望之中。

在悲劇發生之前，他的生活一直都是體育、體育和更多的體育。先是參加英聯邦運動會，後來是參加奧運會。

悲劇發生後，他並無法因為人們的話沒有給他絲毫的希望，而說服自己從此告別體育。他慢慢地開始感到憤怒，直到有一天他在醫護人員面前終於抑制不住內心的沮喪和憤怒，「永遠不要對我說我不行！」他怒吼。

從那一刻起，他全心全意的精力，都集中到了證明自己能夠之上。終於，他又能游泳了，他又能跑、又能踢球了，他又有夢想了。

一年後，他實現了自己的夢想，又回到了競技游泳比賽中。儘管他再也不能代表他的國家參賽了，但他的確贏得了一些游泳比賽的冠軍，並且為皇家空軍游泳隊效力多年。

他永遠未能擺脫膝關節和肩膀的疼痛，一隻手臂仍然有些麻木，但沒有人對他說他不能！

感悟：「有志者事竟成。」一個人最大的敵人往往是自己，當內心充滿恐懼與絕望時，「我不行、我怕……」之類的字眼就是自己膽怯的充分理由。但當人的內心除去了上述這些自以為充足的理由，「永遠不要對我說我不行」就成為推動自己前進的無窮力量。

格言：先相信你自己，然後別人才會相信你。── ［俄國］屠格涅夫

▎只有認識自己，才能找回自信

羅伯特是從事個性分析的專家，有一次，他在辦公室接待了一個流浪者。此人因自己開辦的企業倒閉而負債累累，妻離子散，到處流浪。

流浪者一進辦公室便開門見山地說：「我來這，是想見見這本書的作者。」說著，從口袋中拿出一本名為《自信心》的書，那是羅伯特許多年前寫的。

流浪者接著說：「當我決定跳進密西根湖了結餘生時，是命運之神把這本書放進了我的口袋裡。我是一個命運多舛的人，所有人（包括上帝在內）都已拋棄了我，我徹底絕望了。是這本書救了我，它為我帶來生的勇氣及希望。我想，只要我能見到這本書的作者，我一定能重新站起來。現在，我來了，你能幫我做些什麼嗎？」

在他說話的時候，羅伯特從頭到腳打量眼前這位流浪者，發現他眼神茫然、表情沮喪、神情緊張、滿臉憔悴。看上去，他已經到了無藥可救的地步。

羅伯特聽完流浪漢的故事，想了想，便拉著他的手，帶他來到從事個性分析的心理測驗室裡，和他一起，站在一塊看起來像是掛在門口的窗簾破布之前。羅伯特把窗簾破布拉開，露出一面高大的鏡子，流浪漢可以從鏡子裡看到自己的全身。羅伯特指著鏡子說：「在這世界上，只有這個人能夠拯救你，除非你坐下來，徹底認識他，就像你從未認識他一樣，否則，你只能跳入密西根湖裡。」

流浪漢聽了羅伯特的話，便朝著鏡子走了幾步，對著鏡子裡的人從頭到腳開始打量起來。過了幾分鐘，他後退幾步，低下了頭，開始哭泣起來。過了一會，羅伯特帶他走出電梯，送他離去。

幾天後，羅伯特在街上碰到了這個流浪漢，他全身已煥然一新：只見他西裝革履，神采奕奕，昂首挺胸，步履輕快。他說，他感謝羅伯特先生，讓他找回了自己。

後來，那個人真的東山再起，成為芝加哥的一名富翁。

> **感悟：**有時一個人並不認識自己、了解自己，看著鏡子裡的你，甚至會有一種陌生的感覺。不能認清自己，這也正是人性的弱點之一。而一個人只有真正地認識自己，才能在失敗中找到自信，才能在生活的風浪

中，掌控航行的舵，最終達到理想的彼岸。

格言：意識到自己的存在就是最大的幸福。——〔英國〕迪斯雷利

▎如何建立自信心

自信對人的進步、成功至關重要。那麼，如何獲得自信心呢？以下是幾種較為簡便易行的培養自信心的方法。

・挑前面的位子坐

我們往往會發現，不論在圖書館、教室還是其他公共場所，後面的座位總是先被坐滿。大部分占據後排座位的人，都希望自己不會「太醒目」，而原因正是缺乏信心。

坐在前座能建立信心。不妨把它當成一個規則試試看，從現在開始盡量往前坐。當然，坐前面會比較顯眼，但要記住，有關成功的一切都是很顯眼的。

・練習當眾發言

在大庭廣眾之下，總是不先發言，正是缺乏信心的表現。退縮一次就失去一次信心，這樣會越來越喪失自信。

相反，如果盡量搶先發言，則會增加信心，如此信心也就越來越強。

・突出自己的優勢

無論在工作或學業上，先從自己最有信心、絕對會做得很好的工作開始著手，心裡便會充滿了自信。如果獲得一次成功，下次再做起來便會覺得充滿信心。

・把目標分成小部分

穩重和踏實是一切事業成功的基本要素，即使進步不太大，但進步的本身就能使人產生極大的信心。所以，與其馬上朝著遠大的目標前進，還不如逐一完成一個個小目標，這樣更能帶給人堅強的自信心。

・不要擔心失敗

人都很容易自我否定，負面心態的人更是如此。這使原本缺乏的自信心與積極性更加萎縮，變得任何事都不去做、不去想，只等著別人幫忙。

因此，在面對新的工作挑戰時，先不想要自己能不能做、做不做得好，而要先考慮到如何動手去做。也許事情一開始並不如想像的順利，但你可以在失敗後進行修正並作出新假設，這樣潛在的負面心態便會在不知不覺中減少，並增強信心與積極性。

・從挫折中站起來

自信不會來自挫折本身，但失敗和挫折能夠教會人許多有用的東西，而這些東西一旦被你牢記，日後便成了巨大的財富。從失敗和挫折中汲取有用的經驗和教訓，必將增強你的自信心，從而走向進步、成功。

> **格言**：你應該培養對自己、對自己力量的信心；而這種信心是靠克服障礙和鍛鍊意志而獲得的。 —— ［蘇聯］高爾基

▌如何克服自卑心理

自信心建立的條件之一，就是克服自卑心理。為了有效克服自卑心理，可從以下幾方面著手。

・正確分析自卑的原因

要克服自卑，首先應弄清楚自己的自卑感是什麼原因造成的。自卑感大多是由虛榮心、自我主義、膽怯心等心態造成的，若能對此有所了解，就等於踏出了克服自卑感的第一步。

・正確評價自己的才能與專長

不僅要看到自己的缺點，也要看到自己的優點。不妨將自己的興趣、愛好、才能、專長全部列在紙上，這樣可以清楚地看到自己所擁有的東西。另外，也可

以將做過的事，製作成表格，譬如，會寫文章，記下來；善於談判，記下來；會演奏幾種樂器、會修理機器等，都可以記下來。知道自己會做哪些事，便能了解自己的能力所在。揚長避短，自然就會增強自信心，丟掉自卑，自信前進。

・勇於面對自己的恐懼

有問題不要氣餒，不要放棄努力。應當正視問題，試著正面解決。如果我們現在有尚未完成的事，不要遲疑，丟掉恐懼，趕快開始行動吧！

・拒絕負面的思想

一切負面的思想，再加上重複回憶的習慣，嚴重的話將導致心態畸形，導致自信心的徹底喪失。不管心理障礙有多大，只要我們停止負面思想，多回憶一些正向的事情，就一定會克服。

・努力改進缺點

有自卑感就是意識到了自己的缺點，就要設法改善。強烈的自卑感也可以轉化為一種動力，往往會促使人們在其他方面有超常的發展，這就是心理學上的「補償作用」，即透過補償的方式揚長避短，把自卑感轉化為自強不息的推動力量。

・學習、工作是最好的「強心劑」

為了克服自卑，可以將注意力轉移到自己感興趣、能體現自己價值的活動中去，從而淡化和縮小弱點在心理上產生的自卑陰影，緩解心理壓力。每當做好一件工作，我們便能獲得進一步的信心；而有了信心，又可使我們獲得別人的讚美，進而得到心理上的滿足。連鎖的美好反應，使我們走向成功、看得更遠、爬得更高、徹底發揮所長，並獲得自己想要的美滿人生。

> **格言：**除非你自己同意，否則沒有人能使你感到自卑。—— ［美國］愛蓮娜・羅斯福

▌人最大的敵人，往往是自己

　　波恩和嘉林是對孿生兄弟。在一次火災事故中，消防員從廢墟裡找出了兄弟倆，他們是火災中倖存下來的兩個人。

　　兄弟倆被送往當地的一家醫院，雖然兩人死裡逃生，但大火已把他們燒得面目全非。

　　「多麼帥的兩個年輕人！」醫生為兄弟倆惋惜。

　　兄弟倆出院後，波恩由於忍受不了別人的譏諷，偷偷地服了 50 片安眠藥，離開了人世。

　　嘉林卻艱難地生存了下來，他想：「既然我在大火中得救了，那麼我的生命就尤其珍貴。」因此，無論遇到多大的冷嘲熱諷，他都咬緊牙關挺了過來。嘉林一次次地暗自提醒自己：「我生命的價值比誰都高貴。」

　　一天，嘉林還是像往常一樣，送一車棉絮去加州。天空下著雨，路很滑，嘉林車開得很慢。此時，嘉林發現不遠處的一座橋上站著一個人。嘉林緊急剎車，車滑進了路邊的一條小溝。嘉林還沒有靠近年輕人的時候，年輕人已經跳下了河。年輕人被他救起後還連續跳了三次，直到嘉林自己差點被大水吞沒。

　　後來，嘉林發現自己救的竟是位億萬富翁。億萬富翁感激嘉林，和嘉林一起做起了事業。嘉林從一個積蓄不足 10 萬元的司機，憑著自己的誠心經營，發展了一家有 32 億元資產的運輸公司。

　　幾年後醫術發達了，嘉林用賺來的錢，修復了自己的面容。他一直過著自信和美好的生活。

> **感悟：** 我們常說逆境出英雄。人在逆境中首先要戰勝的不是別人，而是自己；戰勝了自己也就戰勝了別人。因為，一個人最大的敵人往往是自己，而不是別人或外在環境等等。
>
> **格言：** 無論碰到什麼樣的遭遇或煩惱，我絕不會怨天尤人。──〔日本〕田中角榮

擺脫「心理牢籠」的囚禁

原蘇聯著名作家別洛夫斯基講過一個故事：

一位公司職員，有一天覺得自己好像生病了，就去圖書館借了本醫療書籍，看該怎樣醫治自己的病。當他讀完介紹霍亂的內容時，方才明白，自己患霍亂已經幾個月。他被嚇傻了，呆呆地坐了好幾分鐘。

後來，他很想知道還患有什麼病，就依序讀完了整本書。這下他更明白了，除了膝蓋積水外，自己一身什麼病都有！

一開始他走進圖書館時，覺得自己是個幸福的人，而當他走出圖書館時，卻被自己營造的「心理牢籠」所監禁，完全變成了一個渾身是病的老頭。

他下定決心去找自己的醫生。一進醫生家門，他就說：「親愛的朋友！我不給你講我有哪些病，只說一下我沒有什麼病，我的命不會長了！我只是沒有膝蓋積水症。」

醫生為他診斷後，坐在桌邊寫了些什麼就遞給了他。他顧不上細看就塞進口袋，立刻去取藥。

趕到藥店，他匆匆把「處方」遞給藥劑師，藥劑師看了一眼，立即退給他說：「這是藥店，不是餐廳，也不是飯店。」

他驚訝地看了藥劑師一眼，拿回處方一看，原來上面寫的是：

煎牛排一份，啤酒一瓶，六小時一次。

十英里路程，每天早上一次。

他照這樣做了，一直健康地活到今天。

> **感悟：**現實生活中，有些人或由於自卑，或出於疑神疑鬼，常會把自己弄得無所適從，造成心理障礙。一旦被「心理牢籠」所囚禁，就不再有自信，也不再有快樂。這樣的人也將一事無成。只要我們正確認識自己，保持自信，就一定能擺脫「心理牢籠」的限制。
>
> **格言：**醫治一切病痛最好的最寶貴的藥品，就是勞動。 —— ［蘇聯］奧斯特洛夫斯基

▌要勇敢地成為自己

　　從前有一位畫家，想畫出一幅人人見了都喜歡的畫。經過幾個月的辛苦創作，他把畫好的作品拿到市場上去，在畫旁邊放了一支筆，並附上一則說明：「親愛的朋友，如果你認為這幅畫哪裡有欠佳之筆，請賜教，並在畫中標上記號。」

　　晚上，畫家取回畫時，發現整個畫面都塗滿了記號 —— 沒有一筆一畫不被指責。畫家心中十分不快，對這次嘗試深感失望。

　　畫家決定換一種方法再去試試，於是他又臨摹了一張同樣的畫拿到市場上展出。可這一次，他要求每位觀賞者將其最為欣賞的妙筆都標上記號。結果是，那些曾被指責的筆劃，如今卻都換上了讚美的標記。

　　最後，畫家感慨地說：「我現在終於明白了，無論自己做什麼，只要使一部分人滿意就足夠了。因為，在有些人看來是醜的東西，在另一些人的眼裡卻恰恰是美好的。」

> **感悟：**一幅畫，在別人眼裡竟有如此差別，這足以說明人言的主觀。既然如此，還有必要太顧忌它們嗎？不能把別人的舌頭和眼色當作衡量我們自己的天平，我們的價值就在我們本身。

▌做最好的自己

　　「做你自己！」這是美國作曲家歐文・伯林 (Irving Berlin) 給晚輩作曲家喬治・格什溫 (George Gershwin) 的忠告。

　　與格什溫第一次會面時，伯林已聲譽卓著，格什溫卻只是個默默無聞的年輕作曲家。

　　伯林很欣賞格什溫的才華，以格什溫所能賺到的三倍薪水請他做音樂祕書。可是伯林同時也勸告格什溫：「不要接受這份工作，如果你接受了，最多只能成為個歐文・伯林第二。要是你能堅持下去，有一天，你會成為第一流的格什溫。」

　　格什溫接受了忠告，並漸漸成為 20 世紀極有貢獻的美國作曲家。

感悟：我們每一個人都是獨特的「這一個」，我們從來就不是別人的從屬和附庸。我們固然應該為此而向上蒼感恩，但更應該接受造化的安排，以本色示人，以本真行事，活出真實的自我來，做出自己對人類應有的貢獻。

▌打破自我設限，才能獲取傑出成就

有一位老太太已經 70 歲了，她在回顧自己的人生時，發現自己最大的遺憾，就是沒有登上日本的富士山，觀賞浪漫的櫻花。

這種人生之憾折磨著老太太，很快，她對自己說：「反正也是快入土的人了，倒不如努力試試，說不定我還真能如願呢。」

於是，老太太便在 70 歲時開始學習登山技術。她周圍的人對此無不加以勸阻，認為這無非是一個沒有實現的夢想罷了，而且也絕對不可能再實現的了。老太太不以為然，她不顧任何人的勸阻，毅然進行著艱苦的登山訓練。

隨著訓練的進行，老太太登富士山的願望越加堅定，逐漸成為她心中最為神聖的夢想。她不辭辛苦地進行訓練，對富士山發起一次次的衝鋒，但都以失敗告終。老太太依然毫不畏縮，因為任何困難都已嚇不倒她了。

終於，在 95 歲高齡之時，老太太登上了富士山，打破了攀登者年齡的最高紀錄。那一刻她對著大山說：「我來了！」

這位老太太叫胡達‧克魯斯（Hulda Crooks）。

感悟：大多數人都自以為能力有限，做不了什麼大事。然而，我們所謂的「以為」根本不是真正的了解，而只是對一種不正確的、自我設限的成見信以為真。而自我限制的成見，是我們獲取傑出成就的最大障礙。
格言：讓你的理想高於你的才華，你的今天有可能超過昨天，你的明天才有可能超過今天。── ［黎巴嫩］紀伯倫

▌發揮所長，最終才能大有成就

格雷格・洛加尼斯（Greg Louganis）開始上學的時候很害羞，講話和閱讀上也有些困難，因此受到了同伴的嘲笑和作弄。這令洛加尼斯非常沮喪和懊惱，但他同時也發現自己非常喜歡並且精通舞蹈、雜耍、體操和跳水。

洛加尼斯知道自己的天賦在運動方面，而不是學習。當認清這些之後，他的自卑感減輕了，並開始專注於舞蹈、雜耍、體操和跳水方面的鍛鍊，以期脫穎而出，贏得同學們的尊重。

不久，由於自己的天賦和努力，洛加尼斯開始在各種體育比賽中嶄露頭角。

在上中學時，洛加尼斯發現自己有些力不從心了，因為無論是舞蹈、雜耍、體操、跳水，都需要辛勤的付出，他不可能有這麼多時間和精力去做這麼多事。他知道自己只能專注於一個目標，但他不知要捨棄什麼、選擇什麼。

這時，他幸運地遇到了他的恩師喬恩——一位前奧運會跳水冠軍。經過對洛加尼斯嚴格的觀察和仔細的詢問後，喬恩得出結論：洛加尼斯在跳水方面更有天賦。

洛加尼斯在經過與老師的詳細交談和自我反省後，認為自己的確更喜歡跳水。他認識到以前之所以喜歡舞蹈、雜耍、體操，那是因為這些可以使他跳水更得心應手，可以為跳水帶來更多的花樣和技巧。他恍然大悟，於是專心投身於跳水之中。

經過專業訓練和長期不懈的努力，洛加尼斯終於在跳水方面取得了驕人的成就。他 16 歲時就成為美國奧運會代表團成員，到 28 歲時就已獲得六個世界冠軍、三枚奧運會獎牌、三個世界盃和許多其他獎項。由於對運動事業的傑出貢獻，洛加尼斯在 1987 年獲得世界最佳運動員之稱和歐文斯獎，達到了一個運動員榮譽的頂峰。

> **感悟：**一個人要實現自己的人生價值，就得正確認識自己，珍惜有限的時間，選擇最適合於自己的事情去做。只有這樣，才能發揮自己的所長，且把這種優點發揮到極致，做到與眾不同，從而大有成就。
>
> **格言：**如果我們能了解我們的處境和傾向，那麼我們就能更好地判斷我們應該做什麼，以及怎樣去做。——　〔美國〕林肯

與其刻意掩飾，倒不如把不足變成特色

凱絲‧達萊是一位公車司機的女兒。她想當歌星，但不幸的是，她長得不好看，嘴巴太大，還長著暴牙。

第一次在新澤西的一家夜總會裡公開演唱時，凱絲想用上唇遮住牙齒，企圖讓自己看來顯得高雅一些，結果卻把自己弄得四不像。再這樣下去，她注定要失敗了。

幸好當晚在座的一位男士認為她很有歌唱的天分，他很直率地對凱絲說：「我仔細觀看了妳的表演。看得出來妳想掩飾什麼，妳覺得妳的牙齒很難看嗎？」

凱絲聽了這話覺得很難堪，恨不得轉身而去。可那個人還是繼續說了下去：「暴牙又怎麼樣？那又不犯罪！不要試圖去掩飾它，張開嘴就唱。妳越不以為然，聽眾就會越喜歡妳。再說，這些妳現在引以為恥的暴牙，將來可能會帶給妳財富呢！」

凱絲‧達萊接受了那人的建議，把暴牙的事拋諸腦後。從那次以後，她只把注意力集中在觀眾身上。她開懷盡情地演唱，毫不在意自己那突出的暴牙。

後來，凱絲‧達萊成了電影及電臺走紅的頂尖歌星。在她唱紅之後，別的歌星倒想來模仿她了。

> **感悟**：揚長避短固然是一個人走向成功的重要法則，但刻意掩飾自己的不足，卻往往適得其反。尤其是形象、性格上的那些不足，欲蓋彌彰，倒不如以本色示人，把不足變成特色 —— 演藝界有這樣的例子，政壇、商業界也有這樣的例子。
>
> **格言**：準確地看到自己的本來面目，必然的結果是：接受自己的本來面目。 ——［法國］杜加爾

坐在別人肩頭摘到的蘋果沒味道

一天，大仲馬（Alexandre Dumas）得知他的兒子小仲馬（Alexandre Dumas fils）寄出的稿子總是碰壁，便對小仲馬說：「如果你能在寄稿時，隨稿給編輯先

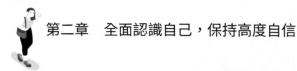
生附上一封短信，或者只是一句話，說『我是大仲馬的兒子』，或許情況就會好多了。」

小仲馬固執地說：「不，我不想坐在你的肩頭上摘蘋果，那樣摘來的蘋果沒有味道。」年輕的小仲馬不但拒絕將父親的盛名作為自己事業的入場券，而暗地裡給自己取了十幾個其他姓氏的筆名，以避免那些編輯先生們把他和大名鼎鼎的父親連結起來。

面對那一張張冷酷而無情的退稿，小仲馬沒有沮喪，仍在默默地堅持自己的創作。

長篇小說《茶花女》寄出後，終於以其絕妙的構思和精彩的文筆震撼了一位資深編輯。這位編輯曾和大仲馬有著多年的書信來往。他看到寄稿人的地址與大作家大仲馬的一模一樣，懷疑是大仲馬另取的筆名，但作品的風格卻和大仲馬的迥然不同。帶著這種興奮和疑問，他迫不及待地乘車造訪大仲馬家。

令他大吃一驚的是，《茶花女》這部偉大的作品，作者竟是大仲馬名不見經傳的年輕兒子小仲馬。

「您為何不在稿子上署上您的真實姓名呢？」老編輯疑惑地問小仲馬。

小仲馬說：「我只想擁有真實的高度。」

老編輯對小仲馬的做法讚嘆不已。

《茶花女》出版後，法國文壇書評家一致認為這部作品的價值大大超越了大仲馬的代表作《基度山伯爵》。小仲馬一時聲名鵲起。

> **感悟**：別人的盛名也許一時能使你成功，但不能一生一世使你成功。如果沒有真才實學，遲早會被社會遺忘。真實，唯有真實的才能，真實的付出，才能得到社會真正的認可，也才體現出一個人的高貴和尊嚴。

▍發展天賦，它終會綻放奪目光彩

朱德庸是著名漫畫家，他的作品如《雙響炮》、《澀女生》、《醋溜族》等具有很大影響力。但小時候的朱德庸卻是一個「爛學生」，就連最差的學校也不願意招收他。

老師們認為朱德庸非常笨，一開始他自己也是這麼認為。十幾歲以後才明白，自己不是笨，是有學習障礙。同時他也發現自己的特點：對圖形很敏感。

畫畫成了朱德庸生活中最大的快樂。他說：「外面的世界沒辦法待下去，唯一的辦法就是回到自己的世界，因為這個世界裡有我的快樂。」

朱德庸的父母為此也吃了很多苦頭，他們動不動就被老師叫到學校去，聽老師訓話。儘管如此，父母依然很支持他畫畫。朱德庸的爸爸會經常裁好白紙，整整齊齊訂起來，為他做畫本。

關於天賦，朱德庸有非常精彩的見解：

「我相信，人和動物是一樣的，每個人都有自己的天賦，比如老虎有鋒利的牙齒，兔子有高超的奔跑、彈跳力，所以它們能在大自然中生存下來。人也是一樣，不過很多人在成長過程中把自己的天賦忘了，就像有的人被迫當了醫生，而他可能是怕血的，那他不會快樂。人們都希望成為老虎，而這其中有很多只能是兔子，久而久之，就成了四不像。我們為什麼放著很優秀的兔子不當，而一定要當很爛的老虎呢？社會就是很奇怪，本來兔子有兔子的本能，獅子有獅子的本能，但是社會強迫所有的人都去做獅子，結果出來一批爛獅子。我還好，天賦或者說本能，沒有被掐死。」

> **感悟：**談到天賦，應該說每個人都有天賦。不過，有些人的天賦被埋沒了，被家長或習慣意識遮蓋，漸漸地便喪失了。發現自己的天賦，並堅持發展它，最終天賦會綻放出奪目的光彩。
>
> **格言：**天性，往往比教育有更大的影響。──〔法國〕伏爾泰

如何充分發揮天賦才能

據科學研究，人的大部分天賦才能並未得到很好地開發和利用。人的天賦如同在地下的石油，只有開採出來，它才會發光發熱。因此，應該注意以下的幾個方面。

• 選擇喜愛的職業

成就非凡的人都選擇了自己真正中意的工作。他們有 2/3 的工作時間是在從事愛不釋手的工作，而只用 1/3 的時間來處理不感興趣的煩雜瑣事。他們嚮往內心的滿足，而不只是追求例如加薪、升遷以及掌權這類外部的報酬。當然到頭來，他們往往會一舉兩得，因為他們對自己所做工作勝任愉快，當然會得到相應報酬。

• 絕不低估自己的潛力

大多數人都以為他明白自己能力有限，然而，這裡的所謂「明白」不一定是真正了解，有時甚至會是一種不正確的、有局限的自我成見。而自我設限的成見，是我們發揮天賦、獲取傑出成就的最大障礙。而有些人卻能無視這些人為的障礙，把注意力集中於自身 —— 注意自己的興趣、自己的目標以及由努力所產生的進展。因此，他們能充分發揮出自己的最高水準。

• 與自己競爭

成就卓著的人往往會更專注於怎樣超過自己以前的成就，而不是擊敗競爭對手。事實上，擔心對手的能力，常常會使我們不戰自敗。

• 不安於現狀、勇敢冒險

大多數人都停留在所謂的「舒適區」，滿足於一種安全感。平庸乏味的安全生活，會使他們失去許多發揮天賦的機會，甚至導致「江郎才盡」，失去天賦。

那些大顯身手的人則恰恰相反，他們肯冒險，並能在一次次冒險和擔當重任的機會中磨練自己的天賦，使之充分發揮。

・追求成果而不苛求完美

許多渴望一鳴驚人的人都想追求至善至美，結果卻很少能有成果。

而那些卓有成效的人，往往懂得如何擺脫對十全十美的苛求。他們會把次要的事放在一邊，集中精力做好最重要的事，因而他們的成就會大得多、多得多，天賦發揮也充分得多。

・過一種全面的生活

有成就的人願意努力工作，但通常又有廣泛愛好。對他們來說，工作並非一切。無論商業界還是政界的巨頭們，他們深知如何放鬆自己。他們能夠把工作留在辦公室裡，十分珍視親密無間的朋友關係及家庭生活。

▌如何全面培養自己的能力

一位美國學者指出，成功者至少必須具備九種能力。他的觀點得到了廣泛認同。這位學者強調的九種能力是：

◆ **技術能力**：是指一個人在進行某種特定活動（如企業）的過程中所運用的方法、程式和技術等知識，以及運用有關的工具、設備的能力。這種能力最實在，也最容易獲得。在正規教育中，一些專業如會計、行銷、法律、財務、電腦、外語等均有這方面的訓練，此外還可以透過社會上眾多的培訓班及自我養成的社會經驗獲得。

◆ **概念性能力**：就是抽象能力，即一般分析能力、邏輯思維能力。善於形成概念，以及將複雜的關係概念化。是有效地計劃、組織、協調、制定政策、解決問題和確定發展方向的基礎。

◆ **交際能力**：可以說是人際關係能力的簡稱，指有關人類行為和人際關係的知識，了解別人所說所做背後的感受、態度和動機的能力（設身處地、社會敏感性），明確而有效的溝通能力（口齒伶俐、說服力），以及建立有效的合作關係的能力（機警、圓融、對可接受的社會行為的認識）。

◆ **正確發現問題的洞察力**：洞察力即多方面觀察事物並掌握其核心的能力。它能使人們抓住問題的實質，而不只是看到表面現象。缺乏洞察力的人會只見樹木或只見森林，而不能兩者俱見。

◆ **影響他人的敏感力**：新時代的創業者必須了解如何把大家聚集在一種文化氛圍內，使團隊成員都能自動自發地上進，追求高目標。面對面地與員工進行溝通、持續地訓練和發揮員工的工作能力、創造性，獎勵以及工作保障，都顯示出一個人培養有利於自己事業的文化氛圍的敏感力。

◆ **開創未來的遠見力**：具有遠見的人能綜合運用事實、科技、夢想、機會甚至危險等因素，從已知推斷未知。他不會被眼前的蠅頭小利吸引，也不會被目前的困難所嚇倒，而是在心中始終懷有遠大的目標，勇往直前。

◆ **應變力**：能使人事先預測應該注意的問題，而不是當下面臨的問題。它能使人從容應對出現的種種不曾預見或意想不到的情況，順利適應各種變化。

◆ **有效執行計畫的集中力**：集中力使人把可用資源集中用於最有效的部分，避免不分主次、盲目做事。

◆ **忍耐力**：希望有所成就者，一定要有超越別人的想法和行動，並有為自己事業的未來獻身的能力。只有對自己的長期目標深信不疑並極有耐心地長期努力，才能實現最終目標。

▌扮喜歡的角色，過喜歡過的生活

眾所皆知，哈佛畢業的學生往往能獲得高薪，或是走向政界成為名人。

同樣畢業於哈佛大學的梭羅卻不一樣，他選擇了大自然，選擇了瓦爾登湖。他在那搭起小木屋，開荒種地，寫作看書，過著原始而簡樸的生活。他在世 44 年，沒有女人愛他，沒有出版商賞識他，直到他得肺病去世。

前不久，美國梭羅博物館在網路上做了一次測試，題目是：你認為亨利‧梭羅的一生很糟糕嗎？

調查統計顯示，絕大部分人認為梭羅的一生還是相當有意義的。這一結果大大出乎主辦者的預料。為了搞清原因，梭羅博物館在網路上首先訪問了一位商人。

商人回答：「我從小就喜歡印象派大師梵高的繪畫，我的願望就是做一位畫家，可是為了賺錢，我卻成了畫商，現在我天天都有一種走錯路的感覺；梭羅不一樣，他喜愛大自然，就義無反顧地走向了大自然，他應該是幸福的。」

接著他們又訪問了一位作家。作家說：「我天生喜歡寫作，現在成了作家，我非常滿意。梭羅也是這樣，所以他的生活不會太糟糕。」

後來，調查者又訪問了其他一些人，比如銀行經理、飯店廚師以及牧師、學生和政府職員。其中一位是這樣留言的：「別說梭羅的生活，就是梵高的生活，也比我現在的生活值得羨慕。因為他們崇尚自由，他們都活在自己該活的領域，做著自己天性中該做的事，他們真正主宰自己，而我卻為了過上某種更富裕的生活，在煩躁和不情願中日復一日地忙碌。」

感悟：扮自己喜歡的角色，過自己喜歡的生活，就不要太在乎周圍人對你的評價，因為你不是活給別人看的。保有自我，你才能活得自在瀟灑，無怨無悔。

格言：每個人都演著一個自己選擇的角色，或者別人為他指定的生活中的某一個角色。——〔義大利〕皮蘭德婁

▌如何才能保有自我

我們活著，不是活在別人的眼光裡，也不是活在別人的評論中。我們活著，是為自己的精彩而活著，是為自己的藍圖而活著。為了我們自己的精彩，我們必須勇敢地成為我們自己。

那麼，保有自我，勇敢地成為自己，要怎樣才能做到呢？

要勇敢地成為自己，我們就不必特別在意別人的眼光。

別人的眼光其實與我們無關，它大多數情況下是他們心境的反射，而不一定表示對我們的態度；即使是，那也不必太在意，因為它未必正確、正當。

要勇敢地成為自己，我們就不可能讓所有人都滿意。

每個人都會有他個人的感覺，都會根據自己的想法來看待世界。所以，不要試圖讓所有的人都對我們滿意，否則我們永遠也得不到快樂。

要勇敢地成為自己，就不要盲目一味地追求完美的形象。

人有太多的時候都生活在別人的眼光中，生活在別人的價值觀裡。事實上，

這是因為我們常常高估了自己在別人心目中的地位，努力想去扮演一個完美主義者的形象。所以，我們有的時候當眾摔了一跤首先感到的不是疼痛，而是感到沒有面子。其實一些小事早就不值一提了，只有你還記在心裡。

要勇敢成為我們自己，就不要太依賴他人的評價，而要相信我們自己。

其實，別人怎麼看待我們，那是他的事情。有時候儘管我們很努力了，別人仍會覺得我們如何如何。我們總不能一輩子為了他人的看法而活吧？再說，有些小小的失誤也就隨它去吧，真正的君子是不會計較這些微不足道的小事的。而且我們也沒必要刻意去補救，我們那樣做，別人也許還會埋怨多此一舉。

要勇敢地成為自己，就要拋棄「人言可畏」的思想，走自己的路，讓別人去說吧！

> 格言：對於每個人來說，只有發揮了自己的個性，才能確認自己存在的理由，才會感到生活的意義。——〔日本〕大松博文

▌表現自我要注意些什麼

現代人大都喜歡表現自己，但如果方法不對，就容易給人一種愛誇耀、輕浮淺薄的印象。

因此，有必要掌握一些表現自我的方法和注意事項。

◆ **用行動說話**：最大程度地表現自我的最好辦法，就是行動，而不是自誇。所謂「桃李不言，下自成蹊」，正是這個意思。當然，這裡也包括主動展示、表現自己的行為。靠別人發現，終究是被動的；自己積極表現，才是主動的。在適當的場合、適當的時候，以適當的方式向領導與同事表現你的業績，這是很有必要的。

◆ **不妨謙虛一點**：主動表現或推銷自己時，一開始不要過於鋒芒畢露。可以先謙虛一些，如實地介紹自己，以獲取他人的好感。美國諮商專家奧尼爾說：「如果你有修理飛機引擎的技術，你可以把它變成修理小汽車或大卡車的技術。」

◆ **最大程度地堅持自己的美德**：人們都想得到一個較高的位置，找到一個較好

的機會，使自己有「用武之地」，卻往往容易輕視簡單的工作，看不起平凡的位置與渺小的日常事務。而成功者往往就是在平凡的位置上顯示他們的美德的。堅持美德，是一種最好的表現自己的方式，也是一種最好的人生指南。

◆ **適當表現自己的才智**：一個人的才智是多方面的，假如我們想表現口語表達能力，就要在談話中注意語言的邏輯性、流暢性和風趣性；如果我們想表現專業能力，就要主動詳細地說明我們的專業學習情況，也可以主動問一些與自己的專業有關的問題；如果我們想要讓別人知道自己是一個多才多藝的人，那麼當別人問到愛好興趣時就要趁機發揮，或主動介紹，以引出話題。

◆ **另闢蹊徑，與眾不同**：款式新穎、造型獨特的東西往往是市場上的暢銷貨，獨特、新穎便是價值。物如此，人亦然。當然，要別出心裁，讓人會心；而不是故弄玄虛，讓人噁心……。

◆ **自然流露，切忌矯揉造作**：美德、才能、特質要自然流露而不是表演。成功者從不誇耀自己的功績，而是讓其自然地流露。記住：矯揉造作，其結果只會讓人厭惡。

每天都要超越自己

進步必然需要超越，超越別人，也超越自己。那麼，怎樣才能超越自己，甚至做到每天都超越一些自己呢？下面是一些建議。

◆ **積極主動**：要獲得卓越成就，就應該主動追求。想法正面了，人才會摒棄懶散的習性。我們必須讓潛意識充滿正面的想法，無論任何狀況，你都要超越自我。

◆ **腳踏實地**：許多人一生中懷有相當多的抱負，但他們往往不願意腳踏實地去做。儘管「千里之行，始於足下」的格言人們耳熟能詳，但卻未必能在每一天都堅持。而想要成功成名，就必須經得起長久的付出與持續的努力。

◆ **在精神上超越自我**：超越自己可分成兩種，一種是物質上的享受，一種是精神上的超越。這兩者同樣重要，但如果以價值觀來說，後者勝於前者。因為快樂源自心境的舒適，而真正的幸福則是源於精神的安穩。也許物質享受可以滿足我們一時的樂趣，但樂趣的背後往往是更加空虛，因為我們的要求、欲望會逐漸增大、增多，一旦不能滿足時，我們就可能會迷失自己，進而用

負面方式麻痺自己。

◆ 「**我能**」：不論追求什麼，都必須充滿信心。不要認為自己能力不足，也不要過於庸人自擾，你應該告訴自己：「我能做到！」有人說，信心就像一粒芥菜種子。如果你細心呵護，小小的種子便會長成既高且大的芥菜。同理，如果你用心澆灌信心的種子，就沒有任何事可以難倒你了。

◆ **改變自己**：超越，本質上就意味著改變。當然，每天的一點點超越也許說不上是改變，但積少成多，就是改變了。這樣的改變並非價值觀、目標等方面的改變，更多的是習慣、做事方式與技巧以及觀念認識等方面的改變。堅守與改變是辯證的。

此外，在追求的過程中，一定會有許多困難阻撓我們。如果缺乏應變能力，那我們便不容易突破瓶頸，反而會被逆境擊倒。所以，對於每一個難題，我們都必須謹慎對待並加以解決。

> **格言**：上進心是人的唯一標誌，不是上帝的，也不是動物的。——［英國］羅伯特‧勃朗寧

第三章　樹大志育良習，奠定人生基礎

人應當支配習慣，絕不是習慣支配人。一個人，不能改掉他的壞習慣，那簡直一文不值。

▌成功的意念引導進步

羅傑‧羅爾斯是美國紐約州歷史上第一位黑人州長，他出生在紐約聲名狼藉的貧民窟。那裡環境惡劣，充滿暴力，是偷渡者和流浪漢的聚集地。在那裡出生的孩子，耳濡目染，他們從小翹課、打架、偷竊甚至吸毒，長大後很少有人從事體面的職業。

然而，羅傑‧羅爾斯是個例外，他不僅考上了大學，而且成了州長。在就職記者會上，一位記者提問：「是什麼把你推向州長寶座？」面對 300 多名記者，羅爾斯對自己的奮鬥史隻字未提，只談到他上小學時的校長 —— 皮爾‧保羅。

1961 年，皮爾‧保羅被聘為大沙頭諾必塔小學的董事兼校長。當時正值美國嬉皮流行的時代，保羅走進大沙頭諾必塔小學的時候，發現這裡的窮孩子比「迷惘的一代」還要無所事事。他們不與老師合作，曠課、打鬥，甚至砸爛教室的黑板。

皮爾‧保羅想了很多辦法來引導這些學生們，可是沒有一個是奏效的。後來，他發現這些孩子都很迷信，於是在他上課的時候就多了一項內容 —— 幫學生看手相。他用這個辦法來鼓勵學生 —— 當然，保羅校長絲毫不迷信。

當羅爾斯從窗臺上跳下，伸著小手走向講臺時，皮爾‧保羅說：「我一看你修長的小拇指就知道，將來你是紐約州的州長。」

當時，羅爾斯大吃一驚，因為長這麼大，只有他奶奶讓他振奮過一次，說他可以成為五噸重小船的船長。這一次，保羅校長竟說自己可以成為紐約州的州長，著實出乎他的意料。他記下了這句話，並且相信了它。

從那天起，「紐約州州長」就像一面旗幟，羅爾斯的衣服不再沾滿泥土，說

話時也不再夾雜汙言穢語。

51 歲那年，羅傑‧羅爾斯終於成了州長。

> **感悟**：當渴望成功、有了成功的欲望和意念的時候，人們才會去思考、去進步。當這種欲望和意念成為潛意識的時候，我們所有的思考和行為就都會配合它，朝著自己的目標前進。
>
> **格言**：人若有志，萬事可為。──　〔英國〕塞‧斯邁爾斯

▌進步的關鍵步驟是先建立奮鬥目標

戴高樂（Charles de Gaulle）年輕時在法國步兵第二師三十三團九連當兵。在部隊裡，他勤奮學習，自主鑽研軍事書籍，研究著名戰例的史料，常常談論著名歷史將領的功過是非，表現出了一個有為青年的遠大志向。

戴高樂為自己建立了一個偉大的目標：要像歷史上的那些偉大元帥一樣，建立不朽的功勳。在這一目標激勵下，戴高樂學習更加勤奮了。

後來，與戴高樂同時入伍的人大都升遷為中士，而戴高樂依舊是下士。人們不解，便去問連長德蒂尼上尉。上尉聳了聳肩膀，不屑一顧地說：「我怎麼能把這樣的年輕人提升為中士呢？他只有當上大元帥才能稱心如意！」這話一傳開，戴高樂便有了「大元帥」的稱號。

這位「大元帥」後來又進入聖西爾軍校進行正規學習。他以成為一個大元帥的目標來要求自己，對軍事學習精益求精。畢業後回到部隊作戰英勇無比，曾三次負傷。1916 年 3 月，他中了彈，倒在血泊裡，人們都以為他陣亡了。

就在「大元帥」的死訊傳出以後，軍隊統帥部授予戴高樂法國軍隊最高的十字勳章，證書上寫：「該員在激戰中以身殉職，不愧為在各方面無與倫比的軍官。」

有戲劇性的是，戴高樂只受了重傷，並沒有死。這一次重傷，為他實現當「元帥」的目標提供了機會，他的軍事才華得到賞識。傷癒歸隊後，他被任命為準將，統帥法國軍隊。

在第二次世界大戰中，法國淪陷，戴高樂被迫流亡英國。可他依舊不屈不撓地奮鬥，就連英國首相邱吉爾也用讚賞口氣稱他為「大元帥」。然而，戴高樂又很謙遜，儘管他真正成了法國軍隊的統帥，可卻兩次拒絕授予他元帥軍銜的決定。雖然一直到死他仍然是一個將軍，但他用自己的行動實現了自己當大元帥的目標。

> **感悟**：作家張愛玲說過：「出名要趁早」。其實，應該「趁早」的是訂下目標。許多人之所以蹉跎歲月，正是因為沒有人生目標，將每天的日子荒廢了。成功人生最關鍵的一步，是首先為自己建立一個明確奮鬥目標，並使先定目標後行動成為處理大小事情的一種習慣。
>
> **格言**：從偉大到可笑，只有一步之遙。真正的才智，是剛毅之志向。──〔法國〕拿破崙

▌如何建立堅定明確的目標

建立目標並不是什麼難事，但有明確具體可行的目標，以及時刻瞄準目標、堅持不懈地努力，就不容易了。這裡有幾條有效措施，不妨借鑑一下。

• 發現自己的興趣所在

人生的目標與自己的興趣最好是相互統一的。「興趣是最好的老師」，我們只有幹那些自己有興趣的事情，才能全心全意投入並能堅持下去，成功的可能性也才大一些。因此，確立目標，最好與自己的興趣相關。

• 目標不能不定

數以萬計的人，他們的一個共同悲哀就是：今天是這樣一個目標，明天是那樣一個目標，後天又是一個目標。

目標遊離不定，實際上就是沒有目標。

這樣不但會消耗精力、虛擲年華，到頭來一場空。

正確的方法是要設定一個目標並鍥而不捨地堅持下去。這個目標又必須是

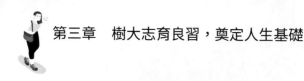

清晰、確實可行的，不是虛無縹緲的。目標一旦確定，就要付諸行動，最好立即動手。

・讓目標經常縈繞在心

目標明確後，可以把它記在一張卡片上，並列出具體實施步驟。不妨隨身帶著這張卡片，經常檢測目標的實施情況，並使它在腦中產生具體的形象，好像自己已經實現了這一目標的哪些步驟，正在進行後續步驟一樣。

・化整為零，化繁為簡

所謂化整為零，就是要把長遠目標分解，分解為中期的、短期的目標，甚至是每一天、每一小時的任務，這樣才能積跬步以致千里。同時，無論是對於大目標還是對於小任務，與此不相干的事情就是累贅，最好能刪除。

化整為零、化繁為簡有戰略的意義，也有戰術的意義。也就是說，這也是一種工作或學習的有效技巧。同時，它們還意味著不好高騖遠、不坐而論道，而是踏踏實實地做好每一天的工作。

・按自己的方式接近目標

我們知道，許多有天分的人不是因為自己不努力，而是毀在了別人的譏諷、非議、指斥之中。他們受不了這些，進而放棄努力，或按他人的指示改弦易轍，當然最後也就一事無成。而那些成就卓越的人則往往有著明確堅定的目標，並以自己的方式堅持著自己的目標。要鍥而不捨、自強不息地追求自己的目標，不要害怕失敗、非難或批評，這是成功者唯一的道路，也是成功者必備的特質。

> **格言**：為了達成偉大的成就，最重要的祕訣在於確定你的目標，然後開始做，採取行動，朝著目標前進。—— ［美國］博恩‧崔西

新生活是從選定方向開始的

浩瀚的撒哈拉沙漠中有一個叫比賽爾的部落，村子旁邊有一塊 15 平方公里的綠洲。比賽爾人世代依綠洲而生，幾乎與外界隔絕。

從比賽爾部落走出沙漠，一般需要三晝夜的時間，可是在法國探險家肯‧萊文 1926 年發現它之前，這裡的人沒有一個走出過大沙漠。

對此，肯‧萊文不解：為什麼世世代代的比賽爾人始終走不出那片沙漠呢？

經過了解，萊文才得知：原來比賽爾人一直不認識北斗七星，在茫茫大漠中，沒有方向的他們只能憑感覺向前走。而萊文十分清楚：在一望無際的沙漠中，一個人若是沒有固定方向的指引，他會走出許許多多大小不一的圓圈，最終回到他起步的地方。

肯‧萊文來到這個村莊之後，把識別北斗七星的方法教給了當地的居民。從此，比賽爾人便也相繼走出了他們世代相守的沙漠。

如今的比賽爾已經成為一個旅遊勝地，每一個到達那裡的人都會發現一座紀念碑，碑上刻著一行醒目的大字：

「新生活是從選定方向開始的。」

> **感悟：**沙漠中沒有方向的人，只能徒勞地轉著一個又一個圈子；生活中沒有目標的人，只能無聊地重複著自己平庸的生活。對沙漠中的人來說，新生活是從選定方向開始的；而對現實中的人來說，新生活是從確定目標開始的。
>
> **格言：**必須對生活先有信心，然後才能使生活永遠延續下去。而所謂信心，就是希望。── ［法國］保羅‧郎之萬

種什麼志向，收什麼果實

傑西‧歐文斯（Jesse Owens）曾被稱為「跑得最快的人」。他出身在美國克利夫蘭一個「物質貧乏，精神富有」的家庭。

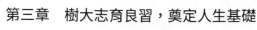

一天，一位知名運動員到傑西所在的學校為孩子們演講，他叫查理‧帕多克（Charley Paddock），曾經被體育記者稱作「活著的跑得最快的人」。

帕多克與孩子們交談時說：「你們要做什麼？說出來，然後相信上帝會幫助你實現。」

小傑西看著帕多克，想：我要做查理‧帕多克這樣的人。

演講結束後，在心中英雄的激勵下，傑西跑到運動教練那裡說：「教練，我有一個志向！」

教練看著這個瘦得皮包骨似的黑皮膚男孩，問：「你的志向是什麼，孩子？」

「我要像派克多先生一樣，成為跑得最快的人。」

「傑西，有一個志向很好，但要實現志向，你得要有階梯。」教練語重心長地說，「第一級是決心，第二級是投入，第三級是自律，第四級是心態。」

傑西‧歐文斯把自己的腳伸向第一級，在腦袋裡下了第一個決定：不管面對多麼大的挑戰，絕不放棄。其後，他投入了艱苦的訓練中，從未有一刻放鬆自己，挫折、失敗進一步激勵了他的鬥志。

後來，傑西‧歐文斯果然成了 100 公尺跑得最快的人，在奧運會上獲得了四枚金牌。

> **感悟：**種瓜得瓜，種豆得豆。把志向「種」在腦海裡，種的是什麼樣的志向，將來收穫的就是什麼樣的果實。要想成功，就一定要儘早地立下遠大的志向，把它「種」在腦海裡，並經常「澆水」、「施肥」，總有一天它會開花結果。
>
> **格言：**世界上有兩種人，一種人，虛度年華；另一種人，過著有意義的生活。在第一種人的眼裡，生活就是一場睡眠，如果這場睡眠在他看來，是睡在既柔和又溫暖的床鋪上，那他便十分心滿意足了；在第二種人眼裡，可以說，生活就是建立功績……人就在完成這個功績中享到自己的幸福。──〔俄國〕別林斯基

▌ 成就的大小總是和抱負成正比

美國舊金山貧民區有個小男孩，因為營養不良而患有軟骨病，六歲時雙腿變成弓字型，小腿更是嚴重萎縮。然而，他幼小心靈中一直藏著一個沒人相信的夢，就是有一天要成為美式橄欖球的全能球員。

他是傳奇人物吉姆·布朗（Jim Brown）的球迷，每當吉姆所屬的克利夫蘭布朗斯隊在舊金山比賽時，這個男孩便不顧雙腿的不便，一跛一跛地到球場去，為心中的偶像吶喊助威。

13歲時，有一次，在布朗斯隊賽後，在一家霜淇淋店裡，他終於有機會和心中的偶像面對面地接觸，那是他多年來所期望的一刻。

他大方地走到這位大明星面前，大聲說：「布朗先生，我是你最忠實的球迷！」

吉姆·布朗和氣地向他說了聲「謝謝」。

小男孩接著又說：「布朗先生，你知道一件事嗎？」

吉姆·布朗轉過頭來問：「小朋友，請問是什麼事呢？」

小男孩以一副自豪的神態說道：「我記得你所創下的每一項紀錄，每一次的成績。」

吉姆·布朗十分開心地笑了，然後說：「真不簡單。」

這時小男孩挺了挺胸膛，眼睛閃爍著光芒，充滿自信地說：「布朗先生，有一天我要打破你所創下的每一項紀錄。」

聽完小男孩的話，這位美式橄欖球明星微笑地對他說：「好大的口氣！孩子，你叫什麼名字？」

小男孩得意地笑了，說：「奧倫索，先生，我的名字叫奧倫索·辛普森。」

奧倫索·辛普森（O. J. Simpson）日後的確實現了他少年時所說的話，在美式橄欖球場上打破了吉姆·布朗所創下的所有紀錄，同時創下了一些新的紀錄。

> **感悟：**抱負能夠激發出令人難以置信的能力，抱負能夠改寫一個人的命運。一個擁有了遠大的抱負，就能夠把看不見的夢想變成看得見的現實。一個人成就的大小，總是和抱負的大小成正比。
>
> **格言：**不甘休噴泉的高度不會超過它的源頭；一個人的事業也是這樣，他的成就絕不會超過自己的信念。—— ［美國］林肯

▌遵從內心渴望，事業才有前途

蓋茲的父親是位著名的律師，母親是位教師，他們希望兒子將來能考進哈佛法學院，做一名優秀的律師。

考入哈佛後，蓋茲陷入了極度困惑之中，因為他對法律專業提不起半點興趣。他置專業於不顧，依然投身到他喜愛的電腦中，與好友艾倫（Paul Allen）互相切磋，共同寫程式，忙得不亦樂乎。1975 年，他們共同創辦了自己的公司。

1976 年，蓋茲感到自己再也不能在學校學習枯燥乏味的法律，不願再為此浪費大好時光了。他不顧父母親的再三反對，毅然從多少青年才俊夢寐以求的哈佛大學退學，投入到了他無比喜愛的電腦中。

從此，蓋茲與微軟踏上了高速前進的列車，創造了驚人的財富，對世界 IT 產業和知識經濟的發展作出了巨大的貢獻，並對慈善事業捐助十分慷慨。

> **感悟：**前輩的訓誨固然重要，自己的意願亦需遵從。古今中外，有不少傑出人物違背父輩家人的期望，遵從自己內心的渴望，從而成就了一番事業。因此，父親沒必要強求子從父業，兒子也沒必要一味順從。

▌有了渴望，沒什麼事情做不成

80 多年前的一天，艾德溫·巴納斯到橘郡來找大發明家愛迪生。別看他像個不見經傳的流浪漢，他腦子裡的思想卻富可敵國。

從鐵軌走向愛迪生辦事處的路上，他腦筋動個不停。他想像著自己站在愛迪

生面前,他聽見自己在請求愛迪生給他一個機會,成為這位偉大發明家的事業合夥人。

誰也不知道他是怎樣說服了這位大發明家,總之,愛迪生把他留了下來。

巴納斯在愛迪生的身邊工作,轉眼就過去了五年。在別人看來,他只是愛迪生的產業裡一顆不起眼的小螺絲,但在他自己的心中,他無時無刻不是愛迪生的合夥人,從他一到那裡工作開始,一直都是。

多年以後,巴納斯再次置身於首度會見愛迪生的辦公室,也再次和愛迪生相對而立。但這一回,他的渴望已經成為現實 —— 他真的成了愛迪生的合夥人,而不僅僅是個助手。

> **感悟**:每個人的心中都有指向某種目標的渴望。這種渴望能夠轉化為追求的動力,專注於目標,不達目標誓不甘休。有了這種渴望,沒有什麼事情做不成,沒有什麼事情做不好。

▌興趣大小與成就成正比

西元 1831 年,達爾文從劍橋大學畢業。他熱衷於自然科學研究,放棄了待遇豐厚的牧師職業。這年 12 月,英國政府組織了「貝格爾號」軍艦的全球考察,達爾文經人推薦,以「博物學家」的身分,自費搭船,開始了漫長而又艱苦的全球考察活動。

達爾文每到一地總會進行認真的考察研究,採訪當地的居民,有時請他們當嚮導,跋山涉水,採集礦物和動植物標本,挖掘生物化石,發現了許多沒有記載的新物種。他白天收集穀類岩石標本、動物化石,晚上又忙著記錄收集經過。

達爾文隨船橫渡太平洋,經過澳洲,越過印度洋,繞過好望角,於西元 1836 年 10 月回到英國。在歷時五年的全球考察中,達爾文累積了大量的資料。回國之後,他一面整理這些資料,一面又深入實踐。同時,查閱大量書籍,為他的生物進化理論尋找根據。

西元 1859 年 11 月,達爾文經過 20 多年研究而寫成的科學巨著《物種起源》問世,引起了極大的轟動。

> **感悟**：在達爾文的時代，做牧師幾乎是貴族子弟的普遍選擇，地位體面，報酬豐厚，而達爾文卻違背父意選擇了自然科學研究，因為這才是他的興趣所在。也正是這一選擇，世界才僅僅少了一個平庸的牧師，多了一個傑出的科學家。

▋有興趣的工作才快樂

菲爾·強森的父親開了一家洗衣店，他把兒子叫到店裡工作，希望他將來能接管這家洗衣店。但強森痛恨洗衣店的工作，所以懶懶散散，只做些不得不做的工作，其他一概不管。有時候則乾脆「罷工」。父親十分傷心，認為養了一個不求上進的兒子。

有一天，強森告訴父親，他希望做個機械工人——到一家機械廠工作。父親十分驚訝，但強森堅持己見。他穿上油膩的粗布工作服工作，從事比洗衣店更為辛苦的工作，工作的時間更長，但他竟然快樂得在工作中吹起口哨來。他選修工程學課程，研究引擎，裝置機械。

當強森 1944 年去世時，已是波音飛機公司的總裁，並且製造出「空中飛行堡壘」轟炸機，幫助盟軍贏得了世界大戰。

> **感悟**：也許可能有人會鄙視興趣，認為它不夠理性，依興趣選擇不應是成就大事業者所為。事實是，世界上成就大事業者，他所從事的領域，無不是自己最感興趣的領域。

▋懷抱夢想，自助人助

喬·巴普家境貧寒，母親是裁縫，父親是窮工匠。他在紐約市貧民區的學校半工半讀，念完了高中。

巴普熱愛戲劇，非常渴望能去看一場百老匯的表演，但卻買不起門票。憑著無窮的精力和意志，巴普當上了電視臺的舞臺監督。不過，他希望為那些像他一

樣，永遠買不起門票去看百老匯戲劇表演的人創作一些戲劇。

後來，巴普創辦了一個劇團，先是在教堂的地下室演出，後來租了個露天圓形劇場。劇團初期演出莎士比亞的戲劇，很受觀眾歡迎，卻沒有劇評家來觀看。巴普想，要是沒有宣傳，又怎會有人肯捐助演出經費呢？

因此，有一天，巴普去了《紐約時報》社，指名要見戲劇評論家布魯克斯‧艾金生（Brooks Atkinson）。艾金生的助手亞瑟‧吉爾布說他要見的劇評家當時正在倫敦。

「那我就在這裡等艾金生先生回來。」巴普堅決地說。吉爾布於是請他道明來意。這位工匠的兒子激動地講述他劇團的演員如何優秀，觀眾的掌聲如何熱烈；又說他的觀眾大多數是從未看過真正舞臺劇的移民，如果《紐約時報》不寫劇評介紹他的戲，他就沒有經費再演下去了。吉爾布看到他這樣堅決，大為感動，同意那天晚上去看他的戲。

吉爾布到達露天劇場時，天上烏雲密布，中場休息時，滂沱大雨把舞臺淋溼了。巴普見吉爾布跑開去避雨，就趕上去說：「我知道劇評家平常是不會評論半場演出的，不過我懇求你無論如何破個例。」

那天夜裡，吉爾布寫了一篇簡短介紹，對那半場戲十分好評，又提到劇團急需資助。劇評刊出後，第二天就有人送給劇團一張 750 美元的支票。在 1956 年，這筆錢已足夠劇團繼續演出這場戲，一直到夏季結束。

艾金生從倫敦回來紐約後，也去看了這場戲，並撰文在他的星期天專欄裡大為讚揚。

沒多久，喬‧巴普就開始在紐約各處免費演出莎士比亞名劇。他於 1991 年去世，死前一直是美國戲劇界深具影響力的人物。他曾經說過，他堅持不懈是因為他深信戲劇對人們生活很重要。「如果你不相信這一點，那麼就此放棄算了。」

感悟：人生在世，不能沒有夢想。心懷夢想、尤其是有益大眾的高尚夢想，並堅定地追求，人生就是美麗的。這樣的人必然會得到別人的幫助，使其夢想成真。

▌要有一顆樂觀進取的心

　　諾思克利夫爵士（Alfred Harmsworth, 1st Viscount Northcliffe）是倫敦《泰晤士報》的大老闆，被稱為「新聞界的拿破崙」。最初每月只能拿到 80 英鎊的時候，他對自己的處境非常不滿。後來，《倫敦晚報》和《每日郵報》都裝入囊中的時候，他還是感到不滿足，直到得到《泰晤士報》之後，他才稍稍覺得有點滿足。

　　就算成了《泰晤士報》的大老闆，諾思克利夫爵士還是不肯善罷甘休。他要利用《泰晤士報》「揭露官僚政府的腐敗，打倒幾個內閣，推翻或擁護幾個內閣總理，而且不顧一切地攻擊昏迷不醒的政府。……」由於他的這種大膽努力，提高了不少國家機關的辦事效率，在某種程度上還改革了整個英國的制度。

　　諾恩克利夫爵士對於那些自我滿足的人同樣也是很反感的。

　　有一次，他在一個從未見過的助理編輯的辦公桌前停下來，和那個助理編輯聊了起來：「你來到這裡多久了？」

　　「將近三個月了。」那位助理編輯回答。

　　「你覺得怎麼樣？你喜歡你的工作嗎？對我們的辦事程序熟悉了嗎？」

　　「我很喜歡我現在的工作。」

　　「你現在的薪水是多少？」

　　「一星期 5 英鎊。」

　　「你對現在的狀況滿意嗎？」

　　「很滿意，謝謝您。」

　　「啊，但是你要知道，我可不希望我的職員一星期拿了 5 英鎊，就覺得很滿足了。」

> **感悟：**自我滿足是上進心的第一敵人。舒適的生活和對困難的恐懼，會征服許多人。有些人因為其上進心不夠，所以通常難以戰勝自我滿足這個大敵，不能引導自己去追尋更加美好的事物，獲取更大的成功。
>
> **格言：**如果你想永遠做個雇員，那麼下班的汽笛吹響了，你可以暫時忘掉手中的工作；如果你想繼續前進，去開創一番事業，那麼，汽笛僅僅是你開始思考的訊號。　──　〔美國〕亨利·福特

保持適度的野心

保爾‧德塞納維爾（Paul de Senneville）自認是個做什麼都不行的庸才。但是，他卻有點石成金的本領和適度的野心。

有一天，他腦海裡響起一段旋律，便將它大致哼出來，並用答錄機錄了下來，請人寫成樂譜，名為《阿德麗娜敘事曲》。阿德麗娜正是他的大女兒。

曲子譜好後，德塞納維爾找了一個遊藝場的鋼琴演奏員為之錄音。這個演奏員名不經傳，但技術尚可。德塞納維爾為他取了個藝名，叫理查‧克萊德曼（Richard Clayderman）……後來，這張唱片在全球銷了 2600 萬張，德塞納維爾輕而易舉地發了財。

德塞納維爾說：「本人不學無術，對音樂一竅不通，不會玩任何樂器，也不識譜，更不懂和聲。不過我喜歡亂哼，哼出些簡單的、大眾愛聽的調子。」他只作曲，不寫歌。他寫的曲子已有數百首，並且流行全球。20 年來，德塞納維爾靠收取巨額版稅，腰纏萬貫。

德塞納維爾解釋自己的成就，是適度的野心帶來的連續的好運。對任何事情，他都想成大事。

1978 年，德塞納維爾花 28 萬法郎買了一匹馬，幾個月之後贏得了美洲獎，淨得獎金 200 萬法郎。

1992 年，因為走錯了門，德塞納維爾在一間錄音室裡，無意間遇上了一個吹長笛的阿根廷人，名叫迪戈‧莫德納。他看見莫德納的脖子上掛著一個鴨蛋形的奇特小樂器，叫「陶笛」。德塞納維爾從未見過，也未聽過，於是他讓莫德納表演一下。聽過之後，他當機立斷，聘用莫德納。結果在樂隊伴奏下的大提琴與陶笛協奏的唱片《陶笛之聲》共賣出 110 萬張。唱片中的 12 首曲子，全都出自德塞納維爾之手。

> **感悟：**拿破崙的那句話和他的成就，足以說明人確實是應該有一些野心的。但心理學的實驗也證明，適度的野心是有益的，但太大了，則有可能產生反效果，是不可取的。
>
> **格言：**心理學實驗結果顯示，野心不大不小者的成績最好。── ［美國］RC 施奈特

▌輸了戰爭，不能輸了鬥志

一位美國教授曾為他的學生講了一個令人終生難忘的故事：

很久以前，教授在韋布城開了家雜貨店，由於經營不善，不僅花掉了所有的積蓄，還負債累累，估計得花 7 年的時間償還債務。

星期六那天，教授結束營業，準備到「商礦銀行」貸款，好到坎薩斯城找一份工作。他像一隻鬥敗的公雞，毫無信心和鬥志。

這時，有個人從街的另一頭過來。那人沒有雙腿，坐在一塊安裝著溜冰鞋滑輪的小木板上，兩手撐著木棍向前進。他橫越街道，微微提起小木板準備登上路邊的人行道。就在那幾秒鐘，教授和那人視線對上，只見那人坦然一笑，很有精神地向教授打招呼：「早安，先生，今天天氣真好啊！」

教授望著那人，突然體會到自己何等的富有：「我有雙足，可以行走，為什麼卻如此自憐？這個人缺了雙腿仍能快樂自信，我這個四肢健全的人，還有什麼不能快樂起來的呢？」

教授挺了挺胸膛，本來到「商礦銀行」只準備借 1 萬元，現在卻決定借 2 萬元；本想說「我到坎薩斯城想找一份工作」，現在卻信心十足地宣稱：「我到坎薩斯城去找一份工作。」

結果，教授借了錢，找到了工作。

> **感悟：**「勝不驕，敗不餒」是一句簡單而又深邃的古訓。其中「敗不餒」，是說失敗了不能氣餒，不能喪失了鬥志。還記得曾國藩文書中的那幾個字的變更嗎？從「屢戰屢敗」，到「屢敗屢戰」，字還是那幾個字，詞序不同，境界迥異。其實戰績沒什麼不同，關鍵在鬥志：輸了戰爭，不能輸了鬥志。
>
> **格言：**只有每天戰鬥的人，才能享受自由和人生。—— ［德國］歌德

有堅忍不拔的意志，就等於成功了一半

李時珍是中國古代最為著名的醫學家之一，他所寫的輝煌巨著《本草綱目》，曾被達爾文稱譽為「中國古代的百科全書」。

李時珍出生於湖北蘄州一個醫生世家，從小就對醫學特別感興趣，學到了許多醫學知識。李時珍14歲中秀才，後經三次鄉試落選，於是就放棄了科舉考試，選擇醫生為終身職業。

在長期的行醫過程中，李時珍深切地感受到，在古人留下的醫藥書籍中，有許多草藥品種記載不全，甚至還有不少錯誤。為了對病人負責，為了為後代子孫留下詳細而嚴謹的醫藥知識，李時珍決定編一部新的醫藥書。當年，李時珍35歲。

為了編撰《本草綱目》，李時珍搜集整理了大量前人留下來的資料，參考的著述就達800多種。而對許多藥物的效用，他都親自、逐一確認。為了研究新的疾病，他不惜親自下到危險而黑暗的錬窯，不惜前往煉鉛的悶熱作坊，實地研究工人的中毒現象和職業病。

有時候，為了取得第一手珍貴資料，他冒著生命的危險，吞服一些作用劇烈的藥物。他曾吞服曼陀羅，體驗這種藥的麻醉作用，直到精神恍惚、失去痛覺的程度。

為了搜集藥方與藥材，李時珍廣泛深入民間，行走於荒山草原之中，餐風露宿，白天翻山採藥、治病救人，晚上獨坐燈下，勤奮著述。

多少次的困苦挨餓、多少次的露宿荒郊野外、多少次的動物追咬，又有多少次的譏笑嘲諷，李時珍都一次次咬牙堅持了過來。就這樣，李時珍30年如一日，艱苦卓絕，堅忍不拔，最終完成了巨著《本草綱目》。

> **感悟：**堅忍不拔意味著不論遇到什麼情況，都要一直堅持下去，直到問題解決、任務完成為止。對於堅忍不拔者來說，沒有走不完的路，沒有越不過的高峰，沒有克服不了的困難，沒有達不到的目標。
>
> **格言：**成大事不在於力量的大小，而在於能堅持多久。──　［英國］塞‧詹森

▍夢想能否成真，分水嶺就在於能否堅持

美國汽車大王亨利‧福特，年輕時曾在一家電燈公司當工人。有一天，他突發奇想，要設計一種新型引擎。

福特把自己的想法告訴了妻子，妻子對他的發明研究很支持，鼓勵他說：「天下無難事，你就試試吧！」她把家裡的舊房間騰出來，供丈夫使用。

福特每天下班回家，就窩進房間裡做引擎的研製工作。

寒來暑往，冬天房裡奇冷，福特的手凍成了紫茄子，牙齒在寒冷中「格格」直響，條件可算是惡劣極了。可他默默地對自己說：「引擎的研究已經有了頭緒，再堅持做下去就能成功。」

在亨利‧福特在房間裡度過艱苦的三年後，新型引擎有了眉目。接著，他開始設計以這種引擎作動力的車子。又做了一年多，這個異想天開的稀奇東西終於問世了。

西元 1893 年，福特和他的妻子乘坐著一輛沒有馬的「馬車」，搖搖晃晃上了大街。這次試車成功，車子開了一段距離。但開出去的車子最終因為拋錨，只好又推了回來。這說明，新東西還大有改進的必要。

回家之後，福特又投入了沒日沒夜的改進。

就這樣，汽車這種對整個世界產生深遠影響的交通工具，在亨利‧福特堅忍不拔的意志下誕生了，成熟了；而福特，也由此創造了一個舉世知名的汽車王國。

> **感悟**：每個人都有自己的夢想，也都會為實現夢想做出努力。然而，一些人經過短暫努力之後感到身心俱疲，然後就想半途而廢；另一些人，在略為休息以後又開始努力，而且始終不懈，最終實現了夢想。兩者之間的分水嶺，就是堅持。
>
> **格言**：貴在堅持，難在堅持，成在堅持。──〔瑞典〕諾貝爾

艱苦歷練才是最可貴的財富

中央大學有個學生，是臺南某位著名民營企業家的兒子。這種家庭的「寶貝」外出上學，自然是有人陪送，有人為其打點一切。但這位父親卻讓兒子自己獨自搭車，從臺南去桃園報到入學。

到校後，兒子身上帶的錢，在繳完各種費用後所剩無幾，他便主動向學校申請工讀，在老師的介紹下到學餐工作。

每天，大家都能看到這個勤快的學生在學餐忙碌著，從不叫苦叫累。每天，他得到些許的報酬。他生活十分儉樸，衣服樸素，學習勤奮努力。

他周圍的同學都認為他來自貧困的家庭，但他在師生面前不卑不亢，渾身充滿一種自信與坦然。他還努力參加校外活動，並在一家企業當助理實習。他把家裡每月寄的錢，原封不動地放好，當作自己將來創業的資本。

大學四年，他完全靠自己解決了學習、生活的費用。由於成績優秀，他每年都能得到第一名獎學金，畢業後又直升本校研究生。在研究所第二年，他用自己存下與打工賺來的錢創立了自己的小公司，走上了創業之路。

在大西洋彼岸的美國，一位億萬富翁的「千金」白天上課，晚上工作，以賺取學雜費。

那位億萬富翁說：「我這樣做，只是為了讓孩子從小知道生活的艱辛，讓她感受一點艱苦生活的磨練。這樣她長大以後，才能知道怎樣掌握自己人生，怎樣在社會上站住腳。」

那位「千金」說：「自己的事情自己來打理，那樣的生活才是自己的。這樣的歷練不是受苦，它創造的財富簡直無可比擬。」

> **感悟：**卡內基曾說，富家子弟生來不幸，因為他們是在負重跟別人賽跑，這負重就是財富對他們的誘惑。如果像上述兩位那樣自食其力，培養獨立生存的習慣，自然就擺脫了負擔和不幸。
>
> **格言：**只有曾經歷最深切悲哀的人，才最能體會最大的快樂。——〔法國〕大仲馬

▋ 擁有自制，也就擁有了一定的財富

有一家中型超市，地點並不算很好，可是生意卻做得有聲有色。他們的特色之一，就是設置了讓顧客盡情傾訴抱怨的櫃檯。在這裡，經常可以看到這樣的情形——

在超市受理顧客提出的「抱怨」的櫃檯前，許多女士大排長龍，爭著向櫃檯後的那位年輕女生講道理，有的甚至說些很難聽的話。

櫃檯後的這位年輕女生一一耐心接待這些不滿甚至憤怒的顧客，沒有表現出絲毫的嫌惡。她臉上帶著微笑，指示這些婦女們前往相應的部門。她的態度優雅而鎮靜，其自制的修養令人大感驚訝。

站在她背後的是另一位年輕女生，她在紙條上不停寫寫畫畫，然後把它們交給站在前面的那位女生。這些紙條簡要記下了婦女們抱怨的內容，但省略了她們的「尖酸」話語及怒氣。

櫃檯後面那位年輕女生臉上親切的微笑，對這些不滿或憤怒的婦女們產生了好的影響。她們來到她面前時，個個像是咆哮怒吼的野狼，但當她們離開時，個個像是溫順柔和的綿羊。

事實上，她們中的某些人離開時，臉上甚至露出了「羞怯」的神情，因為這位年輕女生的「自制」已經讓她們對自己的行為感到有些慚愧；當然，為了表示自己的歉意，她們很願意為超市做些什麼，因此從超市出來的時候，她們總是手提或肩背著滿滿的大包小包。

> **感悟：**自制是一種美德，這種美德不僅有精神價值，也有功利價值。自制地做人，可以為自己贏得聲譽，贏得實績；自制地做事，可以為自己贏得夥伴，創造利益。拒絕或忽視運用自制力的人，實際上是在把好機會一個又一個地丟掉。
>
> **格言：**自尊，自知，自制，只有這三者才能把生活引向最尊貴的王國。──〔英國〕丁尼生

如何做到自制自律

自制自律是最難獲得的品格之一，尤其是青壯年容易衝動，很難真正地控制自己。

下面的一些方法，對我們做到自制自律很有幫助。

◆ **掌握自己的思想**：沒有意識當導引，人就不可能有具體的行為。掌握思想，就是要明白自己想要什麼、不能要什麼，這是認識問題；然後再弄清楚，怎樣拒絕不能做的事，強制自己專做該做的事，這是方法的問題；最後再思量一下，自己做了會如何，不做又會如何，這是建立自制自律的前提。

◆ **控制目標**：目標是思想的核心，更是行動的指南。控制好目標即堅持我們的目標，可以使我們杜絕外界的誘惑，可以使我們保持自制自律。

◆ **自我規劃**：自我規劃是自制行動的前提，沒有它便不會產生理想的自制自律結果。規劃的方法有多種，例如寫下決心、列專案、提方案等。還有一種是建立楷模，運用楷模形象不斷要求與激勵自己。

◆ **制定時間表**：如果我們覺得自己浪費了太多的時間，那就做能夠更好利用時間的計畫表，堅持按照它來執行。當按時間表行事、控制自己的行為時，相對來說就會容易多了。

◆ **自我糾正**：善於自制自律的人，可以透過自制力的作用，自我糾正不良行為。糾正的辦法主要是實施自我強化。可以分三步進行，即習慣解凍、習慣轉變和新行為凍結。習慣解凍，是使自己與已習慣的環境、條件、來源隔離，並設計新的行為標準；習慣轉變，是新行為由外部行動轉化為內部心理動作，加強自我監督，強化新行為；新行為凍結，是保持、強化環境，使新行為成為新習慣，或透過有階段性的強化，防止新行為消失。

◆ **講求原則**：培養自制自律就是要講原則。只有講究原則的人，才能真正地做到自制自律。

◆ **持之以恆，永不懈怠**：俗話說：「善始容易善終難。」必須持之以恆、有始有終，才能錘鍊出高度自律的品格。凡成就卓越的人，均是數十年如一日，專

心致志、自制自律的結果。只有堅持不懈，才能使逐步培養起來的自制自律不斷鞏固與發展。

▌如何養成禮貌的習慣

培養禮貌，一方面要加強內心的修養，一方面則要從小細節做起，使禮貌融入我們的日常行為之中。具體來講，要從以下幾個方面努力：

◆ **從思想上建立禮貌**：禮貌首先是個思想認識問題，是個「心意」問題。有了正確的思想基礎，我們待人接物的態度才會彬彬有禮。具體來說，要做到不以善小而不為、不以惡小而為之，要養成體貼別人、爭擔困難的習慣，這樣久而久之，我們會把禮貌的行為和態度，當成一種自然而然的習慣。

◆ **禮貌要從小事做起**：從小事做起，注意自己的言行，並把這種注意力放到每一件事上去。比如與人談話時，不要搖晃四肢，不要做不雅的小動作，如掏耳屎、摳鼻子；說話時要文雅，不講粗話俗語；打電話時態度溫和，控制通話的時間……。

◆ **從別人的禮貌上尋找自身的缺點**：別人對我們禮貌，這是件好事，我們應該高興。但同時，我們應該學習別人的「禮貌」，效法他們的言行。反之亦然，比如在車站候車室或機場候機廳，聽到別人高聲談話、旁若無人，你會覺得討厭，那麼自己在這種時候就該懂得自持、尊重他人的意義。

◆ **養成謙遜的風度**：真正有禮貌的人，從來就不會有自己比他人更優越、更聰明或更富有的表現。他們從來不向別人誇耀自己高貴而顯赫的社會地位，不向別人炫耀自己的職業，或者總是愛炫耀自己的學習成績、自己的生活與工作經歷。他們從不裝腔作勢，而總是透過言談舉止來證明自己的內在品格，從而表現出他們的禮貌與修養。

◆ **平等待人**：在日常生活中要不慕高、不卑己，與人為善。同時要吃苦在前、享受在後，處處替別人著想，善於發現別人的優點。只有具有寬廣、仁厚和淡泊的胸懷，人才會變得真正有禮貌。

◆ **尊重他人的意見**：真正有禮貌的人總是尊重他人的意見和看法，從不強求他人與自己的意見一致，有時他還會控制自己的情緒，壓抑自己的意見，虛心聽取他人的不同看法。為人應該寬容，善於忍耐、克制，避免作任何尖刻的

評論，因為任何過激的言辭、尖刻的評論總會招致別人對自己的過激行為與尖刻評論。

> **格言：** 禮貌使有禮貌的人喜悅，也使那些被人禮貌相待的人們愉悅。 —— ［法國］孟德斯鳩

如何培養獨立自主的習慣

養成獨立生活的習慣，是我們走向成功的第一步。那麼，如何才能養成獨立自主的好習慣呢？如何才能成為一個獨立的人，為自己的理想而打拚呢？

‧培養獨立堅定的個性

要保持思想上的獨立性。要有自己的觀點，而且無論遇到何等名氣、何等威望的人都要勇敢地提出自己的觀點，這樣才會不斷進步，取得成就。

‧根除依賴心理

依賴性是很多人不能進步的根本原因所在。這種習慣是把希望都寄託在別人身上，而自己不願付出一點力氣。而成功的習慣則是依靠自己，獨立自主！

依賴別人會使我們失去精神生活的獨立自主性。依賴的人不能獨立思考，缺乏創業的勇氣，判斷力較差。依賴者還會表現出不良的性格傾向，即好吃懶做、坐享其成。

‧做一個有責任心的人

在成長的道路上，家庭、社會給了我們無限的關懷與支持。我們獨立之後，理所當然應該回報他們、回報社會，而這種回報也就是我們所要面臨的責任：對自己、對家庭、對社會的責任。勇敢地承擔責任，是具有獨立性的重要表現，也是成功者個人能力的體現。

・消除恐懼

恐懼是所有人都有的一種自然心理反應，它使我們意識到我們需要應付、逃避某些事情了。是的，有的人面對恐懼，迎難而上，成了獨立自主的人；有的人選擇逃避，躲在別人的羽翼之下，當然總是不能單飛……。

當問一些年長的人們，自己過去的生活有什麼遺憾時，絕大多數人回答說，他們最遺憾的是一直沒勇氣去嘗試自己最想做的事情。這說明縈繞他們心頭的，是那些沒有去冒的風險，而不是已經冒過的風險。

所以，不要讓恐懼留給我們同樣的遺憾。消除恐懼，作好充分的準備，勇敢地獨闖自己嚮往的領域。

・堅持信念，不盲目跟從

做事可以先徵求別人的意見，但是最後做或者不做，還是要由自己來決定。成功的人們大都會勇於堅持己見，並引導事業朝著適當而有利的方向發展。只要決定了，他們就會堅持走下去，哪怕別人不同意。如果我們不人云亦云，不盲跟從從他人的看法，那麼我們的奮鬥就可能會更有成效。

> 格言：世界上最堅強的人就是獨立的人。── ［挪威］易卜生

如何養成從小事做起的習慣

古人說得好：「千里之行，始於足下。」任何事業的成功，都是從頭開始、從一點一滴的小事做起的，要養成這種良好習慣，我們才能百尺竿頭、更進一步。

・腳踏實地，不好高騖遠

比爾蓋茲說：「你不要認為為了一分錢與別人討價還價是一件醜事，也不要認為小商小販沒什麼出息。金錢需要一點一滴累積，而人生經驗也需要一點一滴累積。在你成為富翁的那一天，你已成了一位人生經驗十分豐富的人。"

要有所進步就必須沉下心來，腳踏實地從眼前的事做起，從小事做起，這是任何成功者所必須經過的累積與鍛鍊。

·從細節入手

工作時關注細小之處，這能顯示你的認真精神，而這種精神有時比知識、學歷、經驗還重要。

生活就像長長的鏈條，細節就如鏈條上的鏈扣，沒有鏈扣，哪有鏈條？做不好小事、做事粗心馬虎，就會失去所有做大事的機會。所以，讓我們從細節做起吧！

·肯吃苦

肯於吃苦，實際上就意味著願意做一些細碎小事。工作中，上司通常會將一些單調的事情或要花費力氣的雜事苦事交給新人去做，目的是鍛鍊新人，提高他們的工作能力，同時也是為了了解他們的工作態度和做事習慣。所以，身為新人，一定要有肯吃苦、能吃苦的精神，不管工作多麼單調累人，也要用十分的熱情去做好。千萬不要發牢騷，認為上司將你大材小用，浪費人力資源。

·做事要有條理

有位成功人士將「做事沒有條理」列為許多人失敗的一大重要原因。

面對眾多繁雜而瑣碎的小事，如果工作沒有條理，想要把蛋糕做大，必然會感到力不從心。另外，辦事不得當，工作缺乏條理，還會浪費大量的精力，吃力不討好。大部分人所缺少的，不是做大事的機會，而是使工作更有條理、更有效率的能力。

·做事要有耐心

做小事當然得有耐心，因為它們肯定是不起眼的，成效不顯著的，有時會與你的理想有較大距離。但是，只要明白它們是你成功高樓的必然基石，你就會有耐心做下去了。

> **格言：**巨大的建築，總是由一木一石疊起來的，我們何妨做做這一木一石呢？我時常做些零碎的事，就是為此。── ［中國］魯迅

▍有想法最好立即付諸行動

塞德是一家公司的部門經理，他準備為公司寫一本企業管理方面的書，試圖借此提升整個公司的管理水準。

塞德的想法得到了公司董事長的讚揚和支援，而且他的管理經驗非常豐富，文筆也很生動，熟悉他的人都認為，這個寫作計畫肯定會為他贏得很大的聲譽和成就。

五年後，一位朋友與塞德閒聊時，無意間提到那本書：「塞德，你的那本書是不是已經大功告成了？」不料，塞德竟滿臉慚愧地說：「我根本就沒寫。」

見朋友一臉狐疑，塞德急忙解釋說：「這並不是一件簡單的事情，我一直在考慮如何把它寫好，但總感到有什麼地方還沒有考慮周全……」

保險推銷員史威茲喜歡打獵和釣魚。他最大的快樂，就是帶著釣魚竿和來福槍進入森林宿營，幾天之後再帶著一身的疲憊和泥濘，心滿意足地回來。

他唯一的困擾是，這個嗜好會花去太多的時間。有一天，他依依不捨地離開宿營的湖邊，回到現實的保險業務工作中時，突然有一個想法：荒野之中，也許有人會買保險。如果真是這樣，豈不是在外出休閒時，他也一樣可以工作了嗎？經過他的一番調查，果然，阿拉斯加鐵路公司的員工正有此需求。散居在鐵路沿線的獵人、礦工也都是他的潛在客戶。

史威茲立刻做好計畫，搭船前往阿拉斯加。他沿著鐵路來回數次，受到了熱烈的歡迎。他不但是唯一和他們接觸的保險業務員，更是外面世界的象徵。除此之外，他還免費教他們理髮和烹飪，經常受邀享受佳餚。就這樣，在短短一年內，他的業績突破了百萬美元，同時他也享受到了登山、打獵和釣魚的無限樂趣。他把工作和生活做了最完美的結合！

> **感悟：**為什麼那些教育程度不高的人，成功的機率一點都不比受過高等教育的人低？癥結其實就在思和行的問題上。他們之中，一些人想問題簡單一些，想到就做，結果成功了；另一些人則想問題複雜一些，顧慮重重，左想右想，結果總是拖著不做，當然也就不可能成功。
>
> **格言：**凡事要做則做，若一味因循，大誤終身。—— ［清代］錢泳

▌如何養成立即行動的習慣

想到就做、立即行動，說起來容易做起來難。那麼，如何養成立即行動的習慣呢？可從以下幾個方面著手。

•制定行動計畫

讓自己高效率地行動起來，必須先制定行動計畫。

這樣的計畫應該盡可能詳盡一些，具有操作性。有了步驟清晰的計畫，付諸行動就容易了，拖延行動的藉口也就不復存在。

•堅決執行計畫

制訂計畫是為了引導實現目標而採取的行動步驟，執行時一定要堅決。要有堅持不懈、不達目的不甘休的精神，否則計畫很容易失敗。同時，在執行計畫的過程中，應不斷總結，隨時修正，使計畫更符合實際情況。

•做事要有一個好的開始

有的人注定就是失敗，甚至注定一生都會失敗，因為每次開始時，他們的思維、想法等都是不正確的。好的開始則不然，在行動之前，思路就是正確的。因此，好的開始來自於充分的準備、詳細的計畫，詳細的計畫來自於創新思維。

•行事要果斷

一旦萬事俱備，我們就該開始工作了。只是坐在起點，一拖再拖，這是最糟的情形。

如何決定接受或是拒絕一份工作，有時很不容易。但如果猶豫不決，就是另一種拖延。

某項工作看起來不太可能完成，就及早扔掉它，趕緊換別的來做，一直在這上面打轉的話，我們會給自己製造出許多不必要的停頓。

•不要抱有幻想

機會不可能等來，更不會自動降臨，我們要學會創造機會，而機會只能在

行動中出現。如果總是在等待天上掉餡餅的狀態中不行動，就會失去一個又一個機會。

從現在起，我們應該丟掉任何幻想，開始行動，從一點一滴做起，用行動去創造機會，去締造自己的成功王國。

> **格言：**偉大的思想只有付諸行動才能成為壯舉。──〔英國〕威廉·赫茲利特

▌快刀斬亂麻的解決問題術

問題解決術是一種既簡單又有效的技能，一旦掌握了這項技術，我們的問題就會迎刃而解。

・弄清問題

解決問題最重要的階段是第一階段，即弄清問題。問題必須弄清楚，甚至可以給它定個名稱。籠籠統統地說什麼忐忑不安、焦慮或憂鬱，是難以對症下藥的，特定的問題反倒容易解決得多。

假如你覺得問題實在不好說清楚，可以用以下幾種方法幫助自己：找值得信賴並且了解你的人討論問題，因為「旁觀者清」；平靜地對待問題，因為保持平靜才能看清真相；相信直覺，因為難以確認的問題，也許正是你覺得可怕而不敢承認的問題，勇於承認，問題也就找到了。

・盡量想出多種解法

選出第一階段已經明確的一個問題，做一次獻策練習，盡可能想出多樣的解決辦法。在這個階段，任何一種方法都不要反對，不管它聽起來有多麼荒唐可笑，先把它寫下來，然後繼續考慮其他可能的方法。

・採取 STEP 步驟

首先，從你的解法目錄中選擇（select，S）一種看來最有希望的方法。

其次，選好你最滿意的方法以後，就試試看（try，T）如何。

再次，評價（evaluate，E）其效果。

接著，堅持（persist，P）下去，直到你滿意為止。

・問題解決術四原則

快刀斬亂麻地解決問題，還必須遵循以下四條原則。

1. 不要硬拿腦袋往牆上撞。硬要去解決那種根本解決不了的問題，無異於拿腦袋往牆上撞，是不會有什麼好結果的。

2. 一次只面對一個問題，但一定要認真對面對。請記住「80/20 法則」：80%的困難是由 20%的問題造成的。只要你從少數幾個最重要的問題著手，一個一個地處理，就能夠克服大量的困難。

3. 致力於改變自己。如果你選擇的解決辦法是要改變他人，這種解法很可能失敗。你能改變的是你自己，你要對問題中的自己這部分負責。

4. 可以考慮暫時什麼事也不做。有的時候，把問題承認下來，並肯定你能夠處理得了，這就夠了，什麼事都不用做。因為隔一段時間再看問題，往往會看得更清楚一些，也就更有利於解決問題。

▍壞習慣不可縱容

保羅・蓋蒂（J. Paul Getty）是石油大王，曾經是美國第一富豪。

保羅・蓋蒂早年養成了抽菸的習慣，平時一刻也不能離開。

有一天，蓋蒂度假開車經過法國，那天正好下著傾盆大雨，當時他在一座小城裡的旅館過夜。

蓋蒂一覺睡到了凌晨兩點鐘。這時他想抽菸，打開燈，他自然地伸手去找他睡前放在桌上的那包菸，卻發現菸盒是空的。他下了床，搜尋衣服口袋，結果也毫無所獲。他又翻找他的行李，心想也許其中一個箱子裡會有抽剩的菸，結果連半根都沒找到。他知道這時旅館的酒吧和餐廳早就關門了，他想自己唯一能得到香菸的辦法，是到距旅館六條街之外的火車站去買。

這時外面仍下著雨，蓋蒂的汽車停在離旅館尚有一段距離的車房裡，而且，別人提醒過他，車房是在午夜關門，第二天早上六點才開門。而且碰到這種天氣，在這樣的時候，就連計程車都找不到。

　　看來，要去火車站買菸，只有他自己在雨中走到車站。

　　此時，抽菸的欲望越來越濃厚，它戰勝了蓋蒂的一切心理。於是他脫下睡衣，開始穿上外衣。衣服穿好，就在伸手去拿雨衣時，蓋蒂突然大笑起來。他覺得自己的行為是多麼荒唐！

　　蓋蒂站在那深思起來，一個所謂的知識分子，一個所謂的商人，為了得到一根菸，竟要在三更半夜，離開舒適的旅館，冒著大雨走過好幾條街。蓋蒂生平第一次意識到自己已經養成了一個無可自拔的習慣。這個習慣顯然沒有任何好處。想到這裡，他的頭腦很快清醒過來，片刻就作出了決定。他下定決心後，把那個仍然放在桌上的菸盒揉成一團，毅然丟進了垃圾筒裡。

　　他重新脫下衣服，再度穿上睡衣回到床上。帶著一種解脫，甚至是超越自我的感覺，他關上燈，合上眼，聽著打在門窗上的雨水。很快，他進入一個深沉、滿足的睡眠中。

　　自從那天晚上以後，蓋蒂再也沒抽過一根菸，也沒有了抽菸的欲望。

> **感悟：**在生活的歲月中，人們不知不覺會養成一些不良的習慣，而一旦養成，便根深蒂固；如果任其發展，它甚至於會操縱人們的行為、意志。但是一個人如果對自己的壞習慣能有一個清醒的認識，那麼憑著堅韌的毅力，壞習慣就一定會連根拔除。
>
> **格言：**人應當支配習慣，而絕不是習慣支配人。一個人，不能去掉他的壞習慣，那簡直一文不值。── ［蘇聯］奧斯特洛夫斯基

▌如何才能戒除不良習慣

　　我們的習慣都是習得的，因此我們也可以拋棄它。問題在於我們已經將習慣學習得如此熟練，必須透過一番努力、因循步驟才能解決。

◆ **下定決心戒除**：戒除不良習慣失敗的最常見原因是三心二意，決心不大。因此想要戒除不良習慣，首先的一條是必須下定決心。為了增加決心，可以多想想不良習慣的不利方面和戒除不良習慣的有利方面。

◆ **進行覺察訓練**：習慣是自發行為，你在做的時候可能並未察覺，或者說並不準確知道你在做什麼。為戒除不良習慣，首先需要察覺它，接著要研究它。為此需要做兩件事：

　　◇ 是描述，從頭到尾詳細了解不良習慣的全過程，不遺漏任何細節。
　　◇ 是監視。有效辦法是做紀錄，記下不良行為的發生頻率、時間、背景條件（情境）。

◆ **設計戒除策略：**

　　◇ 反覆提醒。把理由寫在紙上，每天至少看一遍，必要時多看幾遍。
　　◇ 預警系統，在習慣性動作開始之前就抓住它。
　　◇ 停止策略。比如抓住即將發生的習慣性動作時，對自己說「停」，寫個「停」字放在眼前；或者將一個鬆緊帶套在手腕上，出事時就猛彈一下。
　　◇ 爭取他人的幫助。
　　◇ 對自己的成績給予獎賞。

◆ **運用替代行為**：想很快戒除不良習慣，最好找到一種替代行為。比如要戒除咬指甲的習慣，當手舉起時，應趕快想辦法讓手去做另外一件什麼事情，例如玩弄一個玩具……。

◆ **持之以恆，並記錄進步的過程**：戒除不良習慣貴在持之以恆，三天打魚、兩天晒網是不會有什麼效果的，甚至還會起反作用。

◆ **學會處理失誤**：不良習慣徹底戒除之前，隨時都可能恢復。此時，要想一想你是如何失誤的，從中吸取教訓。最重要的，還是重複進行以前有助於你戒除不良習慣的各個步驟。成功的關鍵在於將目前的挫折看成一次失誤，而不是一次舊病復發。失誤就像騎自行車摔了一跤，爬起來，撣掉身上的塵土，你還可以繼續騎下去。

> **格言**：不良的習慣會隨時阻礙你走向成名、獲利和享樂的路上去。——〔英國〕莎士比亞

成功人生總需合作

比爾蓋茲在讀中學時，便與艾倫成為了好友。他們倆狂地愛上電腦，並且都是高手。他們的友誼，因共同的興趣而越來越深厚。

早在 14 歲的時候，蓋茲就和艾倫一起透過編寫和測試電腦程式來賺錢。1972 年，兩人創建了他們的第一家公司。他們既是好友，又是合作者。在共同為電腦奮鬥的過程中，兩人友誼日漸深厚。

1974 年，艾倫從華盛頓大學退學；1975 年，蓋茲也離開了哈佛。他們兩人深信個人電腦的發展前景無比廣闊，並且願意共同奮鬥。他們一起搬到了新墨西哥州的阿爾伯克爾基市，開始了他們偉大的創業生涯。

從此，兩人同心協力，共同為微軟的發展想對策，共同研究、開發一代代新產品。至於他們所取得的成功，幾乎是眾所皆知。

蓋茲不善言談，但卻有極其敏感的技術天份和敏銳的戰略意識，他負責微軟的技術開發和戰略方向；艾倫頭腦機敏，能言善辯，是個市場行銷和公共關係的天才，他負責業務聯繫。兩人形成絕佳搭檔，共同為微軟的發展作出了傑出的貢獻。

可以說，比爾蓋茲的成功不僅僅是他一個人的，艾倫也功不可沒；也就是說，沒有艾倫，很可能就沒有今天的微軟。

> **感悟**：微軟草創時期的成功，就在於兩個合作者緊密連結在了一起；只有其中一個人，無論是誰，都不可能推動微軟的創業車輪。成就一番事業，必須有自己的合作者，不管他們是為你撐起了半邊天還是做襯托的綠葉，不管他們是大樑還是螺絲釘。
>
> **格言**：每個人都擁有不同的智慧及無可限量的潛能，當大家對此有所了解，並同心協力加以開發時，就能為社會帶來繁榮。——〔日本〕松下幸之助

▌合作意識是成功保障

一家大公司招募高層管理人員，九名優秀應徵者經過面試，從上百人中脫穎而出，進入了由公司老闆親自把關的複試。

老闆看過這九個人的詳細資料和初試成績後，相當滿意，但這次招募只能錄取三個人，於是老闆出了最後一道題給大家。老闆把這九個人隨機分成甲、乙、丙三組，指定甲組的三個人去調查嬰兒用品市場，乙組的三個人去調查婦女用品市場，丙組的三個人去調查老年人用品市場。

老闆解釋說：「我們錄取的人是用來開發市場的，所以，你們必須對市場有敏銳的觀察力。讓你們調查這些產業，是想看看大家對一個新產業的適應能力。每個小組的成員務必全力以赴」臨走的時候，老闆又補充：「為避免大家盲目展開調查，我已經叫祕書準備了一份相關產業的資料，走的時候自己到祕書那裡去取。」

三天後，九個人都把自己的市場分析報告遞到了老闆那裡。

老闆看完後，站起身來，走向丙組的三個人，分別與之一一握手，並祝賀：「恭喜三位，你們已經被錄取了！」

老闆看著大家疑惑的表情，隨即請他們找出祕書給的資料，互相看看。

原來，每個人得到的資料都不一樣，甲組的三個人得到的，分別是對市區嬰兒用品市場過去、現在和將來的分析，其他兩組的也類似。

老闆說：「丙組的人很聰明，互相借用了對方的資料，補齊了自己的分析報告。而甲、乙兩組的人卻分別行事，拋開隊友，自己做自己的，形成的市場分析報告自然不夠全面。」

老闆最後說：「其實我出這樣一個題目，主要目的是考驗一下大家的團隊合作精神，看看大家是否善於在工作中合作。要知道，團隊合作精神才是現代企業成功的保障！」

> **感悟**：一位哲人說過，你手上有一個蘋果，我手上也有一個蘋果，兩個蘋果交換後，每個人還是一個蘋果；如果你有一種能力，我也有一種

能力，兩種能力交換後就不再是一種能力了。每個人都應該認識到個人的能力是有限的，即使一個人精力無限充沛，也永遠無法做好所有的事情。所以合作是必要的，也是必需的。

格言：不論在戰爭中還是在和平時期，任何領袖只有得到了他的同伴的合作，才能產生重要的、有效的作用。——〔古羅馬〕西塞羅

第四章　克服人性弱點，鍛鍊人格魅力

我們大家要學習他毫無自私自利之心的精神。從這點出發，就可以變為大有利於人民的人。一個人能力有大小，但只要有這點精神，就是一個高尚的人，一個純粹的人，一個有道德的人，一個脫離了低級趣味的人，一個有益於人民的人。

▍善良的心是風雪中的太陽

西元 1886 年 12 月的一個黃昏，貧窮的荷蘭畫家文森特・梵古，因為付不起房租，被迫冒著刺骨的風雪來到一家廉價的小畫廊的門前，幾乎是懇求著小老闆開了門，希望能收購下他的一幅剛剛完成的靜物畫。

還算幸運，小畫廊的老闆勉強買下了他的一幅靜物畫，給了他五個法郎。對於梵古來說，這算是最大的恩寵了。他緊握著這五個法郎，連忙離開了小畫廊。

可是，當梵古走在風雪交加的歸途之中時，他碰上了一個衣衫襤褸的小女孩。梵古一下子就看出來了：她也正處在飢寒交迫之中。

看著可憐的女孩，梵古完全忘記了房東此時正守在他的住處，等著他回去繳房租，也忘記了如果再繳不了房租，他將露宿街頭。他毫不猶豫地把自己剛剛拿到手的五個法郎，全部送給了這個素不相識的、楚楚可憐的小女孩。他甚至還覺得自己給予這個小女孩的幫助太少，於是便滿臉慚愧地、飛也似的離開了小女孩，消失在凜冽的風雪之中……。

四年之後，文森特・梵古 —— 這位嘗盡了世態炎涼和人生孤獨的年僅 37 歲的藝術家，便在苦難中淒慘地辭別了人世。

梵古生前的繪畫成就始終沒有得到世人的承認，他飢寒交迫，流離失所。但他死後，所留下的作品卻成了整個世界光彩奪目的珍品。

更沒有人會想到，西元 1886 年冬天的那個黃昏，他那幅僅僅賣了五個法郎的靜物畫，若干年後，在巴黎的一家拍賣行的第九號畫廊裡，有人出價數千法郎買下了它！

> **感悟：**善是心靈的美德，不管在任何一個時代裡，人們需要的總是同一種善良。善良的心就像風雪中的太陽，溫暖而明亮。梵古雖然逝世了，但是他的畫卻流傳千古，也可以說是一種善報。
>
> **格言：**在一切道德品格之中，善良的本性在世界上是最需要的。——〔英國〕伯蘭特·羅素

▎關愛和體貼是人間良藥

　　澳洲威爾士州有一個九歲的小男孩馬修，他十分喜歡體育明星沃裡·路易士。對馬修而言，沃裡是澳洲橄欖球界的「國王」，是自己心目中永遠的英雄。但是，馬修卻沒有機會見到心目中的英雄了，他因為罹患白血病，已經不久於人世了。

　　馬修身患絕症的故事傳到沃裡那裡，組織者受到感動，一場資格晉級巡迴比賽中的一站被安排到了馬修的故鄉 —— 塔姆沃斯。到這裡之後，沃裡抽出時間登門拜訪。

　　當馬修打開他家的前門，發現自己心目中的英雄正站在他家的門檻上，馬修驚訝極了。

　　一個月後，沃裡邀請馬修，到他位於昆士蘭黃金海岸的德萊姆沃爾德的家中做客。在那裡，馬修和沃裡的兩個孩子 —— 米切爾和林肯 —— 一起開著碰碰車，你躲我閃，玩得十分開心。馬修稱兩個孩子為小路易士。

　　當馬修重重地撞到林肯的車時，他對馬修說：「嘿，給你自己一個上手拳！」（一句常用的澳洲玩笑話，意思是：「你最好變得機智些！」）

　　在德萊姆沃爾德的經歷之後不久，馬修沒有任何遺憾地離開了人世。在他的葬禮上，人們看到馬修躺在很小的棺材裡，身上穿著他心目中的英雄沃裡·路易士曾經穿過的 6 號球衣，棺材上畫著一幅昆士蘭球隊的象徵圖案。

　　在馬修生命中最後的幾天裡，他請求爸爸傳話給路易士小兄弟。他建議米切爾應該堅持在電腦上練習玩車技巧，而林肯應該「給自己一個上手拳」。

> **感悟：**盡你所能給別人某種正向的影響 —— 向他們展現你的體貼與仁愛，哪怕對方是一個時日不多的人。這樣，所有的人都會為你的善行喝采。
>
> **格言：**慈善的行為比金錢更能解除別人的痛苦。 —— ［法國］盧梭

培養愛心奉獻愛

奉獻我們的愛，不僅會讓我們得到精神上的愉快，而且也是在幫助我們自己，促使自己走向成功。我們要努力培養自己的愛心，把愛心奉獻給社會，奉獻給他人。對於培養愛心，應該從以下幾方面努力：

·建立服務他人、服務社會的思想

思想引導行動，只有建立起奉獻愛心這種思想，才能積極地投入到服務他人、服務社會的行動中去。

每一個人，無論間接、直接，其實都在受惠於他人和社會；同樣，每一個人也都應該參與奉獻。

·學會真誠關心他人

隨時關心他人，希望被人所關心、所注意，是人類最重要的需求，在得知被別人關心時，我們心中就會產生一種幸福的滿足感。同樣，別人也有這樣的渴求。只有真正關心別人，奉獻出自己的愛心，才能贏得別人的注意、幫忙和合作。

而且，我們越是關心別人，也越是能獲得別人的信任與感動，自然別人也會更加地關心我們。

·付諸行動

真正的愛心不僅體現在感情上，還體現在行動上。如果我們有愛心，在朋友傷心時，我們就不會只感到傷心，不會只是哭泣，而是會去做點什麼。愛更應該是一種行動，應當透過雙手來表現，而不僅僅是眼淚。我們所做的可能是一些

很小的事情，比如在他哭泣時遞上一塊毛巾，經常探望失落不如意的朋友，給他寫封鼓勵的信，打一通問候的電話，表明我們在與他同在、在支援他⋯⋯這些行為看似舉手之勞，但對他人卻是雪中送炭，是一種支持的力量。

・從一點一滴做起

「千里之行，始於足下。」我們的愛心，正是從一點一滴的生活事件中體現出來的，一個微笑，一句真誠的話語，或者舉手之勞的幫助，都在體現我們的愛心。

奉獻愛心，幫助別人，代表了友善、親切、禮貌與關懷。它不用花什麼力氣，便能使人渾身舒暢。只要我們養成樂於助人、奉獻自己的好習慣，就一定會成為一個對他人、對社會有用的人。

▌坦誠更能贏得人心

某公司人力資源辦公室裡，方敏正在應徵行政工作。

公司人力資源經理于先生第一眼看見這位身材嬌小、相貌平平的女孩，就有些失望 ── 從外表看，這個女孩子沒有顯示出特別的幹練。于先生在問了姓名和學歷後，又問：

「做過行政工作嗎？」

「沒有！」方敏回答。

「那麼，現在請回答幾個有關辦公室工作的問題。」于先生開始提問：

「行政的工作職責是什麼？」

方敏自然而然地回答：「協助上司處理好日常事務。」

于先生點點頭，接著問：「對陌生的來訪者，你打算怎樣對付？」

「『您好，請問我能幫您做什麼事嗎？』或『您好，請問您找哪位？』」

于先生還是只點點頭，又問：「你現在能否寫出一篇年終總結？」

方敏稍思索後，不慌不忙地回答：「抱歉，先生，我沒辦法為您寫出這份總結。」

「為什麼？」

「總結是要以事實為依據的，可現在我對貴公司的情況幾乎一無所知。」

于先生高興得從椅子上站起來，興奮地說：「很好，你通過了，我想你會很稱職！」

于先生心中已認定方敏將是一位出色的行政，因為測試的最後一個問題，只有方敏的答案令他滿意，以前的應徵者總是胡亂編造一些文章，而那種總結除了虛假，剩下的還是虛假。

> **感悟：**求職面試時，「無中生有」的編造，是招募公司最忌諱的；一是一、二是二，反倒更易贏得人心。求職是如此，做其他事也是如此。人應該誠實，不應該編造謊言，因為謊言終會被戳穿。
>
> **格言：**以誠感人者，人亦以誠應；以詐馭人者，人亦以詐應。 ──〔明朝〕薛瑄

▍如何培養誠實的品格

誠實是一種源自己心靈的品格，似乎與什麼方法、技巧無關。但這種品格又是體現在言行上的，誠實的名聲是透過誠實的行為來形成的。因此，像其他美德一樣，誠實也是可以培養和控制的。比如做到以下這些，我們就會表現為一個誠實的人。

◆ **不要撒謊：**像其他不良習慣一樣，撒謊也是從很小的事情開始的，而且那些謊言聽起來似乎也沒有什麼害處。「當一個人開始撒第一次謊，」美國著名作家湯姆斯‧傑弗遜（Thomas Jefferson）寫，「那麼他就會很容易地去撒第二次謊，直至成為一個習慣。他無意識地撒謊，但是以後他說實話時，人們將不再相信他。口頭上的過錯也會使他的心靈變質，到時候就會破壞他所具有的一切美德。」所以我們要時刻警惕一些「無害的小謊言」，因為正是這些小小的謊言，最終往往使我們付出巨大的代價。

◆ **抵制不良誘惑：**生活中、工作中，會有許多情形引誘我們去作假犯錯，比如

考試作弊得高分，怕沒給朋友面子而做錯事。只有抵制住了這些不良誘惑，我們才能做一個誠實的人。

◆ **不要輕易承諾**：「一言既出，駟馬難追」，我們一旦說出了話，它就如潑出去的水，再也收不回來了。所以，這就要求我們謹慎承諾，不要輕易承諾。事實也證明，那些輕易承諾的人，到最後實現不了諾言，往往會讓自己陷入尷尬的處境，最終失信於人，使自己陷入孤立，成為一個不受歡迎的人。

◆ **信守諾言**：不輕易承諾，但許下了諾言，就需嚴格遵守，不能失信。有些人不肯信守諾言，多是認為即便如此也不會出多大的問題。這些人也許忘記了「人無信不立」那句古訓。因為「無信」而老是做一個站不起來、站不直的人，成功和他的距離，可說是遙不可及。

◆ **盡最大努力去實現諾言**：有時我們認真地承諾了，但是由於事態的發展或客觀情況的改變，使我們當初的諾言難以實現，或者踐諾會讓我們付出更大的努力和代價。此時，我們的誠信面臨巨大的考驗。我們必須抱有這樣一個信念：只要有可能、有希望、有機會，哪怕不得不付出巨大的代價，也要努力去實踐它，去維護我們的誠信。

▍正直的人才值得信賴

在一所大醫院的手術室裡，一位年輕的護士第一次擔任責任護士。

手術之中，她井然有序地配合著手術醫生的操作，醫生不禁在心中默默讚許她。

手術進行得十分順利，轉眼間就要縫合了，醫生又伸出了手。

這一次，護士沒有把要用的器械遞過來，而是說：「醫生，你只取出了 11 塊紗布，我們用的是 12 塊。」

「我已經都取出來了。」醫生斷言，並不容置喙地吩咐：「我們現在就開始縫合傷口。」

「不行！」護士抗議，「我們用了 12 塊。」

「由我負責好了！」手術醫生嚴屬地說，「縫合！」

「你不能這樣做！」護士激烈地喊，「你要為病人想想！」

醫生微微一笑，舉起他的手讓護士看了看這第十二塊紗布。「妳是一名合格的護士。」原來，醫生在考驗護士是否正直 —— 而她具備了這一點。

> **感悟：**正直的品格，並不僅僅是針對人命關天的事情才重要；正直是每一個人都應該具備的品格。正直的人心地坦蕩，心口如一，懂得堅持正確的原則；正直的人有著堅強的信念，內心平靜如水，很少受到外界的干擾；正直的人可以保持清醒的頭腦，他的精力也因為內心的平靜而格外旺盛。

▌正直的人才有機會

在一次指揮大賽的決賽中，交響樂指揮家小澤征爾按照評委會給的樂譜指揮演奏，敏銳地發現了不和諧的音符。起初，他以為是樂隊演奏出了問題，就停下來重新演奏，但還是不對。

小澤覺得樂譜有問題。這時，在場的作曲家和評委會的權威人士堅持說樂譜絕對沒有問題，是他錯了。面對一大批音樂大師和權威人士，他思考再三，最後斬釘截鐵地大聲說：

「不！一定是樂譜錯了！」語畢，評委席上的評委們立刻站起來，報以熱烈的掌聲，祝賀他大賽奪魁。

原來，這是評委們精心設計的「陷阱」，以此來檢驗指揮家在發現樂譜錯誤並遭到權威人士「否定」的情況下，能否堅持自己的正確主張。

> **感悟：**毋庸置疑，人們對權威人士總是非常迷信。在與權威們意見有分歧時，常懷疑是自己錯了。在任何時候，只要確定自己是正確的，就應堅持到底。也只有堅持到底，成功的機會才不會從眼前流失。

▌如何做一個正直的人

學會正直，做一個正直的人，我們必定會獲得進步和成功。那麼，我們怎麼做才能成為一個正直的人呢？

◆ **誠實對待每一件小事**：要學會誠實地對待生活中的每一件小事。這些小事看起來微不足道，但經過累積，它會使我們身上閃現出浩然的正氣。當大事來臨的時候，我們才能臨危不亂，顯示出正直的力量。

◆ **做一個有原則的人**：正直是一種原則、一種標準，或者稱作標竿。以這個標竿衡量人的行為，格調的高下、人品的優劣頓時顯現。在此標竿之上，我們可以做一個堂堂正正、受人尊敬的人，也往往能獲取長久的成功；在此標竿以下，無論如何也顯得卑微，縱然能夠一時得利，但總歸長久不了。

◆ **做一個有榮譽感的人**：正直的人有榮譽感，正直的人視榮譽如生命，珍視每一個獲取榮譽的機會。美國作家弗蘭克‧勞埃德‧賴特（Frank Lloyd Wright）曾經對美國建築學院的師生發表演說：「榮譽感指的是什麼呢？很簡單，關於磚頭的榮譽就是一塊實實在在的磚頭，關於木材的榮譽就是一塊道道地地的木材。榮譽，在某種程度上就是要求人們做一個正直的人。」

◆ **做一個有良知的人**：正直的人都是有良知的人。一個人只有具備了良知，才有可能列入正直者的行列。良知是正直者的心靈源泉。

◆ **做一個有奉獻精神的人**：如果說良知是正直的心靈源泉，那麼獻身便是正直的精神核心。沒有誰迫使我們嚴格要求自己，也沒有誰強迫我們獻身，同樣也沒人壓迫我們服從自己的良知。但是，每一個正直的人都能做到這一點。

◆ **做一個有堅定信念的人**：正直的人擁有堅定的信念，為了維護心中的信念，他們能不計功名與利祿，不畏威逼與利誘。他們心中只有真理，只有對信念的堅定執著。像哥白尼、布魯諾（Giordano Bruno）這些偉大的天才們，為了堅持心中的信念與真理，在統治階級與宗教裁判所面前大義凜然，毫不畏懼，充分展現了一個正直的科學家的精神。

主動承擔責任，只會使自己獲得更多

蓋茨堡之役是美國南北戰爭的轉捩點，雙方爭奪得十分慘烈。此役以南方軍的失敗告終，北方軍由此轉變頹勢，很快全面勝利。

戰役初期的局勢是北軍南攻。南方統帥羅伯特‧李將軍（Robert E. Lee）派畢克德（George Pickett）向葛底斯堡的墓山脊衝鋒，因為南方軍隊想要戰勝北方就必須奪取此地。但因種種原因，畢克德在付出了慘重的代價之後，還是失敗了。

李將軍失敗了，他不能由此深入北方。最終南方失敗了。

李將軍極其悲痛和震驚，他向南方同盟政府的總統大衛斯提出辭呈，要求另派「一個年富力強的人」。

顯然，蓋茨堡之役的直接責任不在李將軍；而且他可以找出數十個藉口來推脫自己在蓋茨堡之役戰役中的責任。然而，他沒有。

當畢克德帶著流血的軍隊掙扎著退回同盟陣線的時候，李將軍隻身騎馬去迎接他們，並發出偉大的自責：「這都是我的過失，」他承認說，「我，我一個人戰敗了。」

在美國歷史上，南北戰爭中的反對廢除黑奴制度、企圖分裂國家的南方同盟是非正義的，為人詬病。但羅伯特‧李身為其中的一員，卻受到了時人和後人的尊敬，一方面是因為他的軍事才能，另一方面，更在於他具有包括勇於承擔責任的許多高尚品格。

> **感悟：**如果我們錯了，要勇敢地承認錯誤、承擔責任，此時我們的承認、承擔，不會再讓自己更加失去別人的尊重與配合。也許我們會因為承擔責任，而失去一些暫時的利益，但我們建立的是自己高尚的形象，獲得的是人格的完善，而這些對我們一生的成功來說更有價值。
>
> **格言：**永遠不要因承認錯誤而感到羞恥，因為承認錯誤也可以解釋為你今天更聰明。──〔英國〕馬羅

▌ 闖了禍要勇於承認、承擔

喬治・艾倫（George Allen）是美國政治家，是一個深受美國人民愛戴的人。艾倫具有高尚的品格，他坦承，這些品格的建立和他童年時的經歷有關。他曾講過這樣一件童年往事：

那時艾倫在華盛頓州塔科馬市讀小學。新年剛過不久，下了一場大雪，地面上覆蓋著白雪。在陽光的照耀下，所有東西都顯得非常美麗。於是艾倫便和一群男孩打起了雪仗。艾倫看準一個機會，使勁把雪球向一個夥伴扔去。誰知施力過猛，雪球躍過夥伴的頭頂，直向鄰居家的窗戶飛去。「嘩」的一聲，鄰居的一扇玻璃碎了。

小朋友見闖了禍，一個個都逃回家去了。

艾倫起初也不知所措。他呆呆地站了一會，決定親自登門承認錯誤，並予以賠償。當時艾倫的口袋裡僅有一枚銀幣 —— 那是耶誕節父親給艾倫的新年禮物。可艾倫知道，只有去賠償，自己才不會感到不安。

艾倫敲了鄰居家的大門。那家的人出來了，艾倫真誠地對他說：「先生，我擲雪球打碎了您家的玻璃窗。但我不是故意的，我非常抱歉，並想用這一枚銀幣賠償您。」

那位和藹可親的先生看了看艾倫的銀幣，笑著說：「孩子，你如此誠實，又願意承擔責任，所以我不要你賠償。但為了獎賞你，我再送你一枚銀幣。孩子，上帝會祝福你的！」

艾倫回憶說：「經過那次教訓後，我才真正懂得，當你做錯了事後，要立即承認，並勇於承擔責任。」

> **感悟**：每個人都會犯錯，關鍵是如何對待錯誤。勇於承認錯誤、承擔責任，是一種良好的品格。拒絕認錯、逃避責任絕不是什麼高明之策。也許事情本來沒有那麼嚴重，而且認錯了，說不定還會有意外的收穫。
>
> **格言**：每個人都會犯錯，只有愚人才會不知悔改。 —— ［古羅馬］西塞羅

▌如何培養責任心

如同塑造品格一樣，責任心也可以透過有意識的培養而獲得。對責任心的培養，需要我們做到以下幾方面：

◆ **面對現實**：在《李爾王》中，莎士比亞認為，當事情出了差錯，「我們就會把我們的災禍歸怨於日月星辰，好像我們做惡人也是命運注定，做傻瓜也是出於上天的旨意。」換句話說，我們很容易將自己的困苦歸咎於命運、經濟狀況甚至是行星的位置，即除了我們自己以外的任何人或任何事物，卻不會面對現實，找出自己的責任並予以承擔。培養責任心，首先就要面對現實，面對錯誤，建立現實不可逃避、自己的錯誤應該由自己負責的理念。

◆ **不要推脫責任**：為自己開脫是我們最原始、最基本的防衛機制。當努力為自己開脫時，我們的責任心幾乎蕩然無存。每一個人在生活中都應該勇敢地承擔責任，應該學會說：「是我錯了，但我保證下次一定改正！」即使有時並不是自己的過錯，也該對其所造成的麻煩表示一下抱歉和同情，並幫助糾正它。

◆ **勇於負責**：很多時候，我們會很草率地給別人一個承諾，之後卻發現實現諾言有很大的困難。於是有些人選擇了違背諾言，或者乾脆採取置之不理的態度，這將會使自己的可信任度大打折扣。相反，傑出的人，則勇於對自己的承諾負責。

◆ **拒絕依賴**：如果習慣於長期依賴別人，在遇到沒有人為我們負責時，我們就喜歡哀嘆命運的不公，抱怨別人的「無情」，在訴苦中歷數自己做出的努力，以及受到的種種不公正待遇。事實上，這所有的抱怨對我們有害無益。而我們更應該做的，是透過解析他人的行為來找到自己的責任所在，這才能夠逐步培養我們的責任心。

◆ **有始有終**：責任心還包括全力以赴、有始有終的精神，這種精神一旦主宰一個人的心靈，滲透進一個人的個性中，它就會影響一個人的行為和氣質，這也是一種對自己負責的、高度自律的特質。沒有這種精神和態度，將會給人留下「虎頭蛇尾」的印象。

▌做人應該誠實守信、一諾千金

　　成龍出生在香港一個貧困家庭，很小就被家人送到戲劇班。戲劇班裡的管教非常嚴厲，成龍在師傅的鞭子與辱罵下練功，吃盡苦頭。時間不長，他就偷偷跑回了家。父親勃然大怒，堅決叫他回去，教導他做人應當信守承諾。成龍只好重新回到戲劇班，刻苦練功，這一練就是十幾年。

　　等終於學有所成，戲曲產業卻一落千丈，成龍空有一身本事，卻毫無用武之地。

　　當時香港電影業正在迅速發展，經人介紹，成龍進了一香港片場跑龍套。由於學了一身好功夫，為人厚道，幾年下來，他開始擔當主角，且小有名氣。

　　有一天，在電影產業的何先生，請成龍出演一個新劇本的男主角，「除了應得的報酬，由此產生的 10 萬元違約金，我們也替你支付。」何先生說完塞給他一張支票，匆匆離去。

　　成龍仔細一看，支票上竟然簽著 100 萬。好大一筆巨款！可轉念一想，如果自己毀約，手頭正拍到一半的電影就要付諸流水，公司必將遭受重大損失。於情於理，他都不忍棄之而去。

　　經過一夜難眠，次日清晨，成龍找到何先生，送回了支票。何先生很意外，成龍則淡淡地說：「我也非常愛錢，但是不能因為 100 萬就失信於人。」

　　成龍的事情很快傳開了。公司得知非常感動，主動買下了何先生的新劇本，交給成龍自導自演。就這樣，成龍憑藉電影《笑拳怪招》，創造了當年票房紀錄，大獲成功。

　　在一次電視訪談中，成龍回憶起這些往事，感慨萬千，說道：「坦白地講，我現在得到了很多東西。但是，如果當初我從戲劇班逃走，沒有這身硬功夫，或者為了得到那 100 萬而一走了之，我的人生肯定會改寫。

> **感悟：**大利在前，人們難免心動。心動難免，但是否行動，可就要仔細斟酌了，因為人品的高下正是由此分辨的。
> **格言：**我想以親身經歷告訴現在的年輕人，金錢能買到的東西總有不值錢的時候，做人就應當誠實守信，一諾千金。── ［香港］成龍

信用如線，斷了就很難接上

鐘斯原本只是一名普通的職員，他就是靠信用建立了自己的聲譽，結果成為一家報社的老闆。

鐘斯開始創業時，首先向一家銀行貸了 3,000 美元。其實這筆錢他並不需要，貸款只是為了建立自己守信用的形象。他當時根本沒有動過這筆錢，還款期一到，便立即還給了銀行。

幾次以後，鐘斯得到了這家銀行的信任，借給他的數目也漸漸大了起來。最後一次貸款的金額是 2 萬美元，而這一次，鐘斯是真的需要這筆錢去發展自己的業務。

鐘斯說：「我計劃出版一份商業方面的報紙，但辦報需要一定的經濟基礎，我估算了一下，起碼需要 25 萬美元，而我手頭上總共才 5,000 美元。於是，我去找每次貸給我款的那個職員。當我把我的計畫如實地告訴他以後，他願意貸給我兩萬美元。不過，他要我與銀行經理洽談一下。最後，這位經理同意如數貸款給我，還說：『我雖然對鐘斯先生不熟悉，不過我注意到，多年來鐘斯先生一直向我們貸款，並且每次都按時還清。』因此，他很快就為我辦好了貸款手續。」

就這樣，鐘斯用這筆資金走上了成功之道。

在某些情況下，恪守信用會使自己吃虧，這時，我們該怎麼辦呢？藤田是這方面的典範。

1968 年，日本麥當勞公司社長藤田接受美國公司訂製 300 萬副刀與叉的合約，交貨日期為該年的 8 月 1 日。

藤田組織了幾家工廠生產這批刀叉，但由於這些工廠一再延誤，預計 7 月 27

日才能完工。但從東京海運到美國芝加哥路途遙遠，8 月 1 日肯定交不了貨；若用空運，由於運費昂貴，會損失一大筆利潤。

企業都是要追求利潤的。這時，藤田面對的，一邊是損失的利潤，一邊是看不見摸不著的信用。再三思考，他毅然租用泛美航空公司的波音 707 貨運機空運，花費了 30 萬美元的空運費，將貨物及時運達芝加哥，按時交給了客戶。

這次藤田在經濟方面損失很大，但卻贏得了美國公司的信任。在以後的幾年裡，美國公司都向日本麥當勞公司訂製大量的餐具，藤田也因此得到了豐厚的回報。

> **感悟**：有位哲人曾說過：「信用彷彿一條細線，一時斷了，想要再接起來則難上加難。」所以，你在使用信用這筆人生存款的時候，千萬不要透支。當你的信用值為負數時，你可能就會變成一個沒有人敢信任的「窮光蛋」。

▌專注承諾，盡力去做答應的事情

在某家公司，每個求職者都要經過一場特別的考試。

問答總是這樣開始的：「能閱讀嗎？」「能，先生。」接著，老闆把一張報紙放在青年的面前，然後問：「你能讀一讀這一段嗎？」「可以，先生。」「你能一刻不停頓地朗讀嗎？」「可以，先生。」

「很好，跟我來。」老闆把青年帶到自己的私人辦公室，然後把門關上，把報紙送到青年手上，上面印著他答應不停頓地讀完的那段文字。

閱讀剛一開始，老闆就放出六隻可愛的狗。小狗在青年的腳邊又鬧又叫，實在頑皮可愛極了。青年經不住誘惑要看看美麗的小狗，視線離開了閱讀資料。他忘記了自己的角色，讀錯了，當然也就失去了這次機會。

就這樣，老闆打發了 70 個青年。他們犯了同樣的錯 —— 忘記了自己的角色，把剛剛答應的事情拋在了腦後。

終於，有個青年不受誘惑，一口氣讀完了。老闆問：「你在讀報紙的時候，

沒有注意到你腳邊的小狗嗎？」

青年回答：「當然注意到了，先生。」

「我想你應該知道它們的存在，對嗎？」

「對，先生。」

「那麼，為什麼你不看一看它們？」

「因為我告訴過你我要不停頓地讀完這一段。」

「你總是遵守諾言嗎？」

「的確，我總是努力地去做自己承諾的事情，先生。」

老闆在辦公室裡走著，突然高興地說：「你就是我要的人。明早7點來上班。我相信你大有前途。」

這位青年的發展的確如那位老闆所說。

> **感悟**：信守諾言是人際關係中最為重要的因素，它對贏得人心、建立相互信任感至關重要。我們應該謹慎承諾，甚至不輕易承諾；但一旦許諾，就要盡力信守諾言。就如同失信會受到懲罰一樣，信守諾言也可以獲得豐厚的回報。
>
> **格言**：誠信始為純正無上的智慧。目前世界所遭逢的禍患，主要是因為在國際往來中誠意之日漸衰敗。只有大家一致公認，恪守誠信須為人生的重要原則，人類的文明方能獲得拯救。——　[中華民國] 宋美齡

▍用謙虛鑲邊，智慧的寶石會更加燦爛

史蒂芬是一家公司行銷部的老業務，近來心情特別煩，因為在連續四個月的業績評比表上，他都排在新業務瑟琳娜之下。

史蒂芬百思不得其解，可是又不肯屈尊去向瑟琳娜請教，認為這樣會傷了一個老業務的面子。於是，他想方設法進入了瑟琳娜的電腦系統，查看她的客戶分布，結果被瑟琳娜發現。瑟琳娜立即提出嚴重警告：再這樣下去，別怪我不照顧

你老前輩的面子啊！兩人的關係因此搞得很僵。

史蒂芬又做了許多努力，可業績仍然比不上瑟琳娜。他沉下心來仔細地想了又想，決定放下架子，不恥下問。史蒂芬特意邀請瑟琳娜共進晚餐，誠懇請教。

這倒讓瑟琳娜不好意思了，她說：「以前我對你的態度有些過分，請多諒解。」然後談了自己做行銷的一些心得：「其實也沒什麼，只不過是多看書、上網、比較快領悟跟進步大一些而已。做行銷，發展客戶是一條路，而鞏固老客戶更重要，因為老客戶感覺到你的誠信和友善，他自己會把親朋好友拉攏為你的新客戶。我特別準備了一個筆記本，記錄客戶的特殊情況，從而在細微處做文章，比如出差時，看望他剛剛考入該地某個大學的孩子，比如送一份禮物給他的父母，替他挑一些鮮花帶給老人家……我從不認為這是工作以外的事，相反，做這個工作就要有『功夫在事外』的精神。我為每位老客戶設立了生日檔案，他們過生日，我會親自做一張精緻的賀卡，並配上小禮物郵寄給他們。很多客戶收到時都深受感動，特地打電話致謝……。」

史蒂芬聽了這些，恍然大悟。在以後的工作中，他也用起了這幾招，果然業績迅速竄升，與瑟琳娜旗鼓相當了。更為可喜的是，他與瑟琳娜的關係也更友好了，合作起來也更愉快了。

> **感悟**：放棄個人英雄主義，學會向別人求助，不僅會使你得到更快更好的發展，也能表現出你的超人氣度。行為學家研究發現，凡成功人士，往往都有謙遜的美德，能夠保持一種低姿態，虛心向他人請教。
> **格言**：智慧是寶石，如果用謙虛鑲邊，就會更加燦爛奪目。── [蘇聯] 高爾基

▍沾上驕傲自滿，失敗與遺憾就會如影隨形

三國鼎立的局面形成之後，魏、蜀、吳三國各占一方地盤，但每一家又都想併吞對方。

北伐中原、復興漢室是蜀漢的既定戰略，劉備、諸葛亮無時無刻不在為此操

心。關羽受命據守荊州，伺機北進。

關羽出師北進，俘虜了魏國將軍於禁，並將魏國征南將軍曹仁圍困在了樊城，取得了顯赫的勝利。

當時鎮守陸口的吳國大將是呂蒙，他回到建業，稱病要休養，其實是想謀劃對付關羽。部將陸遜來看望他，兩人自然而然談論起了軍國大事。

陸遜說：「關羽平時經常欺凌別人。現在節節勝利，又立下大功，就會更加自負自滿。又聽說您生了病，對我們的防範就有可能鬆懈下來。他一心只想討伐魏國，如果此時我們出其不意地進攻，肯定能讓他措手不及。」

呂蒙對陸遜的見識大為嘆服，就向孫權推薦陸遜代替自己前去陸口鎮守。

陸遜一到陸口，馬上給關羽寫通道：「你大敗魏軍，立下赫赫戰功，這是多麼了不起的事啊！就是以前晉文公在城濮之戰中所立的戰功，韓信在滅趙中所用的計策，也無法與將軍您相比啊。我剛來這裡任職，學識淺薄，經驗不足，一直很敬仰您的美名，所以懇請您多多指教。」

關羽接到陸遜的信，自然被信中的好話吹捧得飄飄然，而且因此想當然地，認為陸遜不過是無名之輩，不足為懼，對後方吳國也就放心了。

陸遜在穩住關羽後，暗中加快軍事部署，待條件具備後，指揮大軍，一舉攻克蜀中要地南郡。關羽敗走麥城，終遭殺害。

就這樣，關羽為他的自負與輕敵付出了沉重的生命代價。

感悟：「滿招損，謙受益。」幾千年古人留下來的古訓，當今依然有它的現實意義。只有謙虛，我們才能增加才華，才能養成優良的美德，才能贏得他人的尊敬；而驕傲自大，只能使我們狂妄無知，遭人譏笑，甚至讓我們付出慘痛的代價，遺恨終生。

格言：一般說來，一切重大錯誤都是因為驕傲自滿才造成的。——〔英國〕羅斯金

▍虛心接受批評，因為它蘊含寶藏

美國南北戰爭時期，愛德華·史丹唐是林肯總統的軍務部長。當時，為了取悅某些自私自利的政客，林肯簽署了一次調動兵團的命令。顯然，這項命令不合軍事原則，也不利於軍事部署。因此，史丹唐不但拒絕執行林肯的命令，而且還指責林肯簽署這項命令是愚不可及。

有人告訴了林肯這件事，林肯平靜地回答說：「史丹唐如果罵我愚蠢，我多半是真的笨，因為他幾乎總是對的。我會親自去跟他談一談。」

林肯真的去看史丹唐。史丹唐直言總統的這項命令是錯誤的，林肯虛心接受批評，就此收回了成命。

林肯之所以成為美國歷史上最富有人格魅力的總統，具有接受批評的雅量是原因之一。

有一位香皂推銷員，一開始為高露潔推銷香皂時，訂單接的很少。他擔心會失業。他確定產品或價格都沒有問題，所以問題一定是出在他自己身上。

從此以後，每當推銷失敗，這位推銷員總會在街上走一走，想想什麼地方做得不對：是表達得不夠有說服力？還是熱忱不足？

有時他會返回去，問那位商家：「我不是回來賣香皂給你的，我希望能得到你的意見與指教。請你告訴我，我剛才什麼地方做錯了？你的經驗比我豐富，事業又很成功。請給我一點指點，請直言無妨，不必保留。」

香皂推銷員的這種態度，為他贏得了許多友誼以及珍貴的忠告。後來，他升任高露潔公司總裁，而高露潔公司是當代最大的日化公司之一。他，就是立特先生。

> **感悟：**當我們因別人的批評而怒火中燒時，何不先告訴自己：「等一下……我本來就不完美。連愛因斯坦都承認自己 99% 都是錯誤的，也許我起碼也有 80% 的時候是不正確的。這個批評可能來得正是時候，如果真是這樣，我應該感謝它，並設法從中獲得益處。」
>
> **格言：**批評，這是正常的血液循環，沒有它就不免有停滯和生病的現象。── ［蘇聯］奧斯特洛夫斯基

▍問心有愧之時，及時道歉彌補

克拉倫斯·伯利是位優秀的醫生，醫術高明，聞名遐邇，登門求醫者絡繹不絕。

這天，來了一位萎靡不振、神情沮喪的男人，他聲稱自己患有多種疾病，比如頭痛、失眠、消化系統混亂等等。伯利醫師打點精神，給他做了精細的檢查，卻找不到任何生理上的原因。

這可真讓這位醫術高明的醫生難以理解了。很快，伯利醫生明白了這位男士的癥結所在──他患的是心病。最後，伯利對他說：「除非你告訴我你良心上有什麼不安，否則我是無法幫助你的。」

經過痛苦的思想鬥爭，這個人終於承認，他身為父親指定的遺產執行人，一直對住在國外的弟弟欺瞞他的遺產繼承權，而他對此十分不安和心懷愧疚。

得知這些，這位明智的老醫生便敦促此人給弟弟寫一封信，請求弟弟的寬恕，並隨信附上一張支票作為第一步的補償。

聽了伯利醫生的開導，這個男人當場寫了信，伯利醫生一直護送他把這封信送到郵局。

當這封信隨著傳送帶在檢信口消失的時候，這個男人流出了熱淚。「謝謝你，」他說，「我相信我的病都治好了。」

後來，他的確恢復了健康。

> **感悟**：做人做事應該做到問心無愧，這樣才好。但無論是由於主觀原因還是客觀原因，有時候難免出一些問題，導致心有愧疚。此時，要及時彌補，表達自己的歉意，糾正錯誤，挽回過失，從而消除愧疚。
> **格言**：坦率地認錯、真誠地道歉，是醫治心靈創傷的清潔劑、癒合劑。──〔美國〕姬莉·安

▍毅力像把篩子，在芸芸眾生中篩出成功之人

美國歌星約翰尼・卡許（Johnny Cash）出生在陽光普照的棉鄉。他從小就有一個夢想 —— 當一名歌手。

為了實現自己的夢想，卡許開始自學彈吉他，並練習唱歌，甚至自己創作了一些歌曲。服兵役期滿後，為了實現當一名歌手的願望，他開始努力工作。

當然，成功並沒有馬上到來。沒人請卡許唱歌，就連電臺音樂節目主持的職位他也沒能得到。他只能靠挨家挨戶推銷各種生活用品來維持生計。

不過卡許還是堅持練唱，堅持與他的夢想相關的所有活動。他組織了一個小型的歌唱小組在各個教堂、小鎮巡迴演出，為歌迷們演唱。

後來，卡許灌製了自己的第一張唱片，奠定了音樂工作的基礎。其後不久，他紅了，金錢、榮譽、在全國電視螢幕上露面 —— 所有這一切都屬於他了。

然而不久，卡許又接著迎來了人生的第二次考驗。由於染上了毒癮，他的事業一落千丈，經常出現在戒毒所裡，而不是在舞臺上。

卡許選擇了重新站起來。他又一次肯定自己的能力，深信自己能再次成功。他找到自己的私人醫生。醫生不太相信他，認為他很難改掉吃麻醉藥的壞毛病。醫生告訴他：「戒毒癮比找上帝還難。」

卡許並沒有被醫生的話所嚇倒，他開始了他的第二次奮鬥。他把自己鎖在臥室中，閉門不出，一心一意要根絕毒癮。一邊是麻醉藥的引誘，另一邊是奮鬥目標的召喚，結果毅力占了上風。

九個星期以後，卡許又恢復到原來的樣子了。他努力實現自己的計畫。幾個月後，他重返舞臺，再次引吭高歌。他不停止奮鬥，終於又一次成為超級歌星。

> **感悟：**阻礙人們走向成功的因素很多，最關鍵的是能否有毅力堅持下去，能否戰勝橫亙在面前的困難。有了目標，不懈地努力，以頑強的毅力堅持下去，必定能夠到達目標。毅力到了一定程度，可以移山，可以填海，更可以從芸芸眾生中篩出成功的人。
>
> **格言：**人要有毅力，否則將一事無成。 —— ［法國］瑪里・居禮

如何培養毅力

要不斷進步、成就一番事業，就必須具備堅強的意志：經得起誘惑，不畏懼磨難，受得了挫折……怎樣做到這一點呢？不妨從以下幾個方面做起。

◆ **堅持目標，不輕言放棄**：每個人都有自己的奮鬥目標，只要這個目標是現實的，即使暫時遭受挫折，也應該毫不動搖地朝既定的目標邁進，最終實現自己的願望，達到目標。

◆ **不要害怕失敗**：失敗的處境，最能考驗人的毅力。性格堅毅果斷的人，必定是勇於向失敗挑戰的人。眾所周知，籃球場上的得分王一定是出手投籃次數最多的人，同時也是投不進次數最多的人。大量的行動可能隱藏著大量的失敗，但同樣隱藏著大量的成功。重要的不是有多少次失敗，而是獲得了多少次成功，失敗次數越多，成功次數也越多。

◆ **堅定信念**：堅忍不拔的人不僅有著堅強的意志，還有著堅定的信念。正是信念，造就了他的堅忍不拔和勇往直前、不達目的誓不甘休的毅力。成功者與失敗者的信念是截然不同的，而我們現在對自我評價的信念，往往就支配了我們的未來。如果我們相信自己一定會成功，未來就會真的如我們所料；如果我們自行設限，轉瞬之間，那些限制就會出現在眼前。

◆ **多堅持一點**：一般人經過短暫努力之後會感到神疲體倦，然後就想半途而廢。其實，人的巨大精力絕不僅止於此，只要我們多督促自己一些，多堅持一段時間，便會發現自己潛藏著無限的精力。只要堅持，我們必定會得到驚人的效果。

◆ **拒絕誘惑、排除干擾**：毅力有眾多天敵，如金錢、名譽、地位、權力、利益、欲望、嗜好、舒適等等，都能引誘我們偏離主航道。這時我們該學會拒絕誘惑、排除干擾，然後瞄準目標，勇往直前。

◆ **培養耐心**：在實現遠大目標的路途中，耐心是至關重要的。有了耐心，我們就會經得起各種挫折失敗，克服一切艱難困苦。耐心是一種了不起的力量，我們應該用它來磨練心志、陶冶性情、抑制火氣、防止驕傲，從而使自己一步步走向成功，創造奇蹟。

▌做人太自私，只會孤立自己

美國貴婦貝爾太太在亞特蘭大城外修了一座私人花園。花園又大又美，遊客絡繹不絕。

年輕人在綠草如茵的草坪上跳舞；小孩子在花叢中追逐、嬉戲；老人在池塘邊垂釣；中年人在林蔭路上散步。

貝爾太太看到這麼多人在她的花園裡，非常生氣，她覺得這些人太沒有禮貌了，這是自己的私家花園，憑什麼供那麼多人使用？

於是她就叫僕人在園外掛了一塊牌子，上面寫著：「私人花園，未經允許，請勿入內。」

可是遊客對牌子視而不見，每天仍是人來人往。

貝爾太太苦思冥想後，想出了一個絕妙的主意，她讓僕人把園外的那塊牌子取下來，換上了一塊新牌子，上面寫著：

「歡迎你們來此遊玩。為了安全起見，本園的主人特別提醒大家，花園的草叢中有一種毒蛇。如果哪位不慎被蛇咬傷，請在半小時內採取緊急救治措施，否則性命難保。最後告訴大家，離此地最近的一家醫院在威爾鎮，驅車大約 50 分鐘即到。」

如此一來非常奏效。遊客看了這塊牌子後，就再也不敢進去玩了，花園裡再也無人走動。

貝爾太太很高興：終於可以獨自享用自己的花園了。但她沒有想到，由於花園裡沒有那麼多人走動，幾年後，花園裡真的有毒蛇橫行，荒廢了。

> **感悟**：孟子曾問梁惠王：「獨樂樂，與人樂樂，孰樂？」梁惠王答：「不若與人。」在此，一個人享受花園的快樂，比不上與眾人一起享受花園的快樂。任何事也都如此。做人太自私，只會使大家遠離自己，最終一個人鬱鬱寡歡。
>
> **格言**：人一生下來就離不開別人；誰只為自己活著，誰就枉活一世。──〔英國〕弗·誇爾斯

戰勝自私，學會分享

彼特是會計師，一個滿懷雄心壯志的企業新貴。他告訴自己，凡事一定要精於算計，要讓自己隨時保持在優勢狀態，無論大小事情，絕不讓別人越界一步！他甚至運用了一些神不知、鬼不覺的手段，把許多同業人士壓在自己底下，以確保自己的地位。

果然，彼特獲得了豐厚的收入，占盡了所有的好處，成了一個高高在上的商業大亨。可是他並不快樂，總覺得生活中好像少了點什麼。於是他越來越憂鬱，最後得了輕微的憂鬱症。

朋友介紹他去看一位心理治療師，治療師了解情況後，只在他的醫囑上寫了一句話：「每天放下身段，去幫助一個身旁的人。」要他拿回去照辦，兩個禮拜後再來回診。彼特莫名其妙，但還是把處方單拿回家了。

兩個禮拜以後，彼特又來到治療師面前，但這次卻是滿臉笑容地推開了門。「情況怎麼樣？」治療師問，彼特開心地回答：「真是太奇妙了！當我肯犧牲自己的時間、精力去替別人服務後，反而得到了一種說不出的欣喜之情！」

> **感悟：**有人以為獨占獨享，才會快樂，其實不然。一個永遠不吃虧、不願讓步、不願付出關愛的人，即便真的得到了不少好處，也不會快樂。人生需要豐富的體驗，多一些付出，或吃一點虧，並不總是壞事，至少我們體驗了人與人之間的真情，至少我們的心，會因一次次的寬容與熱情變得富裕。
>
> **格言：**人與人之間的互動，就如同坐蹺蹺板一樣，不能永遠固定某一端高、另一端低，而要高低交替，這樣，整個過程才會有樂趣，才會快樂！—— 佚名

經歷一次忍讓，就會打開一扇希望大門

喬治·羅納在奧地利首都維也納從事律師工作，一直到第二次世界大戰，才回到故鄉瑞典。他身無分文，急需找到一份工作。

羅納會好幾種語言，所以想找個進出口公司擔任文書工作。

羅納投出了許多封求職信，大多數公司都回信說因為戰爭的緣故，他們目前不需要這種服務，但他們會保留他的資料，如此等等。

其中有一個人回信與眾不同，那人說：「你對我公司的想像完全是錯誤的，你實在很愚蠢。我一點都不需要文書。即使我真的需要，也不會僱用你，你連瑞典文字都寫不好，你的信錯誤百出。」

羅納收到這封信時，氣得暴跳如雷：「這個瑞典人居然敢說我不懂瑞典話！他自己呢？他的回信才是錯誤百出呢。」於是，羅納寫了一封足夠氣死對方的信。

可是冷靜下來，羅納仔細想想後，對自己說：「等等，我怎麼知道他不對呢？我學過瑞典語，但它並非我的母語。也許出了錯誤，我自己都不知道。真是這樣的話，我應該再加強學習才能找到工作。這個人可能還幫了我一個忙，雖然他本意並非如此。他表達得雖然糟糕，但不能抵消我欠他的人情。我要寫一封信感謝他。」

羅納把寫好的信揉掉，另外寫了一封：

您不需要文書，還不厭其煩地回信給我，真是太好了！我對貴公司判斷錯誤，實在很抱歉。我寫那封信是因為我查詢時，別人告訴我您是這一行的領袖。我不知道自己的信犯了文法上的錯誤，我很抱歉並覺得慚愧。我會進一步努力學好瑞典語，減少錯誤。我要謝謝您幫助我成長。

幾天後，羅納又收到回信，對方請他去辦公室見面。羅納赴約前往，並得到了一份工作。

> **感悟**：生活中有許多事當忍則忍，能讓則讓。忍讓和寬容不是懦弱膽小，而是關懷體諒。忍讓和寬容是給予，是奉獻，是人生的一種智慧，是建立人與人之間良好關係的法寶。一個人經歷一次忍讓，就會獲得一次人生的壯麗；經歷一次寬容，就會打開一扇希望的大門。

如何學會寬容忍讓

寬容忍讓具有神奇的力量，可以幫助我們不斷獲得友誼和進步。那麼，怎樣培養這種美德呢？下面的這些建議可以幫助我們。

◆ **別把小事放在心上**：對於生活中的一些小磨擦，千萬別放在心上。對於這類小事，我們應該報以微笑，讓它們隨風而去。不能撫平這些小創傷，日後它難免會長大，在心裡結下大怨，這會影響我們樂觀的情緒，也會傷害我們與他人的感情。

◆ **委婉地把受到的傷害轉告對方**：對於並不算小的傷害，也可以用委婉表示的方式告訴對方。不是用太直接、激烈的方式，本身就意味著對對方的體諒和寬容。可以採用多種方式，比如寫信、透過別人轉述等。這樣做，目的就是讓對方明白自己行為的過錯已對別人產生了傷害，但別人並未放在心上。這樣，對方有可能良心發現，向你道歉，你心裡的疙瘩也就解開了。

◆ **對傷害自己的人表示友好**：對曾經有意無意傷害過自己的人，要有寬容的精神。要用體諒、關懷、寬容，對待曾經傷害過自己的人，使他感受到你的真誠和溫暖。這樣做雖然困難，但更能表示出你的寬大胸懷和大度。

◆ **容忍並接受他人的觀點**：人們都希望和那些懂得容忍自己的人相處，而不希望和那些時刻要對自己說三道四的人待在一起。專門找別人麻煩、動不動就教訓別人的「批評家」，大概不會有什麼朋友。而那些能容忍和喜歡他人以本來面目出現的人，往往具有感召人和促使人樂觀向前的力量。所以，當你想和對方友好相處時，就要尊重對方的人格和優點，容忍對方的弱點和缺陷，切忌試圖指責或改變對方。

◆ **放遠目光**：人的一生不免碰到利益受他人有意無意侵害的時候。這時我們就要勇於接受忍讓和寬容的考驗，謹記「退一步海闊天空」的古訓，任何事情都要著眼大局、從長遠出發。

容忍他人的不足和缺陷比較容易，最困難的是發現和承認別人的價值，這是一種更為正面的處世態度。所以，一個人若是既能容人之短，又能容人之長，才更顯出其胸懷的寬闊、人格的高尚。

▍不論地位高低，所有的人都值得尊重

賈約翰剛工作一年，就成為老闆眼中的紅人。在總經理辦公室工作的這段日子裡，他勤奮工作，同時暗自琢磨總經理的性格和工作習慣，總經理準備做什麼事，還沒開口，他往往就能八九不離十地搶在前面準備。

這一點自然很受總經理的賞識，無可厚非。遺憾的是，賈約翰有個習慣：對人兩副嘴臉。在總經理面前，他的一言一行都表現得萬分尊重。對公司別的高級主管，他也非常尊重，因為他知道總經理最信賴這些高級主管。即使對公司的那些地位不是很重要的基層小主管，賈約翰也表現出了恰如其分的尊重，因為他明白這些人說不定哪一天就會升遷，成為對自己有影響的人。對和自己同等地位的普通職員，賈約翰可沒有那麼好的耐性，經常對同事愛理不理，甚至為了顯示自己的高人一等，對他們冷嘲熱諷。同事們漸漸也不屑理會他，有的還在背後說他的壞話。

一年後，傳出賈約翰將被破格提拔為總經理助理的消息。賈約翰心中暗自竊喜，連那些在背後說他壞話的同事，也認為這次他可能要如願以償了。

然而，不久後發生的一件事，讓賈約翰不但與升遷失之交臂，還丟掉了自己的工作，被公司炒魷魚。

公司傳達室有一位長相平平的女孩，左臂還有點殘疾，賈約翰怎麼看都覺得不順眼。當他聽說那位女孩竟享受與自己一樣的薪水時，簡直氣憤。一天，那位女孩到總經理辦公室送報紙，正好總經理不在，賈約翰就以極其不屑的神情說了幾句風涼話。那位女孩被氣哭了，奪門而出。

同事們暗自竊喜，大家都知道那女孩是總經理的表妹，但誰也不告訴賈約翰。

不久，賈約翰被炒魷魚。面對自己的下場，賈約翰感傷之後若有所悟：自己周圍的所有人都值得尊重，而不是只有一部分人值得享受這種權利。

> **感悟：**任何一個明智的管理者，都不會放任賈約翰這種嚴重缺乏平等意識、有損他人人格的人在自己身邊。他們知道，這樣的人不是一個好的

員工、好的團隊成員，有朝一日，他會把所有在他尊重的界線之下的人踩上一腳，包括那些他曾經尊重得近乎阿諛奉承的上司。

格言：也有人舉止粗魯、不拘禮儀，這種不自重的結果是別人也放棄對他的尊重。—— ［英國］培根

嫉妒是無能的表現，會使人劣上加劣

施特勞斯父子都是蜚聲世界的音樂家，然而這對父子卻形同路人。

兒子小施特勞斯，並不是他的父親老施特勞斯有意栽培出來的。相反，當兒子才六歲就能在家裡彈奏自己構思的圓舞曲時，老施特勞斯不但不為兒子高興，反而深感不安，於是他禁止兒子從事一切音樂活動。

有時，老施特勞斯偶爾回家發現兒子在練琴，竟然用鞭子粗暴地抽打兒子。老施特勞斯的妻子只好偷偷地請教師來教兒子。

待兒子漸漸長大，老施特勞斯的猜忌心理變本加厲，甚至讓人傳言警告維也納城內務大舞廳，倘若有誰請小施特勞斯演出的話，那麼圓舞曲之王本人老施特勞斯就拒絕在此演出。

有一次，老施特勞斯聽說兒子有一場演出後，就決定在同一時間也舉行一場音樂會，但到後來知道自己的門票在黑市上沒有兒子的價位高時，又取消了音樂會計畫。

他為此狂怒不已，終於病倒了。

老施特勞斯一輩子都在嫉妒兒子，直至暮年態度才有所改變，但仍然對兒子很冷漠。

感悟：妒忌之心是人與人交往的巨大障礙，它的背後是貪婪和自私。同時，嫉妒也是無能的表現。嫉妒別人，證明對方的才能高於自己，此時最好的辦法是虛心求教，而不是心懷嫉妒。

格言：切莫嫉恨別人的偉大。不然你會因為妒忌而使自己劣上加劣，與別人的差距越拉越大。—— ［英國］喬·赫伯特

如何克服羞怯心理

羞怯在大多數人眼裡，是一種不健康的心理。它影響了我們正常的社交，也阻礙了個人事業的發展。既然如此，該怎麼克服這種狀況呢？

克服羞怯心理，除了看專業門診，更重要的還需自我努力。少年羞怯、中年釋懷的例證，似乎給我們提供了一條經驗：羞怯是可以改變的。

克服自卑，建立自信

羞怯可以說是自卑的一種表現。對自己缺乏信心，待人接物就必然顯得十分羞怯，畏首畏尾，手足無措。

克服自卑的相關條件就是建立自信。除了努力學習科技知識和學習一門技能外，還要在種種小事上尋找成功的喜悅，累積成功的自信。

學習、工作是最好的「強心劑」

為了消除羞怯心理，我們可以將注意力轉移到自己感興趣、也最能體現自己價值的活動上，從而淡化和縮小弱點在心理上產生的自卑陰影，緩解心理的壓力和緊張。每當做好一件工作，我們便能獲得進一步的信心；而有了信心，又可以使我們獲得別人的讚美，進而得到心理上的滿足。連鎖的美好反應促使進步，會使我們爬得更高、看得更遠，徹底發揮所長，並獲得自己想要的美滿人生。

觀察他人，幫助自己

為了對羞怯有個清楚的認識，羞怯者不妨長時間關注幾個羞怯者。透過分析研究，你就會發現羞怯的危害，因此而下定決心痛改前非。不僅如此，你從觀察之中，還可以發現別的羞怯者的羞怯表現，找出癥結所在，找到改進的方法，幫助自己採取有效的行動。

◆ **多學幾套社交本領**：為了克服自卑，要學習一些談話和待人接物的技巧，多學幾套與人交際的本領，並大膽實踐。可以先在一些隨意的場合找陌生人攀談，久而久之，再到一些莊重的場合，你會突然發現自己出口就有一段恰如其分的「開場白」，羞怯心理也消失得無影無蹤了。

◇ **勇於自嘲**：對於一些錯誤的觀念和行為，經常檢討、反思，並且把這些主動拿到一些公共場合曝光，加以自嘲。這樣會減輕外界對你的非議，而你也會因為把心病全盤托出而輕鬆坦蕩。人一旦坦坦蕩蕩了，就會顧忌就會變少，羞怯自然就少了幾分。

格言：去做你害怕的事，害怕自然就會消逝。──〔美國〕愛默生

第五章　保持樂觀心態，造就亮麗人生

誰能夠沒有煩惱呢？誇張一點說，生存就是煩惱。

煩惱又是生存的敵人、生存的異化、生存的黴鏽。

▋好心態看見星星，壞心態看見墳墓

有個女人叫瑪賽爾，曾陪同從軍的丈夫一起，來到非洲的一片沙漠之中。丈夫外出訓練時，她常常孤零零地獨自住在被沙漠包圍著的鐵皮房子裡；有時，甚至很長時間也收不到丈夫的一封來信。

瑪賽爾深感寂寞。雖然當地有土著人、印地安人和墨西哥人，但他們都不懂英語，無法陪她說話。而且在這裡，她也沒有什麼別的事情可做。孤寂侵蝕著她的心，這要比生活的艱苦難過十萬倍，她深感痛苦。

正好，遠方父母的一封來信給了她極大的鼓舞。信很短，卻充滿了哲理：「兩個人從牢房的鐵窗望出去，一個看到了墳墓，一個卻看到了星星。」

讀了父母的短信，瑪賽爾頓時激悟。她決定在茫茫沙漠裡尋找瑰麗的星星。她開始努力 —— 努力學習當地的語言，努力與當地人交朋友，努力收集各類土產，努力研究當地的一切：包括土撥鼠和仙人掌。於是，才奮鬥了幾天，她就深深感到，自己的生活已經變得充實無比。

第二年，瑪賽爾將她的收穫一一整理成文，出版了一本叫做《快樂的城堡》的書。對於從未試過寫作的人來說，瑪賽爾這本書的寫作技巧還稍嫌稚嫩，但書中表現出的樂觀心態以及異域風情還是深深地吸引、打動了人們，因此獲得了不小的成功。

瑪賽爾興奮無比，她果然在茫無邊際的寂寞裡找到了「星星」，她再也不必長吁短嘆了！

> **感悟：** 影響人生的絕不僅僅是環境，更應該是心態。心態控制了一個人的思想和行動，心態也決定了一個人的視野、事業和成就。樂觀、積極地面對現實、面對環境，現實就會改變，環境就會美好起來。
>
> **格言：** 要不是你去駕馭命運，就是命運駕馭你。你的心態決定誰是坐騎，誰是騎師。—— 佚名

▍選擇何種心態，就會收獲何種身心

一個活潑的小男孩不幸染上了重病，生命垂危，他的父母為此感到非常傷心。

有一天，一位頭髮花白、慈眉善目的老人路過這裡，他發現這裡的每個人都顯得非常沮喪。

他問這些人為什麼都是一副無精打采、悶悶不樂的樣子。小男孩的父母告訴他，他們年幼的兒子得了重病，這小傢夥很可能會死掉，他們為此傷心難過。這位虔誠的老人問他們孩子在哪裡，他們便指給了他那間臥室。

老人走進臥室，將手放在小傢夥的頭上，說：「我的孩子，上帝愛你，你難道不知道嗎？」說完，他走出臥室，很快便離開了這家人。

老人走了之後，那個原本躺在床上奄奄一息的小男孩奇蹟般地從床上跳了起來，在整棟房子裡跑來跑去，喊著：「上帝愛我……上帝愛我！」

他不再是一個病童，而是重新變得健康、結實起來。

無獨有偶。一位年輕的母親有個很可愛的兒子。這位母親有個習慣，她不斷地告訴孩子如果他犯了錯，老師就會懲罰他。結果這個小孩總是感冒。後來甚至無法去學校了，因為他一見到老師就會感到頭痛。這位母親簡直要發瘋了，她不知道該怎麼辦才好。

後來，這位母親明白了，自己不能對一個孩子說那種話。她應該對孩子說老師愛他。她把這些話講給兒子聽，結果這孩子很快又變得活潑可愛了。這位母親感到很驚訝，她甚至是大吃一驚。

> **感悟：** 沒有任何我們自身之外的東西會傷害我們。上帝不會傷害我們，上帝愛我們。其他人也不會傷害我們。那麼，什麼會傷害我們呢？只有我們自己錯誤的選擇。
>
> **格言：** 鬱結不發的悲哀正像悶塞了的火爐一樣，會把一顆心燒成灰燼。——　［英國］莎士比亞

▌正向心態激發潛在力量

在美國夙負盛名、人稱傳奇教練的伍登，在全美 12 年的籃球年賽當中，為加州大學洛杉磯分校贏得 10 次全國總冠軍。如此輝煌的成績，使伍登成為大家公認的有史以來最稱職的籃球教練之一。

曾經有記者問他：「伍登教練，請問你是如何獲得這樣輝煌的成績的？」

伍登舉重若輕地說道：「其實很簡單，我始終保持一種『我能贏』的心態。」

記者又問：「那麼您是如何保持這種正向心態的？」

伍登很愉快地回答說：「每天在睡覺以前，我都會打起精神告訴自己：我今天的表現非常好，而且明天的表現會更好。」

「就只有這麼簡短的一句話嗎？」記者有些不敢相信。

伍登堅定地回答：「簡短的一句話？這句話我可是堅持了 20 年！簡短與否並不重要，關鍵在於有沒有持續去做，如果無法持之以恆，就算是長篇大論也毫無益處。」

伍登的毅力超乎常人，不單是對籃球的執著，對於其他生活細節也總是保持著這種精神。

朋友好奇地問他：「為什麼你的想法總是異於常人？」

伍登回答說：「一點都不奇怪，我是用心裡所想的事情來看待世界的，不管是悲是喜，我的生活中永遠都充滿機會，這些機會的出現，不會因為我的悲或喜而改變。只要一直讓自己保持正面的心態，我就可以把握機會，激發更多的潛在力量。」

> **感悟**：心態決定命運。這個世界是鮮花滿眼還是遍地荊棘，有時候就在於如何看待。擁有樂觀正向的心態，就會用更開放的理念看待生活，就會覺得工作中有更多的機會；就能激發潛在的身心力量，就能克服種種有形和無形的障礙。
>
> **格言**：一個有負面生活態度的人，將比樂觀面對生活者更易遭受生活的挫折。── ［美國］夏夫爾·馬丁

▎樂觀向上的心態是不斷努力的源泉

阿塞姆的同事中有一位年輕銷售員，他在工作時常常使用卡內基的自我激勵警句來控制自己的心態。

這位銷售員原本是一個 18 歲的大學生，暑假期間到保險公司去做保險推銷。在兩週的理論訓練期間，他學到了不少東西。在有了一些銷售經驗之後，他計劃至少要在一週內銷售 100 份保險單。

到了星期五的晚上，他已經成功地銷售了 80 份，離目標還差 20 份。這位年輕人下定決心：什麼也不能阻止自己達到目標。他相信：人的心裡只要設想和相信某些東西，就能用樂觀的心態去獲得它。雖然他那一組的另一位銷售員在星期五就結束了一週的工作，他卻在星期六的早晨又繼續工作。

到了下午 3 點鐘，他還沒有做成一筆買賣。但他想：交易可能發生在銷售員的態度上 ── 不在銷售員的希望上。

這時，他憶起了卡內基的激勵警句，滿懷信心地把它重複了五次：「我覺得健康，我覺得愉快，我覺得大有可為！」

大約在那天下午 5 點鐘，他做成了三次交易，距他的目標只差 10 份了。這時，他又熱情地重複了幾次激勵警句：「我覺得健康，我覺得愉快，我覺得大有可為！」

大約在那天夜裡 11 點鐘時，他疲倦了，但他是愉快的：那天他做成了 20 次交易！他達到了自己的目標，獲得了獎勵，並學到一個道理：不斷的努力能把失敗轉變為成功。

> **感悟：** 人的心態決定人的行為。以樂觀向上的心態去思考，形成良好的習慣，你就獲得了不斷努力的源泉，甚至轉敗為勝。而悲觀的心態則會使人不求上進，終生平庸。
>
> **格言：** 自己覺得快樂就是快樂的根源。——〔日本〕松平定信

▌如何建立正向的心態

正向心態不是天生的，而是後天養成的，是主動創造出來的。為了培養正向的心態，我們可以朝著以下幾個方面努力。

・充分認識事物的辯證關係

任何事物都有兩面，正面與負面思考的人分別看到了它的一面。

一位駕駛帆船的老水手告訴正在接受訓練的學員說：「風呀，無所謂好風和壞風，只是看你如何去利用它而已。」同樣的道理，人的境遇也無所謂好壞，全看你是如何想的。

・心懷正向的想法

一件事情的發生究竟該喜該憂，並不在於事情本身究竟如何，而在於以什麼樣的態度去看待它。

比如你開了一家鞋店、一家傘店，下雨時想著鞋賣不出去，晴天時想著傘賣不出去，你就不會有開心的日子；相反，下雨時想傘好賣，晴天時想鞋好銷，你就會總是開心愉快。

・遠離思想負面的人

我們周圍總會有那麼一些人，精神頹唐，思想灰暗，總是持否定態度，什麼事情都往壞處想、往壞處看，彷彿世界末日就在眼前……。

切記：千萬要遠離這些思想負面的人，他們會影響我們的思想，久而久之會把我們也帶到灰暗的溝裡去。多與思想正面的人、開朗的成功人士交流，我們會因此而更加樂觀有為！

·避免雞毛蒜皮的小事

擁有正向心態的人不會把時間、精力花在瑣碎無意義的小事情上，因為這類小事會使自己偏離主要的目標和重要的事情。

雖然我們不大可能因為一點小事而發動一場戰爭，但我們肯定也會因為一些小事而使自

己及周圍的人不愉快。要記住，一個人為多大的事情而發怒，他的心胸就有多大。

·擁有一顆平和的心

現實生活中，每個人都會有心理不平衡的時候。不平衡可能會使我們陷於焦躁、矛盾、激憤之中，使我們滿腹牢騷，不求上進；工作中得過且過，和尚撞鐘，心思不專；尤有甚者會鋌而走險，玩火自焚，陷入危險的境地。這是有害的，應該避免的，因為它會使我們的人生變得灰暗，甚至毀滅。所以，我們要以平和的心態面對他人的得意與成功，客觀地尋找自己的差距，迎頭趕上，取得自己應有的成就。

> **格言:**生活就像海洋，只有意志堅強的人，才能到達彼岸。——［德國］馬克思

▋ 希望之燈常明，生命就堅韌無比

康倪是一個很不幸的女人，由於命運的安排，她幾乎經歷了一個女人所不能承受的一切事情。

18歲時，康倪嫁給了同鄉的一個生意人。可結婚不久後，丈夫外出做生意，便如同飛出的黃鶴，一去不返。有人說，他可能死在了途中；有人說，他可能在異鄉另結新歡。可是，她已經懷上了他的孩子。

丈夫莫名失蹤後，村裡人都勸她改嫁。可康倪卻一直堅信丈夫只是在外面忙著做生意，說不定哪一天發了大財就回來了。在這個念頭的支撐下，她帶著兒

子堅強地生活著，甚至把家裡整理得更加井井有條。她想，假如丈夫發了大財回來，不能讓他覺得家裡又髒又亂。

時光飛逝，在兒子 17 歲的那一年，一支部隊從村裡經過，康倪的兒子跟部隊走了。

兒子走後又是杳無音信。有人說兒子在一次戰役中犧牲了，康倪不信，她甚至想，兒子不僅沒有死，而且還當上了官，等打完仗，就會衣錦還鄉。

儘管兒子依然音信杳無，但這個想像給了康倪無窮的希望。她是一個小腳女人，不能下田種地，就做些繡花線的小生意。她告訴人們，她要賺錢把房子翻新，等丈夫和兒子回來時住。

有一年，康倪得了大病，醫生已經判了她死刑，但她最後竟奇蹟般地活了過來。她說，她不能死，她死了，兒子回來到哪裡找家呢？

這位老人一直到百歲了，還做著她的繡花生意。她天天算著，她的兒子生了孫子，她的孫子也該生孩子了。這樣想著的時候，她那布滿皺紋與滄桑的臉上，立刻會綻放出繽紛多彩的花一樣的笑容。

> **感悟**：希望就像一盞明燈，指示著我們光明的前途；為了這前途，我們才有信心生存下去，有力量奮鬥下去。希望會使我們淡忘眼下的挫折，振作精神，投入生活。
>
> **格言**：上帝在你面前擺下一座山，那麼你千萬不要在山腳下哭泣，懷著希望翻過它就是了！——［法國］維克多·雨果

▌心中充滿希望，陽光就會普照大地

第二次世界大戰期間，納粹集中營裡的生活慘無人道，只有屠殺和血腥，沒有人性、沒有尊嚴。那些持槍人像野獸一樣瘋狂地殺戮著，無論是懷孕的母親、剛剛會跑的兒童，還是年邁的老人。這裡的人們有的死於屠殺，有的死於疾病，也有相當一部分死於恐懼。

約翰·南森堡是一位猶太籍心理學博士，他也被納粹抓進了集中營。在那

裡，南森堡時刻生活在恐懼中，這種對死亡的恐懼讓他感到一種巨大的精神壓力。集中營裡，每天都有因此而發瘋的。南森堡知道，如果不控制好自己的精神，他也難逃精神失常的厄運。

有一次，南森堡跟隨長長的隊伍到集中營的工地上工作。一路上，他產生了一種幻覺：晚上能不能活著回來？是否能吃到晚餐？他的鞋帶斷了，能不能找到一條新的？這些幻覺讓他感到厭倦和不安。於是，他強迫自己不想那些倒楣的事，而是刻意幻想自己是在前去演講的路上：他來到一間寬敞明亮的教室中，精神飽滿地在發表演講。

漸漸地，自己的臉上慢慢浮現出了笑容。南森堡知道，這是久違的笑容。當他知道自己也會笑的時候，他也就知道了自己不會死在集中營裡，他會活著走出來。

當從集中營裡被釋放出來時，南森堡顯得精神很好。他的朋友大惑不解：「一個人怎麼可以在魔窟裡保持年輕？」南森堡心裡明白，那是因為自己心中充滿了希望。

> **感悟：**心中充滿希望的人，無論是在多麼惡劣、艱難的環境下，總能抱著樂觀向上的心態，開發出人極大的生存本能，從而絕處逢生。只要我們心中充滿陽光，陽光就會普照大地；只要我們心中充滿希望，願望就能變成現實。
>
> **格言：**雖然世界充滿著痛苦，但是也充滿著克服痛苦的東西。── ［美國］海倫·凱勒

▎心態悲觀，成功將與你擦肩而過

1929 年下半年的某一天，石油探勘師奧斯卡，在美國中南部的奧克拉荷馬州首都奧克拉荷馬城的火車站上，等候火車往東邊去。他已經在氣溫高達 43℃的西部沙漠地區待了好幾個月，為一家東部的公司探勘石油。

奧斯卡畢業於麻省理工學院，成績優異。畢業後的工作實踐，更使他如魚得

水，對石油探勘工藝和設備做出了許多創新和發明。比如，他把舊式探礦杖、電流計、磁力計、示波器、電子管和其他儀器，組合成探勘石油的新式儀器，大大地提高了工作效率和準確度。

現在，奧斯卡得知，他所在的公司因無力償還債務而破產了，於是他不得不踏上了歸途。他失業了，前景相當暗淡。悲觀的心態開始影響著他。

由於必須在火車站等待幾小時，奧斯卡決定在那裡架起他的探礦儀器以消磨時間。儀器上的讀數表明車站地下蘊藏石油。但奧斯卡不相信這一切，他在盛怒中踢毀了那些儀器！「這裡不可能有那麼多的石油！」他十分反感地反覆叫著，也錯過了一個成功的機會。

在維克多 15 歲的時候，老師告訴他，他永遠不會畢業，最好是退學去工作。維克多記取了這一忠告，在以後的 17 年中，一直做著一些簡單的工作。因為別人一直告訴他，他是一個劣等學生，所以這 17 年來，他對自己也沒有過高的要求。

但是後來，一項測驗顯示，維克多是智商高達 161 的天才。這時他便開始發憤努力了。他一連寫了好幾本書，獲得了幾項專利，並且成為一個很了不起的商人。

> **感悟：**如果一個人懷著樂觀的心態努力去做，相信成功遲早會到來；如果一個人接受了悲觀心態，總是害怕挫折和失敗，那麼，成功便會擦肩而過。
>
> **格言：**成功吸引更多的成功，而失敗帶來更多的失敗。——西方諺語

▋每天早上選擇好心情

傑瑞是美國一家餐廳的經理，他總是有好心情，當別人問他最近過得如何，他總是可以滔滔不絕地分享。

傑瑞換工作的時候，許多服務生都跟著他換了餐廳。傑瑞是個天生的激勵者，如果有同事哪天運氣不好，他總是適時地告訴人們往好的方面想，因此大家

都願意追隨他。

這樣的情境真的讓人好奇，所以有天一家報社的記者找到傑瑞問他：「我不相信有人能夠老是那樣的樂觀向上，你是怎麼做到的？」

傑瑞回答說：「每天早上起來我都告訴自己：我今天有兩種選擇，或者選擇好心情，或者選擇壞心情，我總是選擇好心情。即使有不好的事情發生時，我可以選擇做個受害者，或是選擇從中學習，我總是選擇從中學習。每當有人跑來跟我抱怨，我可以選擇接受抱怨，或者指出生命的光明面，我總是選擇生命的光明面。」

> **感悟**：就如傑瑞所說，心情是選擇來的，而這種選擇，就如同轉換開關那樣簡單。這並非駭人聽聞：事情的改變，也許並不那麼簡單，但心情的好壞，全在於自己如何選擇，開關就在我們手裡。
>
> **格言**：生命就是一連串的選擇，每種狀況都是一個選擇：你選擇如何回應，你選擇人們如何影響你的心情，你選擇處於好心情或是壞心情，你選擇如何過你的生活。──〔美國〕傑瑞

▌熱情是工作的原動力

1907 年，法蘭克‧派特（Frank Baker）剛轉入職業棒球界不久，就遭逢有生以來最大的打擊：他被開除了，原因是缺乏熱情、動作無力。

球隊的經理對他說：「你這樣慢吞吞的，哪像是在球場混了 20 年？法蘭克，離開這裡之後，無論你到哪裡做任何事，如果不提起精神來，你永遠不會有出路。」

法蘭克原來的月薪是 175 美元，參加新球隊以後，月薪減為 25 美元。薪水這麼少，法蘭克做事當然沒有熱情，但他決定努力試一試。待了大約十天之後，一位老隊員又把法蘭克介紹到了一個名叫新凡的球隊去。

在新凡的第一天，法蘭克的一生有了一個重要的轉變：法蘭克決定變成新英格蘭最具熱忱的球員。法蘭克一上場，就好像全身帶電。他強力地投出高速球，

使接球的人雙手都麻木了。有一次，法蘭克以強烈的氣勢衝入三壘。那位三壘手嚇呆了，球漏接，於是法蘭克盜壘成功。

當時氣溫高達 39 度，法蘭克在球場奔來跑去，極可能中暑而倒下去，但在過人的熱忱支持下，他挺住了。

第二天早晨，法蘭克讀報的時候，興奮得無以復加。報上說：那位新加入進來的球員，使全隊的人受到他的影響，都充滿了活力。他們不但贏了，而且是本季最精彩的一場比賽。

由於熱忱的態度，法蘭克的月薪由 25 美元提高為 185 美元，是原來的 7 倍多。

在以後的兩年裡，法蘭克一直擔任三壘手，薪水加了 30 倍之多。為什麼呢？法蘭克自己說：「這是因為一股熱情，沒有別的原因。」

後來，法蘭克手臂受傷，不得不放棄了自己的棒球生涯。接著，他到人壽保險公司當保險員，起初整整一年多都沒有什麼成績，但後來他又變得熱忱起來，就像當年打棒球那樣。

> **感悟：**如果你想讓你的工作和生活充滿活力與激情，那麼你就點燃熱情的火把吧，它會使你成為一個熱情洋溢、朝氣蓬勃的人，讓你不斷開創新的局面，否則，你將終身陷入平庸之中。
>
> **格言：**熱情，像熊熊的火焰，是一切的原動力！有了偉大的熱情，才有偉大的行動。—— ［法國］巴爾札克

▋ 沒有人可以一步登天

珊妮是天生的運動健將，憑著聰明和美麗被選為大學女子排球隊的隊長。無論做什麼，珊妮都能輕易做得十分出色。

大學畢業後，憑著家族的名聲和不錯的成績，珊妮在田納西某城市的雜誌社找到了一份工作。她想像著自己是個編輯 —— 一個富有魅力又受人尊重的職位。但是，一開始，她只能做助理編輯。

　　身為助理編輯，珊妮的工作是查核擬用文稿中的事實依據和引用文獻。這是緊張又不討好的工作，作家和高級編輯在拿出文章發表之前，很少去查核事實或修改文字錯誤。但是一旦出錯，助理編輯總是唯一被譴責的人，而且必須寫解釋信說明自己的疏忽。因此，這是那種只有出錯時才會被注意到的工作。

　　但是，查核事實的工作如果做得好，一年以後就可以成為記者，出去採訪那些作家想寫進故事中，而自己沒有時間採訪的對象。一個成功的記者就有機會發表自己的作品。然而，珊妮只做了八個月就辭職了。

　　珊妮又找到了新工作，是亞特蘭大的一家出版公司。但結果和上一份工作差不多。「他們對待我就像奴隸，他們需要的只是一個打雜工，所以我辭職了。」珊妮對她的家人和朋友這樣解釋。

　　接下來，珊妮到了達拉斯的一家電視臺。此時，她還沒有放棄自己做優秀編輯的理想。不過，雜誌社、出版公司、電視臺的工作有一定的相似性，新進人員總是被安做一些初級的工作，當大編輯、大記者們的助手。在電視臺，珊妮又沒有做多久。

　　珊妮的下一個工作地點是西雅圖，做專案助理。這個專案是把援助藥品送到泰國，與編輯無關，珊妮又只是個助理，所以，就如大家所料，珊妮做了一年，又辭職了。

> **感悟**：社會需要的是能夠在平凡中成長的人，所以，能夠認真對待每一件事、能夠把平凡工作做得很好的人，才是能夠發揮實力的人。不要看輕任何一項工作，沒有人可以一步登天的。當你認真對待、了解每一件事，就會發現自己的人生之路越來越廣，成功的機遇也會接踵而至。
>
> **格言**：一切偉大的事業，或者說一切大事，都是由小事組成的。──〔蘇聯〕高爾基

成功大廈起於扎實基礎

大虎是富家子弟，與他同在名校管理學系的小甯是農民的兒子。他們一起進入名校的熱門科系，兩人的起點似乎相同。不同的是，小寧在校期間家教、臨時工都做過，學校的團隊工作他也熱情參與，還是一位志工；而大虎則有的是經濟來源，有的是「僕人」，所以養尊處優，學習上也不肯太下功夫。

畢業了，大虎進入父親的公司，不久就成為行政副總裁；小寧則到了一家小軟體公司，做辦公室工作。

十年過去了，大虎還是父親那家公司的行政副總裁，而小寧也已升任行政副總裁，只不過他所在的公司，隨著 IT 產業的迅速發展改組為集團。畢業十週年聚會，大家詫異起點那麼懸殊的兩個人，如今何以彼長我消。

有人說：「這就好像爬坡，要看高低，也要看速度。速度夠了，距離也就短了。」

> **感悟**：古語：「不積跬步，無以至千里；不積小流，無以成江海。」想要有所成就，我們必須克服浮躁的情緒，踏踏實實，從小事做起，從基礎做起，扎扎實實地把成功的基礎穩固，我們的成功大廈才會長久牢固。

努力做好每一天的工作

小李從公司舉足輕重的行銷部，調任到不太重要的供應部，工作內容不相通，做起事來也就無精打采。

一天，父親對小李說：「孩子，我不能幫你什麼，但我知道努力做好每一天的工作，對你總是有用的。」

父親的話給了小李很大的震撼，他開始把精力投入到新的工作中。漸漸地他發現，供應部在整個公司同樣發揮了舉足輕重的作用，但工作拖拉、鬆懈，是公司的瓶頸，因此自己在這裡大有用武之地。

小李找到了工作的價值，改變了過去懶散的作風，在每一種器材、每一張報

表中，他都想辦法挖掘對公司發展有利的因素。漸漸地，他正向的態度也影響了同事。

由於工作成績十分良好，小李兩次獲得總公司頒發的特別獎金，並且在不久之後，被任命為公司的副總經理。

> **感悟：** 努力做好每一天的工作，意味著我們絕對要有一顆認真負責的心，來面對眼前每一天的工作。不能受情緒左右，對工作敷衍了事，要有始有終。要做就去努力做到最好，應是我們在每一天工作中的態度，只要如此堅持地去做，我們一定會取得巨大的成功。

在工作中尋找快樂

在西雅圖有一個市場，那裡有洋溢著快樂的「飛魚」表演。

只要你走進市場，很快就會看見在市場的盡頭聚集著一群人，大老遠就可以聽到他們的喧嘩聲。走近了，你會發現大家像是看街頭表演似的，一圈又一圈地圍著幾個穿著亮橘色塑膠吊帶褲的年輕人觀看。

其中一個年輕人從身旁的魚攤上拿起一條鮭魚，轉身朝櫃檯一丟，中氣十足地高聲喊：「鮭魚飛到威斯康辛！」

櫃檯裡的人敏捷地接住魚，也大喊：「鮭魚飛到威斯康辛！」

他剛大聲喊完，魚就包好了，顧客開心地接過「飛魚」，在圍觀群眾的歡呼聲中滿意地離去。

這個魚攤叫派克魚攤，老闆約翰・橫山是日裔美國人，因為以前的魚攤老闆不想經營了，橫山買下魚攤開始經營。橫山並不喜歡賣魚，他只是想多賺錢。魚攤經營得不錯，他於是在另一邊開了一家批發店。但是十個月後，批發生意就垮了，甚至拖得魚攤也瀕臨破產的邊緣。橫山召集魚攤的夥伴開會，討論未來怎樣經營魚攤。一位年輕人提議「做舉世聞名的魚販」。在實踐過程中，他們發現快樂對顧客和自己都很重要，顧客因為快樂而喜歡來魚攤買魚，自己快樂則使工作更有效率，於是他們創造了「飛魚表演」，在工作中尋找到了快樂！

快樂使派克魚攤一舉成名，不斷有企業向派克魚攤取經，橫山也與顧問貝奎斯特合組了一家未來企業顧問公司，帶著夥伴到企業授課。當然，派克魚攤的生意也大為好轉，生意興隆。

> **感悟：**不管處境有多麼糟糕，你也千萬不能因此而厭惡自己的工作。如果因為環境所迫不得不做些乏味的工作，你也想要辦法使工作變得充滿樂趣。以這樣一種正向的態度工作，你將取得意想不到的良好效果，也就會從工作中獲得樂趣。
>
> **格言：**在你入席之後，若沒有山珍海味，也沒有美酒佳餚，盡情的談笑也能叫滿座風生。——　〔美國〕馬克·吐溫

▍好運、厄運就在情緒的控制、放縱之間

公司要裁員，內勤部的小晴與小文，都接到通知在一個月後離職。那天，大家看她們都小心翼翼，更不敢和她們多說一句話。她們的眼圈都紅紅的 —— 這件事發生在誰身上誰都難受。

第二天上班，小文的情緒仍很激動，有同事想勸她幾句，她都怒氣衝衝的，像吃了一肚子火藥似的，誰跟她說話就向誰發火。小文心裡很委屈，只好拿杯子、資料夾、抽屜出氣。「砰砰」、「咚咚」，大家的心被她弄得七上八下，空氣都快凝結了。但想到她也將離開了，大家也就忍著，不再說什麼。

小文的情緒一直都糟糕極了。原先她負責的為辦公室員工訂餐盒、傳遞文件、收發信件的工作，現在也懶得去理了。同事們看她一副愁容滿面的樣子，也就不再分派她工作。她的心也變得異常敏感，每當別的同事之間小聲說個什麼，她就懷疑他們在背後嘲笑她。她每天用異樣的目光掃過每個人，彷彿有誰在背後搞鬼。許多同事開始怕她，都躲著她，大家甚至都有點討厭她了。

裁員名單公布後，小晴哭了一個晚上，第二天上班也無精打采，可打開電腦、拉出鍵盤，她就把工作以外的事都拋開了，和以往一樣地勤奮工作，就像沒有發生過什麼事情。

　　小晴見大家不好意思再吩咐她做什麼，便特地跟大家打招呼，主動承擔一些事情。她說：「是福跑不了，是禍躲不過，反正都這樣了，不如做好最後一個月，以後想做恐怕都沒機會了。」她仍然勤奮地打字列印，隨叫隨到，堅守在她的職位上。

　　一個月很快就過去了，小文如期被裁員，而小晴卻被從裁員名單中刪除，留了下來。主任當眾傳達了老闆的話：「小晴的職位誰也無法替代；小晴這樣的員工，公司永遠不會嫌多！」

> **感悟：** 人非聖賢，免不了七情六欲，有情緒是免不了的，關鍵是如何控制好它，不要讓它肆無忌憚地破壞我們的形象、關係和工作。而且做情緒的主人，也並不是要完全抑制情緒，而是要掌控它，讓它以合適的方式爆發、宣洩。
>
> **格言：** 不管是在最快樂、最愜意的時候，還是在最憂愁、最憤怒的時候，理性是用以鎮住各種壞脾氣的唯一要素。——　［英國］笛福

▊ 如何掌控自己的情緒

　　要做自己情緒的主人，就要學會掌握、控制情緒的方法。為此，不妨從以下方面入手。

・學會尋找快樂

　　一個經常生活在不良情緒中的人必將一事無成，而保持快樂是消除一切不良情緒的一劑良藥，所以我們要學會尋找快樂。

　　英國著名化學家法拉第年輕時由於工作壓力，神經失調，情緒常會變化不定，久而久之，身體也垮了下來。一位名醫給他作了詳細檢查後沒有開藥方，只給他留下一句話：「一個小丑進城，勝過一打醫生。」法拉第仔細琢磨覺得有道理。從此以後，他經常抽空去看馬戲團和喜劇等，並在研究壓力之餘，堅持到郊外和海邊度假，並注意調節自己的生活情趣，以經常保持愉快的心境。他有效地改善了自己的脾氣，不僅贏得了工作所需的平靜心態，也贏得了健康，結果活到76歲，為科學事業作出了巨大貢獻。

·幫助別人，增加人際互動

我們的情緒波動，往往與過分看重他人對我們的態度有很大的關係。而別人對我們的態度，與我們的所作所為有又有很大的關係，如果我們對他人充滿關愛，充滿微笑，那麼，別人也必然會回報我們熱情與微笑。一個人在幫助他人時會感到自我存在的價值；同時，幫助別人，會讓人了解自己善良的心，會贏得別人的尊重，從而贏得朋友。一個有著良好人緣、能獲得他人尊重、朋友支持的人，也一定是具有良好情緒的人。

所以，多助人，多得樂；多樂，則不良情緒就自生自滅了。

·學會轉移

不良情緒害人害己，學會控制是很有必要的。面對不良情緒湧上心頭時，可以有意識地轉移焦點、話題，或做點別的事情來分散注意力，這樣可以緩解情緒。在憤怒或悲傷情緒未消時，可以用看電影、聽音樂、下棋、散步、逗小孩或動物等有意義的輕鬆活動，使不良情緒鬆弛下來。

·學會宣洩

人在生活中難免會產生不良情緒，如果不採取適當的方法加以宣洩和調節，壓在內心也會對身心產生負面影響。因此，如果有不愉快的事情及委屈，不要悶在心裡，而要向知心朋友或親人說出來，或透過打球、練拳擊、哭一場等方法宣洩。這種發洩可以釋放鬱積於內心的愁悶憂憤，使你很快找回平靜，對於身心健康都是有利的。當然，發洩的物品、地點、場合和方法要適當，要避免傷害他人。

▌缺乏自制會傷人傷己

拿破崙·希爾（Napoleon Hill）是世界知名的勵志大師，他的演講、著作感人至深，發人深省，其中的一些事例就源於他自己的親身經歷，所以很有說服力。這裡就是一段他的真實故事。

有一天，希爾和辦公室大樓的管理員發生了一場誤會。這場誤會導致兩人之

間彼此憎恨，甚至演變成一種激烈的敵對。這位管理員為了顯示他的不悅，當他知道整棟大樓裡只有希爾一個人在辦公室工作時，便把大樓的電燈全部關掉了。

這樣的情形一連發生了幾次，希爾「忍無可忍」，最後決定進行「反擊」。

某個星期天，希爾到書房準備第二天晚上發表的演講稿。希爾剛剛在書桌前坐好，電燈關了。希爾立刻跳了起來，奔向大樓地下室。希爾到達那裡時，管理員正一邊做事、一邊吹著口哨，彷彿什麼事都沒有發生似的。

希爾立刻對管理員破口大罵，一口氣罵了五分鐘之久。最後，希爾實在再想不出什麼罵人的新詞句，只好放慢了速度。

這時候，管理員站直了身體，轉過頭來，臉上露出開朗的微笑，並以一種充滿鎮靜及自制的柔和聲調說：

「呀，你今天早上有點激動吧，不是嗎？」

此時，希爾感到管理員的話就像一把銳利的短劍，一下子刺進了自己的身體。希爾覺得：管理員雖然沒有讀很多書，卻在這場戰鬥中打敗了自己，更何況這場戰鬥的場合以及武器都是自己所挑選的。

這是拿破崙‧希爾事業生涯初期的一次經歷，它讓希爾認識到了缺乏自制的危害，使他獲得了一生的教訓。

> **感悟**：生活中總是會有一些事情讓我們勃然大怒，忍無可忍，此時，一定要學會自制。忽視了自制，不僅會傷害到別人，也肯定會傷害到自己。而且有些人、有些事，實在不值一顧。千萬別把時間和精力浪費在「反擊」那些冒犯我們的人身上。
>
> **格言**：不去寬容別人，是不配受到別人的寬容的。——〔俄國〕屠格涅夫

▌ 如何控制、消除憤怒

　　憤怒情緒是可以控制、也可以消除的。在深刻體認憤怒危害的基礎上，可以採取以下步驟來抑制。

・試著推遲動怒的時間

　　如果你在某一具體情況下總是動怒，那麼先推遲 15 秒鐘，然而再照常發火；下一次推遲 30 秒，然後不斷延長間隔時間。一旦意識到可以推遲動怒，你便學會了自我控制。推遲憤怒也就是控制憤怒，經過多次練習之後，你最終會完全消除憤怒。

・關鍵是要冷靜行事

　　當滿腔怒火，甚至爆發的時候，最重要的是要控制自己，冷靜行事。可以給自己定一個規則：發怒的時候不作任何實質性的判斷。因為此時作出的判斷，往往是欠缺考慮的。讓發怒只是一種宣洩的方式，這要比把怒氣帶到事情的處理當中明智一些。

・雖情有可原，但仍以不動怒為上

　　人們發怒，是因為有事情、有人惹了他們。不必因為要告別憤怒，就改變自己的觀點。不要欺騙自己說你可以喜歡令人討厭的東西。你可以討厭某件事，但你仍然無需因此而生氣。

・大怒之後承認錯誤

　　在大發脾氣之後，大聲宣布你又做了件錯事，現在你下定決心採取新的思維方式，今後不再動怒。這一聲明會使你對自己的言行負責，並表明自己是真心誠意地改正這一錯誤。

　　當你不生氣時，與那些經常受你氣的人談談心，互相指出對方最容易使人動怒的那些言行，然後商量一種辦法，平心氣和地交流看法。比如可以寫信、由中間人傳話或一起去散散步等，這樣你們便不會以憤怒相待。

·別人有權選擇自己的行事方式

當你發怒時，提醒自己：人人都有權根據自己的選擇來行事，如果一味禁止別人這樣做，只會延長你的憤怒。要學會允許別人選擇其言行，就像你堅持自己選擇的言行一樣。

不要忘記：在生活中，至少有一半人在一半時間裡會不贊成你的所作所為。只要預計到有人會不同意你的言行，你就不會動怒了。相反，你會告訴自己：世界就是這樣，並不是人人都同意我的感覺、思維和言行的。

> **格言：**不輕易發怒的人，勝過勇士；制服自己心靈的人，比奪取一座城市的人還強。—— ［希伯萊］《舊約全書·箴言》

盡力擺脫煩惱，切勿自尋煩惱

有一位女士，遇到一點不順心的事情，就胡思亂想，給自己製造煩惱——

舞會上沒有男士邀她去跳舞，她心裡煩惱；年終沒有被評為優等，也心裡煩惱；碰上某個同事沒有向她打招呼，她也煩惱……煩惱一來，她就會好幾天心神不寧，精神不振。

當她察覺到煩惱給自己帶來高血壓、心臟病時，後悔不已。她想克制自己，但煩惱一來，又無法克制。

後來，有人建議她每天寫 20 分鐘日記，把負面的情緒如實地寫在日記裡。還告訴她，這個日記是寫給自己的，既要寫出正面，也要寫出負面。這樣就可以把負面情緒從心裡驅走，留在日記裡。

從此以後，這位女士堅持寫日記，透過寫日記來宣洩自己的煩惱，遇上自己愛猜忌的事，便在日記裡自己說服自己。

她曾在一篇日記裡寫著：「今天我在樓梯上向某局長打招呼，可某局長板著臉，皺著眉頭，看也沒看我一眼。我想他的態度冷漠不是衝著我來的，八成是家裡出了什麼事，要不然就是被主管批評了。」在日記裡這麼一寫，她心裡的疑團

一下子就煙消雲散了。

　　她還在另一篇日記裡提醒自己：「我翻閱上月的日記，發覺那時的煩惱現在完全消逝了，這說明時間可以解決許多問題，也包括煩惱在內。如果以後我遇到新的煩惱，就要不斷地提醒自己：現在何必為它煩心，我何不採取一個月後的忘卻狀態來面對眼下的煩惱。」

> 感悟：生活中有各種令人煩惱的事，困擾著我們，但我們不能一味地被煩惱所侵襲，應該學會盡力擺脫煩惱，尤其不能自尋煩惱，否則只會讓自己心緒不安、心情沮喪。雖然我們沒有特權去永遠做自己高興的事，但是我們有權從自己的所作所為中擺脫自尋煩惱的困境，得到更多的樂趣。
>
> 格言：忍耐是一切煩惱的良藥。 ──　［古希臘］狄奧克里塔

▌轉嫁煩惱，損人又不利己

　　羅絲清清楚楚地記著一次電話談話。當時，工作上的壓力令她喘不過氣來。她的第二個孩子剛剛出生不久。她感到異常緊張。除了工作壓力達到巔峰之外，她還有新生的寶寶需要照顧，她跟丈夫的關係也出現了裂痕。

　　一天，羅絲接到了父親打來的電話。他打這個電話只是為了過來看看羅絲的寶寶。但是，羅絲還沒有搞清父親的意圖，便一發不可收拾地發洩開了。

　　羅絲向父親歷數了每一件令她心煩的事情。在所有的嘮叨之後，羅絲又說：「爸，這一切簡直讓我煩透了。」幾分鐘之後，父親又聽到一句髒話（是在羅絲的抱怨和怨恨中脫口而出的）。

　　在一個父親認為女兒會由於新生的寶寶而興高采烈的時候，女兒卻滿腹牢騷，喋喋不休，父親肯定覺得女兒生活得很不快樂。

　　談話結束後，羅絲感覺好了一點，父親的感覺卻糟透了。羅絲把自己的壓力轉嫁到了他的頭上，這是一個在工作幾十年之後、已經退休的老人最不需要的東西了。

第二天，羅絲仍然感到很緊張。因此，她抽空去了一趟超市買東西。

在購物的時候，羅絲知道父親出海航行，正在從菲力浦灣港口到菲力浦島的途中，他要將船放置在島上的一個碼頭。羅絲還知道媽媽正帶著咖啡和三明治，驅車開往菲力浦島，從那裡把父親接回來。

那天上午，當羅絲回到家裡時，大約 11 點。幾分鐘之後，她的姐姐打電話來，宣布了令人震驚的消息：爸爸在菲力浦島突發大面積的心肌梗塞，已經去世了。

羅絲一下子癱倒在地。因為就在昨天，她把自己的煩惱轉嫁給了父親，這也許間接導致了父親的死亡。

> **感悟**：每個人都會有一大堆煩惱，不要把自己的煩惱轉嫁到別人身上，即使是一個普通的電話，也應該正面地回應；即使面對親近的人，也不要隨便發洩煩惱而不顧對方的感受。要知道，說者無意，聽者有心，有可能會導致嚴重的後果，讓你後悔不已。
>
> **格言**：人在煩躁不安的時候，往往願意把別人也惹得煩躁不安。──
> ［法國］羅曼·羅蘭

▋ 不跟別人比落後

艾倫大學剛畢業，進入了一家較有發展潛力的中型公司。儘管艾倫在公司裡只是一個普通的職員，但她卻對明天充滿了希望，渴望著能夠透過自己的努力，獲得較大的發展機會。因此，艾倫每天很早就來上班，同時又會比別的同事晚下班。而且她工作積極認真，做得又快又好，顯示了突出的工作能力。

艾倫的工作能力與積極主動的工作態度引起了經理的注意。他很欣賞艾倫的努力，並有意重用、提拔她。只是艾倫剛剛大學畢業，經驗還不夠豐富，因此想讓她再多接受一點鍛鍊。經理安排艾倫的主管給艾倫增加了工作量，並有意識地讓艾倫去著手解決一些難纏的問題。這本來是艾倫展現自己的一個好機會，然而艾倫卻錯失了。

原來，艾倫早就看不順眼同一辦公室的瓊琳。艾倫和瓊琳從事同樣的工作，領著相同的薪水。艾倫每天兢兢業業，瓊琳對待工作則能躲則躲，躲不掉就敷衍了事。瓊琳看艾倫很努力，更是有意識地將屬於自己工作範圍的事交給艾倫。時間久了，艾倫不免覺得非常不公平，認為自己比別人做得多，卻也沒比別人多拿一元的薪水，主管也不提拔自己。而主管為鍛鍊艾倫而給她加的工作量和工作難度，也使艾倫誤認為主管是為了向經理邀功，而她又好說話，因此才欺負她，讓她多做事。

　　艾倫越想越氣，越想越不公平，工作也變得越來越消極。經理看到艾倫不再像以前那樣積極，而是變得像瓊琳一樣，也打消了重用她的念頭。

　　就這樣，艾倫因為別人不努力工作，而失去了自己發展的機會。

> **感悟**：積極主動而不斤斤計較，嚴於律己而寬以待人的工作態度，是每一個主管所看重的。只有努力工作，才能建立良好的職場形象。對於那些不努力工作的人，始終不要與他們看齊，如果你像他們一樣放棄了努力，也會像他們一樣放棄了成功的機會。
>
> **格言**：將檢點他人的力氣，常自檢點，道業無有不辦。── ﹝中國﹞弘一法師

▌增長自己的線，而不是切短對手的

　　某名校心理學系的一位女研究生，將同宿舍的一個同學推上了被告席。

　　原告與被告以前關係不錯，堪稱該系的一對姊妹花；同時兩人的成績不相上下，難免暗中較勁。

　　到第三年的時候，兩人都參加了托福和 GRE 考試。原告成績較理想，遂向美國一所著名大學提出申請，不久被告知每年可獲得近兩萬美元的獎學金。

　　原告高興萬分，等著校方的正式錄取通知。

　　被告考砸了，看到原告整天興高采烈的模樣，心中更加不快。她越想越有氣，就生出了一條毒計。

　　原告左等右等，遲遲不見正式通知的到來，就託在美國的同學去該校打聽，校方說曾經收到她發來的一份 Email 表示拒絕來該校，因此校方只好將名額轉給了別人。原告聞此消息，如晴天霹靂，左思右想這到底是怎麼回事。

　　後來，她多方調查，才發現是被告盜用了她的名義，在心理系的機房發了一封拒絕函。原告懷著憤怒的心情，將此事訴諸法庭。

　　一位拳擊手曾在埃德‧派克（Ed Parker）的武館裡訓練。有一次，拳擊手正在練習，而對手的技術比自己好，於是，為了彌補技術和經驗的不足，拳擊手試圖欺詐，從而輕易得分，但他還是被遠遠地超過了。

　　對抗結束後，拳擊手很沮喪。武館教練派克把他請到了辦公室。

　　「你為什麼不高興？」

　　「因為我得不了分。」

　　派克從桌子後面站起來，拿了一支粉筆，在地上畫了一條五英尺長的線。

　　「你看怎麼才能把這條線弄短？」他問。

　　拳擊手端詳了一陣後，給了派克幾個答案，說把線截成好幾段。

　　派克搖搖頭。又畫一條線，長過第一條，「現在你再看原來那條線怎麼樣了？」

　　「短了。」拳擊手說。

　　派克點點頭說：「增長你自己的線，總比切斷對手的線要強。」

感悟：工作和社交中的嫉妒情緒往往發生在雙方及多方，因此要注意自己的性格修養，尊重與樂於幫助他人，尤其是自己的對手。這樣不但可以克服自己的嫉妒心理，而且可使自己免受或少受嫉妒的傷害，同時還可以取得事業上的成功，又可感受到生活的愉悅。

格言：對心胸卑鄙的人來說，他是嫉妒的奴隸；對有學問、有氣質的人而言，嫉妒卻化為競爭心。——〔英國〕蒲柏

▍清者自清，何必在意誤解

鄭昊是一位善於繪畫的高手，可是他每次作畫前，必定堅持購買者先行付款、否則絕不動筆的原則。這種行事作風，常常遭到世人的批評。

有一天，一位男子請鄭昊幫自己作一幅畫，鄭昊問：「你能付多少酬勞？」

「你要多少就付多少！」那男子回答，「但我要你到市集上去當眾作畫。」

鄭昊答應了。

在熙熙攘攘的市集上，鄭昊以上好的紙筆為那男子作畫，畫成之後，拿了酬勞就要離開。

這時，那位男子對路過的行人說：「這位畫家只知要錢，他的畫雖然畫得很好，但心地骯髒；金錢汙染了它的善美。出於這種汙穢心靈的作品是不宜掛在家裡的，它只能裝飾大街。」說著便將畫扔在路上。

鄭昊什麼也沒說，在一片斥責聲中離開了。

很多人懷疑，為什麼鄭昊只要給錢就畫？受到任何侮辱都無所謂的鄭昊，心裡是怎麼想的？

原來，鄭昊的家鄉連年災荒，收成欠佳，富人不肯出錢救助窮人，國家的賑濟糧款被扣減。鄭昊不忍心看到人民受苦，他傾家蕩產，建了一座倉庫存稻穀，以供賑濟之需。而他做這些善事所依靠的資金，就是靠手中的畫筆賺取的。

當鄭昊完成其願望後，立即拋棄畫筆，退隱田園，從此不復再畫。

> **感悟：**清者自清，濁者自濁，堅持自己的理想，並為之奮鬥不息。不要太在意外界一時的誤解之詞，因為時間會說明一切。只要自己的理想是有意義的，就應堅持下去。
>
> **格言：**走自己的路，讓人家去說吧！── ［義大利］但丁

▎不因惡意攻擊而大動肝火

在 1960 年代初期的美國，有一位很有才華、曾經做過大學校長的人，出馬競選美國中西部某州的議會議員。此人資歷很深，又聰明能幹、博學多聞，看起來很有希望贏得選舉的勝利。

出乎意料的是，在選舉的中期，一個關於這位競選人的很小的謠言漸漸散布開來：三四年前，在該州首都舉行的一次教育大會中，他跟一位年輕女教師有那麼一點曖昧的行為。

這實在是一個天大謊言，這位競選人對此感到非常憤怒，並竭力想要為自己辯解。由於按捺不住對這一惡毒謠言的怒火，在以後的每一次集會上，他都會站起來極力澄清事實，證明自己的清白。

其實，大部分選民根本沒有聽到這件事，但在競選者的一次次辯解之後，人們卻越來越相信有這麼一回事。大家振振有辭地反問：「如果你真是無辜的，為什麼要為自己百般辯解呢？」

如此火上加油，這位競選人的情緒變得更糟，也更加氣急敗壞、聲嘶力竭地在各種場合下為自己洗刷，譴責謠言的傳播。

這樣做的結果，更使人們對謠言信以為真。最悲哀的是，連這位競選人的太太也開始轉而相信謠言，夫妻之間的親密關係被破壞殆盡。

最後，這位競選人落選了，從此一蹶不振。

與此相對，有另一個面對緋聞的故事：

1980 年是美國大選年，這一年的總統寶座角逐者是民主黨人雷根和共和黨人卡特。

在一次關鍵的競選辯論中，卡特又對雷根當演員期間的生活作風問題發起了猛烈的蓄意攻擊。

面對卡特的攻擊，雷根絲毫沒有憤怒的表示，只是微微一笑，詼諧地調侃說：「你又來這一套了。」

雷根的話使得聽眾哈哈大笑，反而把卡特推入了尷尬的境地，從而為自己贏得了更多選民的信賴和支持，最終獲得了大選的勝利。

> **感悟：** 人們在生活中時常會遇到惡意的攻擊、陷害，更經常會遇到種種不如意。有的人會因此大動肝火，結果把事情搞得越來越糟，而有的人則能很好地控制自己的情緒，泰然自若地面對各種刁難和不如意，在生活中立於不敗之地。
>
> **格言：** 人之謗我也，與其能辯，不如能容。人之侮我也，與其能防，不如能化。 —— ［中國］弘一法師

▌為別人點燃火把，自己也獲得光明

　　一位郵差送郵件給一個老太太時，經常看到那位瘦小的老夫人，從她那美麗的大房子中走出，借助一輛四個輪子的助行車，掙扎著走上房前的小路，去信箱取她的郵件。她每向前走一步都非常吃力。

　　在隨後的一個月裡，郵差好幾次遇到老夫人，每次都看到取信對她來說是一項多麼艱難的任務。他估計老夫人從她房子前門走到信箱再返回去，至少要花 20 分鐘。她每走幾步都會停下來休息。

　　一個週末，這位郵差光顧了當地的一家五金商店，買了一隻銅製的信箱。然後，他驅車來到老夫人的家，敲了房門，並站在門口耐心地等待。

　　當老夫人終於把門打開時，郵差禮貌地問她是否允許自己把這個信箱釘在她的門上，以省去她每天走到原來那個信箱取信的辛苦。她同意了，因此他就把那個信箱釘在了她的房門上。

　　在接下來的幾個月裡，當郵差發送老夫人的郵件時，他便徑直走到她的前門，把郵件塞進那個信箱。但從此以後，他再也沒有跟老人打過照面。

　　有一天，當郵差走上老夫人家房前的小路時，發現一個男人正站在臺階上等他。那個男人介紹說，他是老夫人的代理律師。他告訴郵差，老夫人已經去世了，並且問他今後能否將老人所有郵件轉送到律師事務所。隨後，他遞給郵差一個信封，裡面是老夫人留下的一封信 —— 老夫人把她的房子、家具等所有物品，都留給了這位郵差先生。在信中，老夫人寫道：

　　「郵差先生，你對我的友善，甚至超過了我的家人所給予我的。我已經有 20

年沒有收到他們的消息了，他們不肯為了我而暫時放開他們手中的工作，而你卻做到了這一點。」

「願上帝保佑你的餘生幸福安康。」

> **感悟**：永遠不要低估善行的威力。當人們盡心去幫助周圍需要幫助的人時，給他們帶來的是方便，留給自己的是欣慰，即使助人的人並不希望得到任何回報。
>
> **格言**：你為別人點燃了火把，你自己也獲得了光明。──　［印度］《五卷書》

不論處境如何，都應該正向面對

像大多數年輕人一樣，亨利一想到母親將不久於人世就怕得要命。

母親曾經毫不含糊地告訴過亨利：她死沒有什麼可害怕的，到時候，亨利會為整個死亡過程的平靜而感到驚訝。那時，母親和亨利都充滿著旺盛的生命力，亨利聽不進她的這番話。30多年過去了，亨利驗證了母親的話。

在亨利看來，母親屬於那種不同凡響的人。只是亨利有些不理解，當她自己的生活已經到了令人難以置信的困難程度的時候，她又是如何和藹而又強烈地影響了其他這麼多人的生活的。

身為一個瘦小的女人，她的食量像一隻鳥，然而卻有著一頭雄獅般的心胸和能量。她總是不停地走動，令人想起火焰跳動的閃光和劈哩啪啦的聲音。親眼看著母親走完她生命中的最後幾個星期，既讓亨利感動，又令亨利自慚形穢。她教會了亨利勇氣、堅韌、快樂和愛的真諦。

因為來日不多了，母親被醫護人員在醫院裡轉來轉去。那個星期三，亨利在一間新病房裡找到了她。

從那間病房的窗戶向外，看到的景色已經不再是一個美麗的花園，而是一面面磚牆。亨利又氣又惱，他告訴母親，他要讓院方把她換回原來的病房，或者至少換到一個好一點的地方。

「噢，不，亨利！」她說，「這些牆是吉朗監獄的圍牆。它們能讓我想到裡面那些可憐的年輕人們，它們還能幫助我，為那些圍牆裡受罪的人們祈禱能有一個美好的明天。」

> **感悟：** 一時的艱苦並不可怕，可怕的是人們的負面心態。善良的人們，應為自己目前擁有的一切而心懷感激之情。不論處境如何，都應該以正向的心態去面對。
>
> **格言：** 當你臉向著太陽的時候，你就看不見影子。—— ［美國］海倫·凱勒

▋ 不被厄運擊倒，把困境化為優勢

魯斯是一位年近 40 歲的男人，事業有成，家庭幸福。但不幸卻悄然而至：醫院診斷他已經到了癌症晚期，他將不會看到新的一年。

魯斯的病情越來越嚴重，人越來越瘦。但他的精神卻沒有頹廢，依然一如既往地辛勤工作，臉上灑滿快樂的陽光。

人們不解，魯斯回答說：「我是個非常幸運的人。很多年前我就知道：如果你得到一個檸檬，你就該用它做檸檬水。」

「我知道自己什麼時候死。因此，我有明確的時間為我的妻子、孩子作出適當的財務安排，用我的剩餘時間，幫他們在沒有我的情況下處理好生活。

> **感悟：** 人的一生，難免有不走運的時候，當厄運來臨時，唯有正向面對，才能最大程度地減輕痛苦。不論發生再大的災難，我們都不應被厄運擊倒。充滿激情的熱愛生活吧，珍惜自己目前擁有的一切，這樣我們才不至於被困難擊倒，而且能夠把困境化為優勢。

▌ 面對災難，坦然面對才不會倒下

1914 年，愛迪生的實驗室發生了一場火災，損失超過 200 萬美金，愛迪生一生的許多成果在大火中化為灰燼。

在大火最凶的時候，愛迪生的兒子查裡斯在濃煙和廢墟中，發瘋似的尋找他的父親。這時，愛迪生平靜地看著火勢，他的臉在火光搖曳中閃亮，他的白髮在寒風中飄動著。

「查裡斯，你快去把你母親找來，她這輩子恐怕再也見不到這樣的場面了。」

第二天早上，愛迪生看著一片廢墟說：「災難自有它的價值，看，這不，我們以前所有的錯誤、過失都給大火燒了個一乾二淨。感謝上帝，這下我們又可以從頭再來了。」

火災過去不久，愛迪生發明的第一部留聲機就問世了。

> **感悟：**任何人遇上災難，情緒都會受到影響，這時一定要坦然面對。面對無法改變的不幸或無能為力的事情，應該抬起頭來，對天大喊：「這沒有什麼了不起，它不可能打敗我。」或者聳聳肩膀，默默地告訴自己：「忘掉它吧，這一切都會過去！」

▌ 從悲傷中解脫出來

有一天，伊利莎白‧康妮接到國防部的電報，說她的姪兒 —— 她最愛的人 —— 在戰場上失蹤了。康妮一下子心跳不止，坐立難安。過了不久，又接到了陣亡通知書。此時，她的心情無比悲傷。

康妮覺得她的整個世界都被粉碎了，再也沒有什麼值得活下去的意義了。她開始忽視工作，忽視朋友，她拋開了生活的一切，對這個世界既冷淡又怨恨。「為什麼我最愛的姪兒會死？為什麼這麼好的孩子 —— 還沒有開始他的生活就離開了這個世界？」

康妮覺得自己沒有辦法接受這個事實。她悲傷過度，決定放棄工作，離開家鄉，把自己藏在眼淚和悔恨之中。就在她清理桌子準備辭職的時候，突然看到一封她已經忘了的信──一封她的姪兒生前寄來的信，當時，他的母親剛剛去世。

姪兒在信上說：「當然我們都會想念她的，尤其是妳。不過我知道妳會平靜度過的，以妳個人對人生的看法，就能讓妳堅強起來。我永遠不會忘記那些妳教給我的美麗的真理。不論我在哪裡生活，不論我們分離得多麼遙遠，我永遠都會記得妳的教導，妳教我要微笑面對生活，要像一個男子漢，要承受一切發生的事情。」

康妮把那封信讀了一遍又一遍，覺得姪兒就在自己的身邊，正在向自己說話。

姪兒的信給康妮很大的鼓舞，她覺得人生又充滿著希望，她又回去工作了。

康妮把所有的思想和精力都用在工作上，她寫信給前方的士兵──給別人的兒子們；晚上，她參加成人教育班──要找出新的興趣，結交新的朋友。

康妮幾乎不敢相信發生在自己身上的種種變化。她說：「我不再為已經過去的那些事悲傷，現在我每天的生活都充滿了快樂──就像我的姪兒要我做到的那樣。」

> **感悟：**無論是多麼樂觀的人也不得不承認，我們的生活中不時會有悲傷出現。生活受挫我們悲傷，失去了愛我們悲傷，事業失敗我們悲傷，摯愛親朋不幸逝世我們悲傷。的確，現實生活中的許多不如意都會使我們悲傷。悲傷與歡樂就像經度與緯度，交織著組成我們的生活。
>
> **格言：**一切都是暫時，一切都會消逝；讓失去的變為可愛。──〔俄國〕普希金

▍坦然接受變化，盡力保持快樂

鐘斯夫人 92 歲了，雙目已經失明，但她依然十分注重儀表。她每天早晨都在 8 點鐘前穿戴完畢，頭髮做成時髦的樣式，精心化妝一番。

丈夫去世後，鐘斯夫人生活不能自理，就住進了養老院。

在住養老院的那天，鐘斯夫人在大廳等候了數小時，當有人告訴她，她的房間已準備就緒時，她微笑了。在前往房間的路上，護士對她仔細地描述了她的房間：有一張舒適的床、化妝桌、漂亮的窗簾。沒等護士說完，鐘斯夫人就說：「我很喜歡我的房間。」她很興奮。

「鐘斯夫人，您還沒有看到房間……」

「這和看不看沒有什麼關係，」鐘斯夫人回答，「快樂是我事先決定好的。我喜歡不喜歡我的房間，並不取決於家具是怎樣安排的，而在於我怎樣安排我的想法。我已經決定喜歡它……」

鐘斯夫人接著說：「這是我每天早晨醒來後做的決定：我可以選擇接受變化，並且在種種變化中尋找最佳；我還可以選擇擔憂那些可能永遠不會發生的『假如』。我可以整天躺在床上，擔心著我身體哪些部分不靈活了，給我帶來這樣或那樣的困難；我也可以從床上起來，對我身體還有許多部位能運作心懷感激。每一天都是一份禮物，只要我睜開眼睛，我就決定不去想那些已經『發生在我身上』的事情，而是專注於我已經使之發生的事情。」

最後，鐘斯夫人說出了她自己的五條簡單易行的快樂法則，跟大家分享：

◇ 心中不存憎恨。

◇ 腦中沒有擔憂。

◇ 生活簡單。

◇ 多點給予。

◇ 少點期盼。

> **感悟：**「快樂是事先決定好的」，這句話說得真好。如果人們在所有事情面前，都準備以快樂的心情去面對，那麼，無論事情如何糟糕，心情也總是快樂的。
>
> **格言：**同樣是半杯水，一個樂觀的人很可能說它是「半滿」的，而一個悲觀的人卻可能說成是「半空」的。── ﹝美國﹞諾曼·洛布森茲

第六章 掌握處世技巧，構築和諧關係

個人如果單靠自己，如果置身於集體的關係之外，置身於任何團結民眾的偉大思想的範圍之外，就會變成怠惰的、保守的、與生活發展相敵對的人。

▌人字的結構就是相互依靠、支援

郭老師高燒不退。檢查發現胸部有一塊拳頭大小的陰影，醫生懷疑是腫瘤。同事們紛紛去醫院探視，回來的人說：「有一個叫王端的女人，特地從臺北趕到臺中來看郭老師，不知是郭老師的什麼人。」又有人說：「那個叫王端的，整天守在郭老師的病床前，餵水餵藥端便盆，看樣子跟郭老師可不是一般關係呀。」

就這樣，去醫院探視的人，幾乎每天都能帶來一些關於王端的消息，更有人講了一件令人感到不可思議的奇事，說郭老師和王端，一人拿著一根筷子敲便當盒玩，王端敲幾下，郭老師就敲幾下，敲著敲著，兩個人就又哭又笑起來……。

十幾天後，郭老師的病確定不是腫瘤。不久，郭老師就喜氣洋洋地回來上班了。有人問起了王端的事，郭老師深情講述了一段大地震中的經歷 ——

「王端是我以前的鄰居。大地震的時候，王端被埋在了廢墟下面，大塊的樓板在上面一層層壓著，而父母的屍體就在身邊，王端在下面嚇得直哭。鄰居們找來木棒、鐵棍撬那樓板，可說什麼也撬不動，就說等著用吊車吊吧。」

「天黑了，人們紛紛謠傳大地要塌陷，於是就都搶著去占鐵軌。只有我沒動。我家活著出來的只有我一個人，我把王端看成了可以依靠的人，就像王端依靠我一樣。我對著樓板的空隙，向下面喊：『王端，天黑了，我在上面跟妳作伴，妳不要怕呀！現在，我們一人找一塊磚頭，妳在下面敲，我在上面敲，妳敲幾下，我就敲幾下 —— 好，開始吧。』

「就這樣，王端在下面敲『當當』，我便也敲『當當』，她敲『當當當』，我便也敲『當當當』……漸漸地，下面的聲音弱了、斷了，我也迷迷糊糊地睡去。

「不知過了多長時間，下面的敲擊聲又突然響起，我慌忙撿起一塊磚頭，回

應著那求救般的聲音。王端顫抖地喊著我的名字，激動得哭起來。

「第二天，王端被救了出來。」

> **感悟：**人是由相互支撐的一撇一捺構成的，只有相互依靠、支持才能站立起來。這就要求我們對別人付出更多的關愛、幫助；由此，我們也就會獲得別人的關愛和幫助。

多和比自己優秀的人交往

美國有一位名叫亞瑟・華凱的農家少年，在雜誌上讀了一些大企業家的故事，很想知道得更詳細些，並希望能得到他們對後繼者的忠告。

有一天，他跑到紐約，也不管幾點開始辦公，早上 7 點就到了威廉・亞斯達的事務所。

在第二間房子裡，華凱立刻認出了面前那體格精壯、一副濃眉的人是誰。

高個子的亞斯達開始覺得這少年有點討厭，然而一聽少年問他：「我很想知道，我怎樣才能賺得百萬美元？」他的表情便柔和並微笑起來，兩人竟談了一個鐘頭。隨後，亞斯達還告訴他該去訪問的其他的企業界名人。

華凱照著亞斯達的指示，訪遍了一流的商人、總編輯及銀行家。

在賺錢方面，華凱所得到的忠告並不見得對他有所幫助，但是能得到成功者的知遇，卻給了他自信。他開始仿效他們成功的做法。

又過了兩年，這個 20 歲的青年成為他學徒的那家工廠的所有者。24 歲時，他是一家農業機械廠的總經理，為時不到五年，他就如願以償地擁有百萬美元的財富了。後來，這個來自鄉村簡陋木屋的少年，終於成為銀行董事會的一員。

亞瑟・華凱在活躍於企業界的 67 年中，實踐著他年輕時來紐約學到的基本信念，即多結交優秀的人，結果也像那些人一樣成就了自己的事業。

> **感悟：**試著常和那些比我們優秀的人來往吧！我們應當和那些人格、品行、學問、道德都勝過我們的人來往，使我們能盡量汲取到種種對自己

生命有益的東西。這樣可以激勵我們更趨向於高尚，激發出我們對事業更大的熱情和幹勁來。

格言：應該努力跟那些比你強，比你聰明的人做朋友。──〔蘇聯〕高爾基

▎如何處理人際關係

在現代社會中生存，必須具備一定的人際關係能力。

下面的這些原則對處理人際關係、提高人際關係能力會有所幫助。

◆ **主動與人交往：**根據人際關係的交互原則，別人不會無緣無故地對我們感興趣的。因此，想要建立良好的人際關係，就必須做主動的一方，主動地與人互動。如果總是採取消極被動的方式，等待別人先來接納自己，就不可能建立豐富的人際關係。

◆ **展示真我：**處理好人際關係並不是要裝模作樣、虛情假意，它的根本祕訣在於保持自我，展示最真實的自我。我們展示的是本真之我，別人也會以本來面目和我們來往。反之，以面具示人，別人也必然把真實的自己保留幾分。道理很簡單，誰願意和琢磨不定或看上去就假惺惺的人來往呢？即便來往，也不免淺嘗則止，難以深交。

◆ **輕鬆開朗贏得愉快融洽：**神情緊張的人會讓別人也感到緊張。跟一位內心輕鬆的人打交道，我們會感到輕鬆，這就是性格開朗的人討人喜愛的原因。

◆ **用眼睛和笑容說話：**眼睛不僅可以表達我們的內心世界，還是輔助人際關係的最好幫手。我們在跟別人來往說話的時候，一定要記住望著對方，會加深與對方的交流。笑容也很重要。它不僅能拉近我們和陌生人之間的距離，而真誠的笑容也會使我們獲得別人的信任。

◆ **學會稱讚別人：**稱讚別人，會使別人覺得我們是一個謙虛的人，是一個容易接近的人。誰喜歡狂妄的人呢？沒有，從來沒有！稱讚別人與奉承和拍馬屁完全是兩碼事。由衷地稱讚別人是智者的行動，它會使人對你傾心；而奉

承、拍馬屁卻是利益驅使之下的小伎倆，瞞不了別人，也不可能獲得他人的信任與幫助。

◇ **杜絕背後誹謗別人**：不論有意還是無意，傷害他人的閒話都是不可寬恕的 —— 故意的是卑鄙，無意的則是草率。

▌吸引別人有哪些技巧

人與人來往，都是出於自願，並非別人強迫的。爭取別人，只能靠吸引力。

究竟該怎麼做才能具有吸引力呢？下面提供了一些策略。

・包容心拉近你我

每個人都希望自己被別人接受，都希望與別人輕鬆相處。如果過分挑剔，抓住對方的弱點不放，別人就會對你敬而遠之。

不要設立標準，要別人的行動合乎自己的原則。別要求對方完全符合自己的喜好，也別要求對方的行動完全符合自己的要求。要留給對方充分的空間，即使對方有某些怪癖也要充分包容。

・認可更能獲得人心

認可比包容心更深一步。事實上，人們除了要求對方包容自己以外，還希望別人能夠認可自己。

包容，僅僅意味著不挑剔，容許對方的某些特點存在。而認可更進一步，是承認甚至讚賞對方的特點。這個時候，你在對方的心目中就從一般朋友升格到了知己，關係想不好也難。

・重視更能激勵人心

受人重視，比被別人認可還要令人興奮。

為了表示我們對別人重視，不妨試試這四種方法：

- ◆ 不要怠慢人。

- ◆ 積極與別人聯絡。

- ◆ 懂得感謝別人。

- ◆ 對人「特殊」對待。

這四種方法中，第四點尤為重要。

人們討厭被列入「大眾」、「各位」等概括性的範圍之內，而希望自己能成為並被當成一個獨立的個體。因此，不要把對方當作抽象的人們來「大眾化對待」。你是要和這個人、那個人來往的，而不是和「人們」這種動物。即便對孩子們，也要以個人式的方式對待；否則，一句「孩子們」一言以概之，他就會覺得你輕視他。

對待每一個人，都要像見各界重要人物一樣慎重，這樣，我們才會廣結善緣。

> **格言**：在智慧的土壤中會生出三片綠葉：好的思想、好的語言、好的行動。──〔希臘〕諺語

▋ 理解、承認他，才能說服、影響他

戴爾·卡內基常到離家不遠的公園中散步、騎馬當作消遣。他很喜歡橡樹，所以每當看見一些小樹及灌木被燒掉時，就非常痛心。這些火非由粗心的吸菸者所致，它們差不多都是那些到園中露營的孩子們造成的。有時候，這些火蔓延得很凶，以致必須請消防隊員來才能撲滅。

有一次，卡內基跑到一個員警那裡，告訴他一場火正在園中急速蔓延，要他通知消防隊。員警卻冷漠地回答說：「那不是我的事。」因為火點不在他的管轄區裡。卡內基急了，從那時起，當他騎馬的時候，就承擔起保護公共設施的義務。看見樹下起火時，就會上前警告孩子們，用威嚴的聲調命令他們將火撲滅。如果孩子們拒絕，他就恫嚇要將他們交給員警。

每當這種時候，孩子們懾於卡內基的恫嚇，總是及時遵從他的警告，連忙熄火清理。但當卡內基離開以後，他們又重新生火，而且變本加厲，恨不得燒盡公園。

很快，卡內基發現了這種現象。分析之後，卡內基認為自己處理得太過生硬，所以造成了孩子們的反叛之舉。

後來，卡內基站在孩子們的立場上來處理這一問題。他不再發布命令、威嚇孩子們，而是騎馬走上前去，向他們說：

「孩子們，這樣很愜意是嗎？你們在做什麼晚餐……當我是一個孩子的時候，我也喜歡生火，我現在也很喜歡。但你們知道在公園裡生火是非常危險的。我知道你們不是故意的，但如果我們不小心，這裡就會失去樹林。因為生火，你們還可能被拘捕入獄。我不干涉你們的快樂，我喜歡看到你們如此快樂。但請你們即刻將所有的樹葉耙得離火遠些，並且在離開以前，小心用土把灰燼蓋起來。下次來玩時，請你們在山丘那邊的沙灘上生火，好嗎？那裡不會有危險。多謝了，孩子們。祝你們快樂！」

孩子們聽了這話，覺得卡內基是以朋友的姿態在跟自己說話，他們喜歡這老頭，也很樂意聽他的勸告。

感悟： 反叛心理的產生，就在於命令者居高臨下，沒有站在對方的立場考慮問題。人人都希望被理解、被承認，理解他、承認他，才能說服他、影響他。設身處地地站在對方的立場上思考、行動，將會使人事半功倍。

格言： 真誠地從對方的立場上思考問題，會讓你找出最好的問題解決辦法，會讓你輕易化解遇到的難題。—— 佚名

▎少爭執，多體諒

當庫克駕駛著他的藍色寶馬回到公寓地下車庫時，又發現那輛黃色的法拉利停得離他的車位那麼近。「為什麼老是不給我留些地方！」庫克心中憤恨地想。

有一天，庫克比那輛黃色法拉利先回到家。當他正想關掉引擎時，那輛法拉利開了進來，駕車人像以往那樣，把她的車緊緊地貼著庫克的車停下來。

庫克實在忍無可忍，外加感冒頭痛，又剛剛收到稅務所的催款單。於是，他怒目瞪著黃色法拉利的主人大聲喊：「你！是不是可以給我留地方？你離我遠些！」

黃色法拉利的主人也瞪大雙眼回敬庫克：「和誰說話啊！」她一邊拉開嗓門大叫，一邊離開車子，「你以為你是誰，是總統？」說完，不屑一顧地轉頭就走。

第二天，庫克回家時，黃色法拉利正好還未回車庫，庫克便把車子緊靠著對方的車位停了下來。

接下來的幾天，黃色法拉利每天都比庫克先回到車庫，逼得庫克苦不堪言。

「老這樣下去行嗎？該怎麼辦呢？」庫克立刻有了一個好主意。

第二天早晨，黃色法拉利的女主人一坐進她的車子，就發現擋風玻璃上放著一個信封——「親愛的黃色法拉利：很抱歉，我家男主人那天向你家女主人大喊大叫。他並不是有意針對那個人的，這也不是他的作風，只是那天他從信箱裡拿到了帶來壞消息的信件。我希望您和您家的女主人能夠原諒他。您的鄰居藍色寶馬。」

第二天早晨，當庫克走進車庫，一眼就發現了擋風玻璃上的信封，他迫不及待地抽出信紙——「親愛的藍色寶馬：我家女主人這些日子也一直心煩意亂，因為她剛學會駕駛汽車，還停不好車子。我家女主人很高興看到您寫的便條，她也會成為你們的好朋友的。您的鄰居黃色法拉利。」

從那以後，每當藍色寶馬和黃色法拉利再相見時，他們的駕車人都會愉快地微笑著打招呼。

> **感悟：**遇事不能急於發火、爭執，不妨多從自己一方面找找原因。多做些自我批評，多體諒、寬容一些，會使我們發現天空更藍、大地更廣，

> 會使我們有一種如釋重負的昇華感，會給我們帶來一份好心情。
>
> **格言：**我的確實常解剖別人，然而更多的是更無情地解剖自己。——
> ［中國］魯迅

以德報怨，贏得別人尊敬、追隨

在「安史之亂」之前，郭子儀與李光弼同在朔方節度使手下共事，二人一向不和，從不交談。

安史之亂爆發後，朔方節度使調回京城，郭子儀和李光弼都是最有可能升任空出的位置。不久，詔令下來，郭子儀被任命為朔方節度使。

李光弼左思右想，深感恐懼，認為自己肯定會受到迫害。為保全家人，一天，他跪拜請求郭子儀放過他的家人。郭子儀見狀忙扶李光弼起來，說：「李將軍，你多慮了。如今國家處於危難之中，你我應該攜起報國，共擊叛賊。」從此，二人和好，合力共擊安史叛軍。

西元 756 年，李光弼指揮的大軍被史思明圍困於嘉山，危在旦夕。就在千鈞一髮時刻，郭子儀親率大軍，飛馳來救。

李光弼被郭子儀一心為公的胸懷深深打動，從此緊隨郭子儀轉戰南北，為平定「安史之亂」建立了不朽的功勳。

> **感悟：**冤冤相報何時了，以德報怨天地寬。背負著怨恨，在內心積聚憤怒與復仇之火，燒焦的只是我們自己的身心。失去的只是我們自己生活的快樂。以德報怨，雖然寬恕的是別人，受益的卻是自己。

用謙讓得到的會比期望的更多

戰國時期，藺相如因卓越的外交才能而被趙惠文王拜為趙國的上卿，位列戰功卓著的老將軍廉十分之上。廉十分對此大為不滿，公開宣稱遇到藺相如時，一定要當面羞辱。而藺相如不願意因此傷了和氣，便處處留意退讓。

有一次，藺相如乘車外出，遠遠望見廉十分的車子急馳而來，急忙叫手下人將車趕入一條小巷，為他們讓出了路。

面對手下的疑慮，藺相如坦誠地說：「我連如狼似虎的秦國都不怕，難道還怕廉十分老將軍嗎？我處處退讓，完全是出於對國家安全的考慮，與個人恩怨無關。」

此話傳到廉十分耳中，他為藺相如的寬大胸懷深深感動，於是到藺相如家中負荊請罪。從此兩人坦誠相交、誓同生死，成為至交，也成就了一段「將相和」的千古佳話。

> **感悟：**寬容所至，化干戈為玉帛，仇恨的烏雲也會被祥和之光驅散，澄明而遼闊。越是具有寬容品格的人，越能超越自我，成為一個高尚的人。讓我們牢記這句古語吧：「用爭奪的方法，我們永遠得不到滿足，但用謙讓的方法，我們可能得到的比我們期望的更多。」

▌摩擦在所難免，不要睚眥必報

老王剛剛 50 歲，就因為公司不景氣，夫妻雙雙被裁員了。

老王的鄰居林先生是一家公司的中層員工，老王看著對門的林先生一家過著滋潤的日子，而自己家卻還要為一日三餐憂愁，心裡感到很不平衡。

每次兩家人碰面的時候，老王總是板著臉，一副愛理不理的樣子。這樣的情形常常讓林先生一家很尷尬。

不久，有些迷信的老王，不知從哪裡冒出了一個莫名其妙的念頭 —— 林先生一家的位置破壞了他們家的風水，把他家的「財運」給毀了，林先生是個「惡鄰」。

這個念頭一產生，老王就開始有了一些奇怪的舉動。

比如，經常在林先生家的門上貼一些「符咒」，或者每逢初一、十五就在林先生家門口又燒紙又叩拜的。

面對這些，林先生一家不堪其擾，但每次都因為話不投機，反而加劇了兩家

人之間的矛盾。

後來，房地產公司安排老王去一家公司當保全，但人家嫌棄老王年紀大。眼看讓老王再就業的希望就要破滅……。

出人意料的是，就在這時，林先生向老王伸出了援助之手。林先生說，最近他的公司裡缺一名工，薪水從優，如果老王不嫌棄，可以去試試。

面對林先生的一番好意，老王一時不知該說什麼，往事一下湧上心頭，頓時眼睛就紅了……。

> **感悟：**鄰居之間，朋友之間，發生點小摩擦是在所難免的。斤斤計較、睚眥必報，固然可以消一時之氣，卻使自己多了一個敵人。得的是一時痛快，失的是長久利益。莫若學學林先生，以德報怨，化敵為友。

▌同事關係與能力同樣重要

碧妮大學畢業後進入一家公司工作，她執著地認為只要自己努力工作，展現出超人的工作能力，必然能夠獲得重用，並步步高升。

一年過去了，碧妮雖然表現出了出色的工作能力，但薪水並不比那些表現一般的同事高，職位也沒有得到晉升。

碧妮很不服氣，於是工作起來更加努力。她認為，只要自己足夠優秀，總有一天上司會看到她的能力與才華，從而給她加薪升遷，把她當作公司的支柱。

但是，又一年過去了，碧妮還是停留在原地。相反，與她同時進公司的同事，已經是獨當一面的主管了，薪水也比自己高出許多。

碧妮終於忍不住，向公司裡唯一與她要好的同事抱怨自己的懷才不遇。

然而，沒想到的是，同事卻很直接地告訴她一個令她感到震驚的原因——原來，雖然碧妮工作非常出色，但由於她恃才傲物，認為自己比別人都要優秀，因此沒把同事們放在眼裡，平時也就缺少了對同事的尊重，與同事的關係沒有處好。

上司雖然也知道碧妮工作很出色，但擔心如果讓她升任主管的話，同事們會不配合，這樣當然不利於公司工作的開展與完成，所以一直遲遲不敢重用她。

　　就這樣，工作細心、處事粗心的碧妮，怎麼也沒想到，自己竟然是因為忽略了人際關係，而一直未受到重視與提拔。

> **感悟**：培養了無數成功人士的哈佛大學商學院的一個調查表明：在事業有成的人士中，26％靠工作能力，5％靠家庭背景，而人際關係則占69％。可見，想要成為出類拔萃的頂尖人才，並不能僅僅靠提升才能，更重要的是拓展你的人際關係，提升你的人脈競爭力。
>
> **格言**：我在社交活動中的做法就是對人和顏悅色。我認為這一點對所有的人都是適用的。——〔英國〕狄更斯

▎對上司不可敬而遠之

　　大力畢業於名校，聰明能幹，剛到公司就受到了領導矚目。

　　大力性格耿直，熱於助人，和同事們的關係處得不錯，但就是和上司不怎麼樣。老闆難得見到幾次，倒也不打緊；但部門主管天天打照面，他也很少與人家溝通。有時候，主管找他談一些務須的事情，他也的。好在他的主管是一位正派人士，倒也沒有難為他。

　　對於和上司的關係，大力自有一番「高見」。一方面，他認為和上司走得太近，難免有巴結之嫌，這與他的觀念相悖。他覺得自己憑本事吃飯，沒有必要和上司打關係。同時，他覺得和上司走得太近了，容易「脫離群眾」，有些不夠兄弟。此外，他對主管的嚴格要求以及瘋狂催促也十分有看法。

　　後來，大力所在團隊的一項任務完成得不好，受到了公司的批評。大家檢討原因時，談到了當初主管找大力討論問題時，大力敷衍了事的事情，而如果那次討論能夠深入一些，應該就不會出什麼問題。

　　聰明的大力意識到了這一點，也認識到了主管能主動和自己商討問題的可貴。此後，大力和主管的關係接近了許多。

不久，主管向公司推薦大力領導一個團隊，公司採納了這一意見。此時，也成為「上司」的大力，才漸漸地理解了上司們的某些行為。

> **感悟：**在職場中，很多普通職員始終對上司敬而遠之。這既可能是因為性格比較羞怯，不敢與上司打交道；也有可能是因為不理解自己的上司，觀念或行為有所衝突。這樣做，會使自己與上司越來越遠，同時也離升遷乃至成就等越來越遠。
>
> **格言：**為人處世要如同豆腐一樣，既方正又柔軟。—— ［日本］諺語

真誠地對別人表示關注

幾年前，弗蘭克和戴爾·卡內基先生做一次橫跨美國的巡迴演講，演講期間，他們每週五晚上向數百位聽眾演講。聽眾們都急切希望借此來改善自己與他人相處的能力。各行各業的聽眾都有，教師、經理、家庭主婦、律師、銷售員……。

在此之前，弗蘭克從沒有演講過，他一直在從事保險銷售。演講結束回到家中，弗蘭克急切要做的兩件事，一是繼續做保險銷售，二是向人們講述那令人激動的感受。

打電話的第一個人是費城牛奶公司的總裁，以前弗蘭克和他做過一筆小小的生意。他很願意見弗蘭克。當弗蘭克在他面前坐定後，他遞給弗蘭克一支香菸說：「弗蘭克，講講你的巡迴演講吧！」

「當然，」弗蘭克說，「不過我更想知道你的一切，近來在做些什麼？家人怎麼樣？生意還好嗎？」

弗蘭克聽他說著家人和生意。後來他說到前一天晚上，他和妻子與朋友打牌的事，那次他們玩的是一種叫「紅狗」的玩法 —— 弗蘭克以前從沒有聽過這種玩法。此時弗蘭克倒是想把自己巡迴演講的事向他說說，但隨著他解釋「紅狗」的玩法，弗蘭克也樂了，那真是能帶給人許多樂趣。

在弗蘭克起身要離開時，他說：「弗蘭克，我們正在考慮工廠管理人員的保險，2,8000 美元夠嗎？」

弗蘭克絲毫沒有機會講自己的事，可他卻得到了一份訂單，這份訂單可能還是其他銷售員剩下的。

> **感悟：** 在與別人交談時，如果我們能做一名好聽眾，真誠地對別人表示關注，急切地想聽他的訴說，這樣可能會有意外的收穫。因為人人都渴望被尊重。
>
> **格言：** 推心置腹的談話就是心靈的展示。── ［義大利］卡維林

▌坦誠地向人求助

20 多年前，艾倫娜是一家報紙的編輯。一個冬天的晚上，編輯主任突然安排她去參加蘭心劇院的音樂會，因為報社的專職音樂評論家突然去世了。

一小時後，艾倫娜傾聽著當代著名小提琴家克萊斯勒的演奏，心醉神迷，大為激動。而實際上，艾倫娜對音樂幾乎一竅不通，更不用說寫音樂評論了。而另一家報紙則派出了自己學問淵博的音樂評論家，艾倫娜覺得根本無法與之抗衡。

艾倫娜只希望交出一篇漂亮的文章，使任何人看了都不會認為自己不稱職。演奏暫停的時候，艾倫娜跑到外面，獨自在黑暗裡思考這些問題。音樂會一結束，他便跑到後臺去敲克萊斯勒化妝室的門。

疲乏的克萊斯勒正在接待一群貴婦。

「克萊斯勒先生，」艾倫娜說，「我是記者，有一件十分重要的事必須和你單獨談談。」

客人都被請了出去，剩下了艾倫娜和音樂家。艾倫娜坦白了自己的窘境，然後懇求說：「你可以幫我寫評論嗎？」

克萊斯勒對著艾倫娜笑了起來。但他果然肯幫忙，告訴艾倫娜關於他所奏的那首新樂曲的精義。那是一位年輕作曲家的作品，克萊斯勒詳細講解了樂曲中那段重要旋律的奧妙和優美，還談到了音調的共鳴和聲學以及弱音的運用。

艾倫娜把聽到的都寫了下來。自然，那位傑出的對手，無論他寫得怎麼好，在持論確切、了解深入以及對克萊斯勒的讚譽方面，都不能和艾倫娜經過這位提

琴家親自指點而寫的評論相比。

艾倫娜果然成為正式的音樂評論家了。此後,她勤奮地研究和工作,努力使自己稱職。其後的五年,她參加音樂會和歌劇演唱會,總是坐最好的座位。她聽過卡多索等的歌唱,也聽過帕爾曼等的演奏,還看過尼金斯基的舞蹈。

再後來,艾倫娜到紐約去擔任了一家音樂雜誌的總編輯。所有的音樂會她都有免費入場券。

> **感悟:**不要相信人情都是冷漠的,只要付出真心和誠意,幫助你的人就不在少數。一個人的力量是有限的,我們需要向人表露心聲,尋求幫助。坦誠對人,並完全相信人有與生俱來的同情心,幾乎從不會讓你失望。
>
> **格言:**凡是你不知道的事,都應向人請教,雖然這會有失身分,但學問卻會日漸加深。── 〔波斯〕薩迪

施恩給那些故意刁難你的人

卡爾是一位賣磚的商人,由於對手的競爭而使他陷入了心理困境:對方在他的經銷區域散布謠言:卡爾的公司不可靠,他的磚不好,生意也面臨即將停業的處境。

卡爾並不認為對手會嚴重損害自己的生意,但這件麻煩事使他心中莫名惱怒,真想「用一塊磚頭敲碎那人肥胖的腦袋」。

一個星期天的早晨,卡爾聽了一位哲人的演講,主題是要施恩給那些故意跟你為難的人。卡爾把演講的每一個字都記了下來。

當天下午,當卡爾在安排下週的日程表時,發現住在維吉尼亞州的一位顧客因新建辦公大樓需要一批磚,可是顧客所指定的磚,不是卡爾公司所能生產的那種型號,卻與卡爾競爭對手出售的產品很相似,而此時那位競爭者完全不知道有這筆生意的機會。

這使卡爾感到為難。那位競爭對手剛剛在星期五毀了他一份 25 萬塊磚的訂

單，他寧願對手永遠也得不到這筆生意。但哲人的忠告又一直盤踞在他的心田，因此卡爾又覺得不能不做些什麼。

最後，也許是因為很想證實哲人是錯的，卡爾拿起電話，撥到競爭者的家裡。卡爾很有禮貌地直接告訴了那人有關維吉尼亞州的那筆生意。當時，那位對手難堪得說不出一句話來，隨後對卡爾的幫助深表感激。卡爾又答應打電話給那位維吉尼亞州的顧客，推薦由對手來承攬這筆訂單。

後來，卡爾非常驚訝地發現，對手不但停止了散布有關他的謊言，甚至還把自己無法處理的一些生意轉給卡爾做。他們成了很好的合作夥伴。

> **感悟**：對於曾經傷害過自己的人，要以德報怨確實是件不那麼容易的事情。唯其如此，只要以博大的胸懷去做，說不定會有意外的收穫。而且這也是不讓別人繼續傷害自己所能採用的上策，因為它可以化敵為友，化干戈為玉帛。
>
> **格言**：化敵為友者的廣闊胸懷，能承擔整個世界。——　［伊朗］瓦魯瓦爾

▋ 強加己意於人，不如順應人心

威森專門替一家服裝設計師和紡織品製造商設計花樣的畫室推銷草圖。一連三年，威森每個星期都去拜訪紐約一位著名的服裝設計師。「他從不拒絕接見我，」威森說，「但他也從來不買我的東西。他總是很仔細地看看我的草圖，然後說：『不行，威森，我想我們今天談不攏了。』」

經過100次的失敗，威森終於明白自己做事過於古板。於是他下定決心，每個星期擠出一個晚上研究做人處世的哲學。後來，威森終於明白了其中奧妙。他急於嘗試這種新方法，於是隨手抓起六張畫家們未完成的草圖，衝進買主的辦公室。「如果可以的話，希望你幫我一個小忙。」他說，「這是一些尚未完成的草圖，能否請你告訴我，我們應該如何把它們完成，才能對你有所幫助？」

這位買主默默地看了那些草圖一會，然後說：「把這些圖留在我這，威森，三天後再回來見我。」

三天後威森去了，獲得了那位買主的一些建議。威森取了草圖回到畫室，按照買主的意思精心修改。這次出乎意料的是，沒等威森去，那人就打電話來問設計圖修改好了沒有，希望修改後立即給他送過去。威森送去修改後的設計圖，這位買主滿意地留下了。

從那時起，這位買主訂購了威森許多其他的圖案，全是根據他的想法畫成的 —— 而威森卻淨賺了幾千元的傭金。

後來，威森總結經驗教訓說：「我現在才明白，這麼多年來為什麼我一直無法和這位買主做成買賣。我以前只是催促他買下我認為他應該買的東西。我現在的做法正好完全相反，我鼓勵他把他的想法交給我。他現在覺得這些圖案是他創造的，確實也是如此。我現在用不著去向他推銷，他會自動來買的。」

> **感悟：**如果我們想讓別人接受我們的觀點，應該先允許別人表達他的觀點，這樣可以使我們的目的更容易實現，問題也更好解決。如果你能夠真誠地徵求別人的意見，讓他感覺到自己受到了重視、受到了尊重，感覺到他的觀點對你很重要，他又如何會拒絕自己的意見呢？
>
> **格言：**凡是喜歡教訓別人的人，自己最不願受到別人的教訓。——〔英國〕司各特

高明的談話藝術是引導話題

曾流傳著這樣一個民間故事：

有個官員看中了農民史老漢的那份田產，一心想霸占但又苦於找不到理由，強占又怕引起公憤。於是，他想出了一個壞主意，馬上傳下命令，指名要史老漢三天之內送去三頭懷胎的公牛給他，如不按期送到，則要沒收田產。

史老漢得知這個消息，急得團團轉。老漢想：天底下哪有懷胎的公牛啊？這不是存心要霸占我的田產嗎？沒辦法，急得在家直哭。

媳婦聽見公公在屋裡哭，就問公公怎麼回事，老漢就說了官員要他在三天內送去三頭懷胎公牛的事。

媳婦聽了說：「公公不要哭，到時候我來回答他。」於是，老漢便答應了官員

的要求。

　　三天後，官員還不見老漢送牛來，就帶著一群走狗到老漢家來，要搶占田產了。官員一到史老漢家，卻見是老漢家的媳婦出來迎接，便惡狠狠地問：「老東西在不在？」

　　媳婦說：「在是在，就是不能出來。」

　　官員驚訝地說：「人在怎麼怕出來，是不是想賴帳？」

　　官員正要大發雷霆，媳婦馬上迎上前去賠著笑臉說：「哪裡敢賴帳？是他在屋裡生小孩啦。」

　　官員說：「混帳，男人怎麼會生小孩？分明是有意抵賴，藉故胡說。」

　　媳婦說：「還是老爺明白，既然男人不會生小孩，你怎麼要公牛懷胎？」

　　官員聽了，自討沒趣，灰頭土臉地走了。

> **感悟：**人們在生活、工作中，難免會遇見別人的刁難。這時候，有些人會忍氣吞聲，不知如何反駁；有些人則較為機智，將計就計，引導話題，以其人之道還治其人之身，讓刁難迎刃而解。當然，將計就計的前提是要完全掌握對方的意圖。
>
> **格言：**真正精於談話藝術的人，其實是善於引導話題的人，同時又是那種善於使無意義的談話轉變方向者。── ［英國］培根

▌把話說到對方的心坎上

　　在新澤西州一家大肥料公司的一間辦公室裡，公司財務主管康納德・鐘斯正在和一家規模不大的保險公司的推銷員傑克談話。鐘斯先生不認識傑克，對傑克的公司也毫不了解。

　　以下是他們的對話：

　　「鐘斯先生，您在哪家公司投了保？」傑克問

　　「紐約人壽保險公司、大都會保險公司。」

「您所選擇的都是些最好的保險公司。"傑克誇讚。

「你也這麼認為？」鐘斯掩飾不住自己的得意。

接著傑克向鐘斯先生講述了那幾家保險公司的情況和投保條件，告訴他大都會保險公司是世界上最大的保險公司，公司的經營狀況良好，有些社區的所有人都在這家公司投保。

傑克說的這些絲毫沒有使鐘斯覺得無聊，反而聽得入神，因為有許多事是他原來不知道的。傑克看得出，鐘斯由於自己的投資判斷被認為正確而感到自豪。

傑克對競爭對手的了解和對競爭對手的誇讚，讓鐘斯先生留下了深刻印象。當傑克再把自己公司的投保條件與那幾家大公司一起比較時，由於經傑克介紹鐘斯已經熟悉了那幾家公司的情況，他就接受了傑克所提供的條件，因為傑克所在公司的條件更適合他。

再接下來的是，幾個月裡，鐘斯先生和其他四名高級職員，從傑克所在公司購買了大筆保險。當鐘斯先生的公司總裁向傑克詢問傑克所在公司的情況時，鐘斯先生連忙插嘴，一字不差重複了傑克對他說的話：「費城三家最好的保險公司之一。」

> **感悟：**在人生的旅途中，在生意中，我們時刻都需要贏得他人的信任。而適時地誇讚自己的對手，把話說到他的心坎上去，可能是迅速贏得他人信任的辦法之一。
> **格言：**我不會詆毀任何人，我將盡量把我所了解的他人的美德說出來。——［美國］富蘭克林

提高說服力有哪些技巧

經過無數次的研究，專家們得出結論：一些確實有效的技巧可以大大提高一個人的說服力，這些技巧是人人都可以借鑑的。

下面介紹的就是這樣一些技巧。

◆ **掌握說服別人的環境**：對於兩個不太相識的人，或者進行一些重要的談判來說，選擇一個熟悉的或利於自己的心態自由發揮的環境非常重要。在熟悉的環境裡，你的心態比較平靜，講起話來也更從容不迫。這樣，當然更能發揮你的說服力，達到預期的效果。

◆ **儀表要與場合相稱**：必要的儀表講究有助於增強一個人的說服力。在公共場合，有很多時候，我們都是以儀表來衡量一個人的社會地位的。雖然可能不準確，但人們習慣如此，也無可奈何。

◆ **善於與人平等相處**：許多專家發現，如果你要改變某些人的成見，那麼，你越能與這些人打成一片，你的說服力就越強。再說，相信一個「自己人」所講的話乃是人之天性，正如紐約市立大學布魯克林學院心理學家葛蘭·哈斯所言：「釀酒專家也許可以說出許多理由來證明某一牌子的啤酒更勝一籌，但是你的朋友們 —— 不管他的知識是否淵博 —— 卻對你選擇哪種啤酒具有更大的影響力。」

◆ **徵求對方的意見**：善於說服別人的人，往往並不急於表達自己的觀點，而是先與對方創造一個心靈相通的環境。有了這種彼此信賴的環境，你就可以徵求對方的意見，讓對方把他的想法和觀點全盤托出，然後再根據自己的觀點衡量對方觀點的利弊。

◆ **提供可靠的資料**：向聽眾提供可靠的資料，這樣會提高你的觀點的說服力。但這樣做時要注意，對那些未拿定主意的人們來說，資料的出處比資料本身更具備說服力。當人們聽到強而有力的、高度可靠的、權威性的資料時，他們固執己見、反對別人觀點的程度就會大大降低。但是，說服普通大眾時也不能過分地引用專家的話，過多的資料可能引起聽眾的反感。

◆ **舉實例證明你的觀點**：優秀的說服者，總是善於運用一些自己經歷的實例去說服對方。

▌ 銘記交談的十大原則

　　人際關係中重要的一環就是談話，無論鄰里之間、生意之中、政壇之上……都需要透過談話來交流、溝通，因此，首先就要掌握以下十大原則。

◆ **引導別人進入交談**：交談就像傳球，如果沒人接球，就會出現難堪的沉默，因此，首先要引導對方加入交談。

◆ **簡潔而有條理**：不懂節制是最惡劣的語言習慣之一。無論單獨交談還是群眾演講，如果說有什麼應該用紅顏色標出來的重點，那就是「扼要，切題。」

◆ **避免過多的「我」**：開口閉口都是「我」的人，是很令人討厭的。

◆ **盡量少插嘴**：插嘴打斷了談話者，也影響了聽話者，不僅被你打斷的那個人不會對你有好感，其他的人大概也不會對你有什麼好感。因此，盡量少插嘴。

◆ **避免令人掃興的話題**：話題是否令人掃興要看內容和場合。注意觀察，運用常識，這一點不難辦到。

◆ **不要傷害別人**：不傷害別人，最基本的一點就是要禮貌。禮貌的人能設身處地地為他人著想，這會使人敏感，而敏感又使人避免交談中的無心之過。

◆ **杜絕背後誹謗別人**：不論有意還是無意，誹謗他人的閒話都是不可寬恕的 —— 故意的是卑鄙，無意的則是草率。

◆ **討論而不要爭吵**：只要出自善意，討論也就和談話一樣。相反，那種怒氣衝衝的爭吵，一方激烈地攻擊另一方，同時拚命地維護自己，則是良好談吐的大忌。

◆ **不冷落任何人**：注重與你交談或靠近你的、傾聽你談話的人，也不要忽略坐在角落裡的沉默寡言的人，起碼要和他們有眼神的交流。

◆ **學會傾聽**：良好的談吐有一半要依賴傾聽 —— 不僅是用耳朵，也包括所有感官；不僅是用大腦，還要運用你的心靈。

> **格言**：談話，和作文一樣，有主題，有腹稿，有層次，有頭尾，不可語無倫次。—— ［中國民國］梁實秋

▌說不說「不」兩樣情

　　拉姆這幾天明顯有些睡眠不足，他有太多的事情要做。可是，當鄰居傑妮請他過去幫忙弄一下電腦時，他說：「OK！」

　　哈特請他幫忙抬電子琴到樓下時，他說：「Yes！」

　　菲迪問他能否幫忙看顧一下自己的小孩時，他說：「Of Course。」

　　嘉莉要他為她的派對做張海報時，他說：「All Right！」

　　拉姆的特點是幾乎從不說「No」；而歐利在這方面的習慣卻與拉姆大不相同。

　　早上，露茜阿姨打電話來，問歐利能不能陪她一起去看「蘇富比」拍賣的中國古董。歐利說：「No！」

　　中午社區報紙打電話問歐利能不能為他們的徵文頒獎。歐利說：「No！」

　　下午聖若望大學的學生打電話來，問他能不能參加週末的餐會。他說：「No！」

　　晚上，《華盛頓晚報》傳真來問歐利能不能寫個專欄。他說：「No！」

　　當拉姆說四個「是」的時候，歐利說了四個「No」！

　　有人或許認為歐利不近人情，可當事人並沒有這種感覺。因為，歐利很講究方式和技巧。當他說第一個「不」時，同時告訴露茜阿姨：「下次拍賣古董，我會去。至於今天，因為我對家具、器物、玉石的了解不多，很難提出好的建議。」歐利說第二個「不」時，他說：「因為我已經做了評審，貴報又在最近連著刊登我的新聞，而且在一篇有關座談會的報導中讚美我，而批評了別人。如果再去頒獎，怕會引人猜測，顯得有失客觀。」歐利說第三個「不」時，他說：「因為近來受坐骨神經痛之苦，必須在硬椅子上直挺挺地坐著，像是受罰一般，而且不耐久坐，為避免煞風景，以後再找機會！」歐利說第四個「不」時，他以傳真告訴對方：「最近已經寄出一篇文章，專欄等以後有空再寫。」

> **感悟**：這世界上確實有許多人不會說「不」，他們或是不敢，或是不好意思。他們顧慮重重，唯恐一個「不」字會拒人於千里之外，怕失去合作夥伴，怕引起上司的誤解，怕丟掉眼看到手的生意……這就要求我們要

學會說「不」的技巧。

格言：「屈己從人」在處世上雖有價值，但是在科學上不僅無益而且有害。——〔奧地利〕佛洛伊德

如何巧妙地說「不」

在現實生活中，說「不」總是很難開口的事，人們對此顧慮重重，唯恐一個「不」字會拒人於千里之外……這就要求我們要學會說「不」的技巧。

◆ **尋找藉口：**要拒絕、制止或反對對方的某些要求、行為時，你可以扯一些原因當作藉口，避免與對方直接對立。

◆ **把自己的難處說出來：**不一定要急著拒絕對方，可以從頭到尾認真聽完對方的請求，先說一些關心、同情的話，然後再講清實際情況，說明無法接受要求的理由。由於先說了一些讓人聽後產生共鳴的話，對方才能相信你所陳述的情況是真實的，相信你的拒絕是出於無奈，因而也能夠理解你。

◆ **幽默輕鬆地表明立場：**拒絕對方，你還可以幽默輕鬆、委婉含蓄地表明自己的立場，那樣既可以達到拒絕的目的，又可以使雙方擺脫尷尬處境，活躍融洽氣氛。

◆ **假裝沒聽見：**在對方提出問題時假裝沒有聽見，當然就用不著回答了。這種拒絕技巧有比較嚴格的適用範圍，不宜在關係密切的朋友圈裡使用。

◆ **自言自語說出拒絕的理由：**日本心理學家多湖輝總結出了一條拒絕他人不合理要求的經驗，人們礙於面子，不好正面說出拒絕的話，如果裝作自言自語說出心中所思所想，對方也許會自動放棄。

◆ **欲拒先迎，間接拒絕：**開門見山、直截了當式的拒絕，猶如當頭一盆冷水，使人難堪，傷人面子。此時，可以使用欲拒先迎、間接拒絕的技巧。即首先進行誘導，當對方進入角色時，然後話鋒一轉，製造出「意外」的效果，讓對方自動放棄過分的要求。

◆ **在心理上「補償」對方：**當聽到冰冷的「不」時，難免使人心中不是滋味。如果我們說「不」之後立即給予對方「補償」，會使對方本來因「不」產生的不滿、失望的感情得到補償。

◆ **抓住對方的否定性語意**：抓住對方談話中的否定性語意（這往往是求助者贏得同情的語言技巧）加以反擊，等於是借助了對方自己也承認的事實，所以對方會逐漸失去反駁的依據。

讚揚猶如黑暗中的一盞明燈

那年湯姆 17 歲，馬上就要開始他的第一份全職工作（在一家大型商場的熟食部當實習經理）。這份工作對他提出的挑戰之一，是弄一些合適的衣服來穿。

那時，湯姆和他的祖母住在一起。於是，祖孫兩人去了市區最好的一家商店，位於悉尼喬治街和派克街交叉的十字路口一角的沃爾頓百貨商店。

兩人來到五樓。男裝部的衣架林林總總，令人眼花撩亂。他們在裡面翻來翻去。那個時候，湯姆還根本不懂得什麼色彩搭配和服裝的威力，或者說，有助於事業成功的服裝藝術。

就在這時，一位四十五六歲、儀表端莊的女店員，脖子上掛著一條軟尺，走到湯姆和他的祖母面前。她問他們是否在尋找什麼特殊的衣服。湯姆的祖母向她解釋說，湯姆就要開始他的第一份全職工作了 —— 當實習經理，因此需要一些合適的衣服穿。

那位女店員一句話也沒說，上上下下打量湯姆。過了一會，她說：「嗯，他看上去是塊當經理的料。」但臉上卻看不出任何表情。

湯姆不知道此話是否是一句針對這種場合而精心設計的工作用語，但從她的語氣來看，和她願意花一個鐘頭的時間陪他們物色衣服，以確保衣服完全合身和搭配得當來看，湯姆相信那句話是她由衷而發的。

「他看上去像塊當經理的料。」從此，女店員的這句話不時地迴響在湯姆的耳旁，尤其是在湯姆情緒低落、自信心不足的時候，它就像黑暗中的一盞燈！

感悟：不經意的一句話，有時會改變一個人的生活。一句鼓勵的話，會使聽的人信心倍增；而一句打擊的話，也可能釀成悲劇。因此，不要吝惜你的鼓勵，永遠別錯過給別人建立信心和勇氣的機會。

格言：讚揚，像黃金鑽石，只因稀少而有價值。 —— ［英國］塞·詹森

放開喉嚨誇獎，壓低嗓門責備

1921 年，美國鋼鐵大王安德魯·卡內基（Andrew Carnegie）獨具慧眼，提名施瓦布（Charles M. Schwab）為新成立的「美國鋼鐵公司」第一任總裁時，施瓦布才 38 歲。

為什麼安德魯·卡內基每年要花在當時來說近乎天價的 100 萬聘請施瓦布呢，是施瓦布確實是個了不起的天才，還是施瓦布對於鋼鐵生產懂得比別人多？都不是。施瓦布曾經說過，在他手下工作的許多人對鋼鐵製造其實都比他懂得多。

施瓦布說他之所以獲得高薪，主要是因為他善於處理人事，管理人事。他說：「我想，我天生具有引發人們熱情的能力。促使人們將自身能力發展到極致的最好辦法，就是讚賞和鼓勵。

來自長輩或上司的批評，最容易使一個人喪失志氣。我從不批評他人，我相信獎勵是使人工作的原動力。所以，我喜歡讚美而討厭吹毛求疵。如果說我喜歡什麼，那就是真誠、慷慨地讚美他人。

我廣泛接觸過世界各地不同層面的人。我發現，無論多麼偉大或尊貴的人，他們和平常人一樣，在受到認可的情況下，比遭受指責的情形下，更能奮發工作，效果也更好。」

後來施瓦布離開了「美國鋼鐵公司」，接管當時陷入困境的「貝氏拉罕鋼鐵公司」。經過他的重新部署，這家鋼鐵公司不久也變成了全美獲利最大的公司之一。

施瓦布對用他的伯樂卡內基十分欽佩，他認為安德魯·卡內基成功的原因之一，正是他不吝嗇讚揚他人，包括公開的，也包括私下的。卡內基的墓誌銘可以說是對這一點的精彩總結：「這裡躺著一個人，他懂得如何奉迎比他聰明的人。」

感悟：真誠地讚美別人，幾乎是每個成功者、領導者的必備素養。真誠的讚美可以吸引別人和你走在一起，還可以激發對方的主動性，激發他們的潛能，使他們做得更多、更好。聰明人，就是那些總說別人比自己聰明的人。

格言：誇獎別人時，我總是放開喉嚨，責備別人時，我總是壓低嗓門。——〔俄國〕葉卡特琳娜二世

▌專注傾聽勝過滔滔雄辯

在新澤西州一家百貨商店裡，烏頓買了一套衣服。這套衣服令人失望：上衣褪色，把烏頓的襯衫領子都弄黑了。

後來，烏頓將這套衣服帶回該店，找到賣給烏頓衣服的店員。烏頓想訴說此事的經過，但被店員打斷了。「我們已經賣出了數千套這種衣服，」這位銷售員反駁說，「你還是第一個來挑剔的人。」

正在激烈辯論的時候，另外一位銷售員加入了。「所有黑色衣服起初都會褪一點顏色，」他說，「那是沒有辦法的，這種價錢的衣服就是如此，那是顏料的關係。」

這時烏頓簡直氣壞了：「第一個銷售員懷疑我的誠實，第二個暗示我買了一件便宜貨。」烏頓惱怒起來，正要與他們爭吵，突然間經理走了過來。經理懂得他的職責，他使烏頓的態度完全改變了 —— 將一個惱怒的人變成了一位滿意的顧客。他是這樣做的 ——

他靜靜地聽烏頓從頭到尾講述了自己的經過，沒插半句話。

當烏頓說完的時候，那兩位銷售員輪流發表意見，他則站在烏頓的立場上與他們辯論。他不僅指出烏頓的領子顯然是被衣服所染，並且堅持說，這樣的東西不應該在店裡出售。

他承認自己不知道毛病的原因，並直率地對烏頓說：「你要我如何處理這套衣服呢？你說什麼，我可以照辦。」

幾分鐘之前還堅持要退掉衣服的烏頓這時卻說：「我只要你的建議，我想知道這種情況是否是暫時的，是否有什麼辦法解決。」

那位經理建議烏頓再試一個星期，到時不滿意可隨時退換，並對此事深表歉意。

結果，烏頓滿意地走出了商店。

> **感悟：**俗語說「沉默是金」，與沉默相近的傾聽也十分具價值，因此也可以說「傾聽是金」。優秀的人士都更喜歡傾聽他人的談話，而不是自顧自地在那裡滔滔不絕；同樣地，專注傾聽可以征服人心，滔滔講演卻未

必能有多大說服作用。

格言：如果講話沒有鞭辟入裡的機智和保持沉默的技巧，是很大的不幸。—— ［法國］拉布呂耶爾

最高明的說服技巧就是靜靜地傾聽

紐約電話公司曾經應付過一個咒罵接線生的顧客。那位顧客發狂地咒罵恫嚇要拆毀電話，拒絕支付某種自認為不合理的費用；他寫信給報社，還向大眾服務委員會屢屢投訴，並使電話公司涉及數起訴訟。

最後，公司中一位最富技巧的「調解員」被派去訪問這位暴戾的顧客。

到了顧客那裡，這位「調解員」彬彬有禮，靜靜地聽著，讓這位好爭論的老先生淋漓盡致地發洩他的牢騷，並不時點頭、嘆氣，表示肯定和同情。

「他喋喋不休地說著，我靜聽了差不多三小時。」這位「調解員」後來敘述，「以後我再次到他那裡，繼續聽他發牢騷。我共訪問了他四次。在第四次訪問完畢以前，我已經成為他正在創辦的一個組織的會員，他稱之為『電話使用者保障會』。我現在仍是該組織的會員。有意思的是，就我所知，除老先生以外，我是世上唯一的會員。」

「在這幾次訪問中，我靜靜傾聽，並且同情他所說的一切。我從未像電話公司其他人那樣與他解釋、爭辯。漸漸地，他的態度變得友善了。我圓滿地結束了這一事件，使所有的帳款都付清了，並且第一次撤銷了他向大眾服務委員會對電話公司的投訴。」

事後，公司對這位高明的調解員的技巧進行了分析，發現它其實很簡單，那就是：誠懇地傾聽。

感悟：比較挑剔的人，甚至是最激烈的批評者，常常會在一個有耐心和同情心的靜聽者面前軟化降服。在商務領域，這是解決客戶糾紛乃至衝突的最有效辦法，屢試不爽，在其他人際關係領域也是如此。

格言：懂得該沉默時沉默，比講話更能獲益。—— ［古希臘］諺語

▌如何洞悉傾聽之道

很多人不懂傾聽之道，常常自顧自地誇大其詞、滔滔不絕。相反，那些人脈廣布、事業亨通的人，卻無一不洞悉傾聽之道。想學會傾聽，下面的方法可以提供幫助。

・轉換情緒，克服障礙

專家指出，情緒是妨礙傾聽的大障礙，因為情緒會使我們聽到的話添上色彩，也會讓我們不能專心聽別人說話。

要轉換這些情緒，可以深呼吸一下，幫助自己放鬆下來。為避免思緒游移不定，應聚精會神聽對方說話。集中精神聽講話者的話，能幫助我們減慢思考的速度，防止我們去猜想他接著會說什麼。

・以肢體語言表現注意聽講

肢體語言是指你做的任何可以看見的、能向對方傳遞資訊的舉止。表現注意力集中的肢體語言，可以向對方傳遞這樣一種資訊：你正全神貫注地聽對方的談話。

這樣的肢體語言包括：注視對方；點頭回應；表情跟隨對方起伏；身體略微前傾表示專心……。

・努力接受資訊

好的傾聽者不僅要傾聽談話，而且還要聽出隱藏在談話後面的情感等資訊。因此，傾聽時不要急於對聽到的話進行分析評論，以免影響思路。同時，可以透過說話者的語調、臉部表情以及身體姿態，來盡可能多而全面地獲取資訊。

・主動提出問題與人探討

談話中經常會有這種情況，某人要就某一問題進行交談，但又擔心你對此沒有興趣，或是擔心你不願花時間去聽他說。這時，主動提出問題，說幾句鼓勵的話，就可以使身陷困境的人直言不諱地交談了。

·不要過早地下結論

很多人反應靈敏，喜歡對一些問題過早地下結論。有的問題別人才講到一半，就妄下結論，結果引起別人的反感，而所下的結論也未必適合別人解決問題。

很多問題需要尋找解決問題的癥結，只有多傾聽，對問題有了多層面的了解，才能找到理想的辦法。

·了解對方的需要

想影響別人，首先要了解別人。聽他們講的話，應對方所需，才會影響別人。而且，雪中送炭的情誼也會讓對方刻骨銘心。

> **格言：**如果希望成為一個善於談話的人，那就先做一個願意傾聽的人。——〔美國〕戴爾·卡內基

▌及時表達心中的歉意

諾曼是一位婚姻調解員，這份工作可是相當的不輕鬆。

一天晚上，經過一場冗長的婚姻調解，回到家裡時，諾曼幹勁全無。「但願，」諾曼疲憊不堪地聲稱，「有人給我一張能夠挽救那些搖搖欲墜婚姻的妙方。」

正好，諾曼當牧師的父親正住在他家裡。「孩子，我給你一個。」看著無助的兒子，他說，「這個方法只有一句話，你只要說服夫妻倆互說一句『對不起』。試試看，你會明白它的效力的。」

於是，諾曼真的這樣試了試。

父親說的不假，這句話的力量似乎能移山。

後來，諾曼在工作中經常使用父親的方法——當一對爭吵的夫妻來到他這裡，他會私下對每一方都這樣說：「我知道你受了很多的委屈，但是請告訴我，你對自己的哪一個舉動是最感到抱歉的呢？」無論多麼勉強，他們總還能向諾曼

承認一些欠缺和不當之處。然後，諾曼就召集雙方，並且要求他們把曾經對他說過的話重複一次。這對夫妻照辦了，奇蹟隨之出現，雙方原本不可遏制的怨恨和惱怒煙消雲散，手挽手離開了諾曼的事務所。

諾曼不僅把這方法用在工作之中，也用在家庭和其他人際關係中，結果屢見奇效。

諾曼深有感觸地說：「把心中的歉意表達出來，說聲『對不起』，許多問題都可以迎刃而解。」

> **感悟：**人與人有往來，就難免有爭執，產生衝突和不快。只要一方及時地站出來，說聲「對不起」，就可以化干戈為玉帛，甚至將雙方關係導向更好的境地。發自內心的歉意會使人感動，這種感動會化作善意，促進關係的進一步融洽。
>
> **格言：**在指責他人之前，先檢查自己的錯誤。——〔美國〕戴爾·卡內基

▎道歉需要哪些技巧

誠摯的道歉不僅能夠彌補已損壞的關係，而且還可以使這種關係變得更為牢固。

想要及時、恰當地說聲「對不起」表達歉意，需要注意以下幾點。

◆ **改變錯誤認識：**很多人認為道歉是一件丟臉的事，這種認識是錯誤的。相反，道歉體現了一個人坦誠豁達的胸襟，是一個人風度的體現。偉人之所以偉大，也體現在這種胸襟和風度上。

◆ **絕不道歉將一錯再錯：**一個人在犯了錯或失言之後，如果已經意識到錯誤卻不道歉，就會一錯再錯，甚至付出沉重的代價。歷史上和現實中許多能言善道的名人，在辯論失利時仍死守自己的城堡，因而慘敗的情形不計其數。

◆ **暗示「對不起」：**有些人已經意識到了自己的過失，但卻礙於種種原因，未能當面向對方說一聲「對不起」。如果你沒能用語言來表示自己的歉意，那

麼就傳遞一個表示和解的訊號，比如送一束花，在適當的地方放一件小禮物，主動邀請……。

◆ 一旦反省立刻道歉：時間越長，兩個有隔閡的人之間的怨恨就會越大；同時，「對不起」這句話也越來越難以啟齒。有了過失，哪怕自己的過失僅比別人多一點，都應該及時表達歉意。否則，因為拖延而失去了向對方道歉的機會，就會造成終生遺憾。

◆ 把問題講清楚：向人道歉，有時僅靠一句「對不起」是不足以獲得諒解的。還需要把問題講清楚，說明自己錯在哪裡，因何而錯，從而獲得對方諒解。

◆ 不要為了和好盲目道歉：道歉是有好處的，但盲目道歉則沒有必要。如果不是你的錯，你為了和好而盲目道歉，反而會給雙方關係蒙上陰影 —— 正人君子認為你寬容有餘、原則不足，小人則會認為你軟弱可欺、有機可乘，從而會使你們的關係陷入更糟的境地。

同時，還要區分抱歉感和道歉之間的關係。身為一名主管，由於員工不合適而辭退他，你可以有抱歉感，但沒必要去向他道歉。這種狀態的抱歉感，只不過是人人都有的同情心罷了，而並非說明你做錯了什麼。

> 格言：用建設的方法，容易讓一個人改正錯誤，可以保持個人的尊嚴和自覺其重要性。 —— ［美國］戴爾·卡內基

玩笑和幽默常有妙用

美國第 28 任總統伍德羅·威爾遜（Woodrow Wilson）剛剛就任新澤西州州長之時，曾經參加了一次紐約南社的午宴，宴會的主席對大家介紹說：「威爾遜將成為未來的美國大總統。」當然，主席先生不可能有這樣的預測力的，這不過是他的溢美之辭而已。

於是威爾遜在稱頌之下登上了講臺，簡短的開場白之後，他對眾人說：

「我希望自己不要像從前別人為我講的故事中的人物一樣。那個故事是這樣的——

在加拿大，一群遊客正在溪邊垂釣。其中有一名叫做詹姆斯的人，壯著膽子飲用了某種具有危險性的酒。他喝了不少這種酒，然後就準備和同伴們搭火車回去了。可是他並沒有搭北上的火車，反而是坐上了南下的火車。於是，同伴們急著找他回來，就發電報給南下的那趟火車的列車長：「請將一位名叫詹姆斯的矮個子送往北上的火車，他已經喝醉了。」很快，他們就收到了列車長的回電：「請將其特徵描述得再詳細些。本列車上有 13 名醉酒的乘客，他們既不知道自己的姓名，也不知道自己的目的地。」

「而現在的我，威爾遜，雖然知道自己的姓名，卻不能像你們的主席先生一樣，確知我將來的目的地在哪裡。」

在座的客人一聽都哄堂大笑，宴會的氣氛一下子變得愉快和活躍起來。

> **感悟**：每個人都渴望朋友和友誼，那就必須從溝通開始。一個小小的玩笑或幽默的故事，或許能在瞬間拉近你和陌生人之間的距離，使你成為受人歡迎的人。
>
> **格言**：玩笑與幽默不僅令人開懷，而且還常有妙用。——　〔古羅馬〕西塞羅

如何培養自己的幽默感

有幽默感的人總是受歡迎的，而且他可以借此做成許多事情。幽默人人都想擁有，那我們該怎樣培養自己的幽默感呢？

·保持健康活潑的心靈

幽默的人都是積極樂觀的人，都是達觀超脫的人，都是對生活充滿信心、絕對自信且寬容平和的人。一句話，幽默的人都是心理健康的人，心理不健康的人是無法幽默的。

世界實際上並不如人們想像中的那樣美好、那樣完美無缺，如果只看到它黑暗的一面，並且對它僅作價值判定，那麼人只能陷入悲觀絕望之中，生活的樂趣會蕩然無存，笑容就會從人的臉上消失，幽默也就無從談起了。

・學習幽默技巧

後天學習掌握幽默，其中特別重要的一點是努力提高語言技巧。

這方面的技巧，可以找專業的書籍來學習。

許多關於幽默的書籍和先人的經驗都為我們提供了範例，值得我們廣泛涉獵借鑑。

・擁有廣博的知識

有幽默感的人都是擁有廣博知識的人，他們雖然未必對任何問題都像學者那樣研究透澈，但起碼知道些皮毛。只有知識和見聞極其豐富的人，才能通情達理、分析透澈，居高臨下、入木三分，語言表達上也才能做到縱橫捭闔、運用自如，妙語如珠、詼諧動人。

・要勇於自嘲

開別人玩笑，有時會惹人不高興；開自己玩笑，便簡單多了。缺牙的人，說自己是「無齒之徒」；長青春痘的人，說自己「滿天星」；醜的人，說自己合適當門神，能「嚇鬼」……能夠這樣自嘲的人，當然話裡話外充滿幽默，令人喜歡。

・保持善意和高雅

開別人的玩笑同樣可以獲得幽默的效果，但要注意，一是不要把自己的快樂建築在別人的痛苦上，比如嘲笑他人的生理缺陷等；二是不要開低級下流的玩笑。幽默是有雅俗之分的。好的幽默不但令人笑，笑完之後精神還會為之振奮，得到美的享受，而且也表明了幽默人的修養；而低級的幽默不僅不會給人美感和快樂，且足以體現幽默者本人氣質的無聊與庸俗。

第七章　抓住每個機遇，拓展人生前程

人活得越久，越會感到一切都取決於機遇，同時也就越不會相信世間萬象中的這一萬能因素，僅僅是由於事件盲目相互作用才產生的。

▌對機遇理解不同，命運隨之而異

兩個鄉下的農民分別要去紐約、華盛頓打工。他們在候機廳等車時，聽到了人們的議論：有人說紐約人會精打細算，就連問路都要向人們收費；有人說華盛頓人善良、淳樸，碰到少吃缺衣的人，能給予無私的接濟。

去紐約的農民心想，看來華盛頓是個保險的地方，賺不上錢也不至於吃不上飯。去華盛頓的農民也改變了自己原來的看法，他現在認為紐約是個遍地是黃金的好地方，就連給人帶路都能賺錢。於是，這兩個農民在退票處不期而遇了，結果他們互換了手中的機票。

去了華盛頓的人初到華盛頓的一個月，什麼工作都沒找，竟然沒有餓著。既可以白喝銀行大廳裡的水，也可以白吃商場裡歡迎品嘗的點心。他覺得華盛頓的確是個好地方。

去了紐約的人發現，紐約果然是一個可以發財的城市。帶路可以賺錢，開廁所也可以賺錢，就連弄盆涼水讓人洗洗臉也可以賺錢。只要肯動點腦筋，再勤勞、吃苦點，幾乎什麼都可以賺錢。

憑著他細心的觀察，他發現紐約人愛花，於是他打起了泥土的主意。他在建築工地裝了十包含有沙子和樹葉的土，命名為「花盆土」，向看不見泥土而又愛花的紐約人兜售。當天他在城郊間往返六次，就淨賺了 50 美元。就這樣，一年後，他竟然在紐約擁有了一間銷售花盆土的不小的店面。

由於他常常走街串巷，他又有一個新的發現：一些商店樓面亮麗而招牌卻很灰暗。一打聽才知道，原來清洗公司只負責洗樓不負責洗招牌。他立即抓住這一機會，買了人字梯、水桶和抹布，迅速辦起一個專門負責擦洗招牌的小型清洗公

司。幾年以後，他的公司已有 150 多個員工，業務也發展到多個城市。

而此時，那個去了華盛頓人正在撿破爛……。

> **感悟：**生活中的每個人往往會遇到可以改變自己命運的機遇，如果抓住它，就可能改變自己未來的人生。但是能否抓住那難得的機遇，最重要的是對它要有一個清楚而正確的認識，也就是說，對機遇認識不同，命運也便隨之而異。
>
> **格言：**只有愚者才等待機會，而智者則造就機會。── ［英國］培根

鑽石就在你家後院

100 多年前，美國費城的一位牧師康惠爾（Russell Conwell）希望籌建一所大學。當時建一所大學大概要花 150 萬美元。

康惠爾四處奔走，在各地演講了五年，懇求大家為出身貧窮但有志於學的年輕人捐錢。出乎意料的是，五年辛苦籌募到的錢還不足 1,000 美元。

康惠爾深感悲傷，情緒低落。當走向教堂準備下個禮拜的演說詞時，低頭沉思的他發現教室周圍的草枯黃得東倒西歪，便問園丁：「為什麼這裡的草長得不如別的教堂周圍的草呢？」

園丁回答說：「我猜想你覺得這地方的草長得不好，主要是因為你把這些草和別的草相比較的緣故。看來，我們常常是看到別人美麗的草地，希望別人的草地就是我們自己的，卻很少去整治自家的草地。」

園丁的一席話使康惠爾恍然大悟。他在新演講稿中寫：我們大家往往是讓時間在等待觀望中白白流逝，卻沒有努力工作，使事情朝著我們希望的方向發展。

康惠爾在演講中講了一個農夫的故事：農夫擁有一塊土地，生活過得很不錯。但是，當他聽說要是有塊土地下埋著鑽石的話，他只要有一塊鑽石就可以富得難以想像。於是，農夫把自己的地賣了，四處尋找可以發現鑽石的地方。農夫走向遙遠的異國他鄉，然而卻從未能發現鑽石。最後，他囊空如洗，在一處海灘自殺身亡。而那個買下農夫土地的人在散步時，無意中發現了一塊異樣的石頭，

他撿起來一看，竟是一塊鑽石。如此，就在農夫賣掉的這塊土地上，新主人發現了從未被人發現的最大的鑽石寶藏。

這個故事是發人深省的，康惠爾寫：財富不是憑奔走四方可以發現的，它只屬於自己去挖掘的人，只屬於依靠自己的土地的人，只屬於相信自己能力的人。

康惠爾做了七年這個「鑽石寶藏」的演講。七年之後，他賺得 800 萬美元，這筆錢大大超出了他想建一所學校的需要。

今天，這所學校矗立在賓夕法尼亞州的費城，這便是著名學府坦普爾大學。

感悟：生活中，有些人總是哀嘆自己生不逢時，機會只屬於別人，而不屬於自己；有些人甚至於拋棄了自己所從事的事業，而去「另闢蹊徑」，尋找發展的機會。其實，只要你善於發現，我們的周圍到處都存在機會，請記住：機會就在你身邊，不必「捨近求遠」。

格言：一個人的幸運在於恰當時間處於恰當的位置。──〔英國〕梅傑

▌垃圾山同樣藏有機遇

彼得是英國一名普通的清潔工，負責管理的一條公路，附近有一個占地近三英畝的垃圾堆積場。隨著城市建設的發展，這個垃圾場漸漸成了一座骯髒不堪的垃圾山。

如何改變這座垃圾山呢？他苦思冥想，但總想不出好的辦法。

有一天，彼得忽然想到：「人人都希望有個漂亮的地方，而我天生愛美，愛創造點美的東西。就讓我在人們棄之不要的垃圾中創造我的美夢吧！」

彼得說做就做，開始在這個垃圾場中建造花園。周圍的人都說他異想天開，但他認為這個垃圾場完全具有建成一個理想的岩石花園的先天條件。

在這塊不平坦的垃圾場的地下，有一股地下泉水注入附近的泰晤士河。地上的小股水流都朝著一個方向匯成一條小溪。他就用碎玻璃、陶瓷片及五顏六色的鵝卵石和石塊為原料，拼成鑲嵌的圖案，打扮起這個地方來。

彼得建造的這座花園包括了許多層次，按照古希臘廳堂的樣式建成的拱廊和

彎曲的通道縱橫交錯，每拐一個彎就迎面給人一種新奇的感覺。巧妙的構思和完美布局，使這些無生命的石塊彷彿充滿了活力。凡參觀過這個垃圾場花園的人，無不驚嘆。

彼得從此迅速出名，從一名最普通的清潔工，搖身一變而成為一名藝術名人，經常應邀到外國去舉辦廢品藝術展覽。

> **感悟：**許多的人從事著平凡的工作，日復一日重複著單調乏味的生活。在這個過程，我們的年華老去，我們的熱情消退。可是有一些人，卻善於從普通的工作中發現機會、創造機會，並具有為理想而打拚的毅力，他們最終借助機遇，成就了一番事業。就如古語所言：「有志者，事竟成。」
>
> **格言：**弱者坐待時機，強者製造時機。——〔法國〕瑪里·居禮

▋條條道路通羅馬

伊爾莎年輕的時候，有一次，父親帶她登上了羅馬一座教堂高高的塔頂。

「往下看看吧，伊爾莎！」父親說。

伊爾莎鼓起勇氣朝腳底看去，只見星羅棋布的村莊環抱著羅馬，如蛛網般交叉彎曲的街道，一條條通往羅馬廣場。

「好好看看吧，孩子，」伊爾莎的父親溫柔地說，「通往廣場的路不只一條。生活也是這樣。假如你發現走這條路達不到目的地，你就走另一條路試試！」

伊爾莎的生活目標是做一名時裝設計師。然而，在向這個目標前進了一小段路之後，她發現此路不通。伊爾莎想起了父親的話，決定換一條路。

伊爾莎來到了巴黎這個全世界的時裝中心。有一天，她碰巧遇到一位朋友，這位朋友穿著一件非常漂亮的毛絨衣，顏色樸素，但編織得極其巧妙。透過朋友介紹，伊爾莎知道編織毛衣的這位太太名叫維黛安，出生在美國。伊爾莎跟她學會了這種針織法。

伊爾莎突然靈機一動，想出了一種更新穎的毛線衣的設計。接著，一個更大

膽的念頭湧進了她的腦中：為什麼不利用父親的商號開一家時裝店，自己設計、製作和出售毛衣呢？

於是，伊爾莎畫了一張黑白蝴蝶花紋的毛線衣設計圖，請維黛安太太先織一件。織好的毛衣漂亮極了。伊爾莎穿上這件毛線衣，參加了一個時裝商人矚目的午宴，結果紐約一家大商場的代表立即訂購了 40 件這樣的毛線衣，並要求兩星期內交貨。伊爾莎愉快地接受了。

然而，維黛安太太說：「編織這麼一件毛線衣，我幾乎要花上整整一星期的時間。兩星期要 40 件？這根本不可能。」

伊爾莎有些沮喪，垂頭喪氣地告辭了。走到半路上，她猛然止步，心想：必定另有出路。這種毛線衣雖然需要特殊技能，但可以肯定，在巴黎，一定還會有別的美國婦女懂得編織的。

伊爾莎連忙趕回維黛安太太家，向她說出了自己的想法。維黛安太太覺得有道理，並表示樂意協助。伊爾莎和維黛安太太好像偵探一樣，調查了住在巴黎的每一位美國人。透過朋友們的輾轉介紹，她們終於找到了 20 位懂得這種特殊針織法的美國婦女。

兩個星期以後，40 件毛線衣按時交貨，從伊爾莎新開的時裝店，裝上了開往美國的貨輪。此後，一條裝滿時裝和香水的河流，從伊爾莎的時裝店裡源源不斷地流出來了。

> **感悟：**成功的方法不僅僅在於堅韌的奮鬥，更應該發揮自己的想像力與創造力，因為成功的道路並不只是一條。一條路行不通，積極、靈活地尋找另一條通往成功的路，才可以將自己立於不敗之地。記住：通往羅馬的路不止一條。同樣，成功的路也是如此。

▌如何緊緊抓住機遇

發現機遇，抓住機遇，利用機遇，這樣的能力需從以下幾個方面來培養和提高。

・認識機遇的價值

身為一個有追求的人，在努力奮鬥的前提下，要經常不斷地提醒自己掌握住機遇的重要性。

而且，要對機遇有個大致設想，一旦機遇出現，就能很快對它產生一個明確的識別。

莎士比亞說：「人間萬物都有個漲潮時刻，如果掌握住潮頭，你就會走向好運。」莎翁的意思是，只要認清了機遇，就等於向好運邁出了第一步。

・相信直覺，敏銳捕捉

直覺是一種對事物的高度敏感，它能夠從容易被人忽略的事物中嗅出機會所在，從而牢牢抓住它。

牛頓看見蘋果從樹上掉下來受到啟發，發現了一條偉大的物理定律。牛頓依靠的是一種直覺 —— 一種對事物本質的模糊反應。但就是因為這個模糊的反應，開啟了牛頓思維的大門。

・對自己充滿自信

人們往往容易缺乏自信，機遇來了仍舊猶豫不決、遲疑不決，缺乏主動性和積極性，結果往往錯失良機，使自己永遠與機遇無緣，因而也就失去了成功的機會。

生活中有不少人，由於自卑和羞怯等方面的原因，在許多可以鍛鍊或展示自己的場合，往往不敢站出來讓自己處於眾人的目光之下，不敢大聲表達自己的意見，不敢帶頭做事。這樣自然就不能獲得幸運女神的鍾愛，無法獲得機會脫穎而出。

・要有無畏的勇氣

機會往往與風險同在。為了抓住機會而冒必要的險，這是需要勇氣的。許多人不是沒有看到機會，但他們缺乏勇氣，機會也就只好去找有勇氣的人了。

・發揮決斷能力，避免錯失良機

在瞬息萬變的社會裡，把握時機，當機立斷，比一天開幾次會議來得實際。雖然綜合眾人的意見，會給你帶來相當的安全感，但眾人參與的計畫，往往不一定是成功的計畫。所以，與其浪費時間在琢磨多種選擇、意見上，不如看準機會，發揮決斷能力，這樣你就會快人一步。

・要認真務實地工作

要抓住機遇，還要特別注意品格的修養。要有不慕虛榮、腳踏實地的敬業精神和生活態度。而這一點往往被許多人忽視。

如果不能認真務實地做好工作，而是一味坐等機遇，那就是可笑的守株待兔了。

抓住機遇，成為超越時代的領先者

1977 年，比爾蓋茲毅然從哈佛大學法學院退學，他頂住了來自各方面的阻力，抓住了千載難逢的機遇，實現了人生的第一次超越。當時，他把全部精力投入到了自己的公司中，努力地追尋自己的夢想。

那時，蓋茲 19 歲。他說：「19 歲的時候，我窺見了未來的曙光，並把自己的事業建立在我所看到的未來之上。時間在慢慢流逝，我的決定終於被證明是正確的。」

蓋茲的第二次超越是在 1980 年搭上 IBM 高速前進的火車。當時，IBM 的兩位執行官訪問了微軟，委託他們為 IBM 的新型個人電腦開發 BASIC 程式語言。

蓋茲勇敢地參與了 IBM 的專案競標，並一舉中標。隨後他到另一家軟體公司，花 5 萬美元買下 Q-DOS 作業系統，並對它進行了修改，以適應 IBM 的需求。蓋茲將它改名為 MS-DOS（微軟碟作業系統），將它以相對較低的價位提供給 IBM。蓋茲以購買 Q-DOS 作業系統所花費的 5 萬美元的代價，打開了通往億萬富翁道路上的大門。

蓋茲的第三次超越是在 1995 年迎接網路的挑戰。

不可否認，蓋茲早期對網路的認識是膚淺的，他未能敏感地認識到這一新事物的巨大前景。正如他自己承認的那樣：「當網路向我們走來的時候，我們僅僅把它放在了第五或第六的位置上……過後我們才意識到網路的高速發展，有著比我們所能意識到的遠更為深刻的現象。」

然而，蓋茲就是蓋茲，當他清楚地意識到了自己的失誤之後，立即果斷地投入到網路的發展中。他對員工說：「要對網路相關的新技術給予最高的優先順序。」他迅速投入數十億美元的研發資金，支援新技術的開發。

如今，儘管蓋茲已經退居二線，而微軟卻一直處在 IT 技術和網路的前沿。

> **感悟：**在人生旅途上，超越時代的人常會成為時代的領頭羊，他們有著非凡的魄力，目光獨到。他們絕不像一般人一樣按部就班地學習、工作，他們以敏銳的眼光，隨時去發現機遇。一旦發現，他們便會義無反顧地抓住機遇，成功也往往相伴而來。
>
> **格言：**才智和勇氣必定滿意地與機遇共用榮譽。──　〔英國〕塞·詹森

機遇屬於那些相信並執著追求的人

李斯·布朗出生在美國邁阿密附近的一個窮苦之家。他說話口齒不清但又說個不停，因此從小學到中學，布朗就被編到專為有學習障礙學生所設的特教班。中學畢業後，他在邁阿密海灘擔任清潔工，但他的夢想卻是成為播報員。

每天晚上，布朗會把晶體管收音機抱上床，收聽當地播報員的演播。他還在自己的小房間裡創造了一個想像的電臺，當他把唱片介紹給假想的聽眾時，梳子就被用來當作麥克風。他沉醉在自己的世界裡編織著夢想。

有一天，布朗在市區除草，利用午餐休息時間大膽地去了當地的電臺。他走進電臺經理的辦公室，告訴經理他想成為音樂節目的播報員，但被拒絕了。

整整一週，布朗每天都去電臺詢問是否有工作機會，最後電臺經理投降了，只好僱布朗當幫手，但沒有薪水。剛開始時，布朗幫助那些不能離開錄音室的播報員拿咖啡或午餐、晚餐，他的工作熱誠贏得了播報員的信任。

在電臺裡和播報員混在一起時，布朗就學他們在控制板上的手勢，盡可能地吸收他所能吸收的，直到播音員要他離開。晚上，他在自己的臥室裡反覆練習，為他深信必將出現的機會作全方位的準備。

一個週末下午，布朗待在電臺裡。一位叫洛可的控制板一邊喝酒、一邊現場播音，除了布朗和洛可外，大樓裡沒有其他人。不久，洛克就口齒不清、不能再繼續廣播下去了。電臺經理很著急，打電話給布朗：「你可以打電話給其他的播報員，讓其中一個過來接手好嗎？」「可以，經理，我一定會的。」

布朗的確打了電話，但他不是打給另一個播報員 —— 他先打給媽媽，然後打給女朋友。他說：「你們全部到外面的走廊去，然後打開收音機，因為我就要現場直播節目了！」

布朗等了約 10 分鐘才打電話給經理，說他找不到任何人。經理無可奈何，就問：「小子，你知道如何操作錄音室的控制裝置……」沒等經理說完，布朗就飛進錄音室，坐在播音臺前，打開了麥克風開關……

這次表現，顯示布朗的播音技能已經到了爐火純青的境界，讓聽眾和他的經理刮目相看。此後布朗就相繼在廣播、演說及電視方面締造了成功的生涯。

> **感悟：**李斯·布朗的成功告訴我們，機會屬於那些相信並執著追求夢想，並勇於抓住機遇的人。機遇稍縱即逝，當機遇來臨時，我們一定要牢牢地抓住。只有能夠在生活中抓住機遇的人，才能成就成功的人生。

▌做好充分準備，機會便不會流失

1975 年，柴契爾當選為保守黨領袖，此後，她就把目標盯在了首相這一職務上了。

當時執政的是英國工黨，工黨面臨著一系列的國內國際問題，如，經濟衰退、失業人數劇增等。

1979 年，英國的貨車司機、火車司機以及公共服務機構的一些員工，因為工黨限制增加薪水的政策而相繼舉行了全國性的罷工。罷工人數很快就達到了

460 多萬。許多工廠停產、港口癱瘓、學校停課、醫院停診，城市的蔬菜開始
缺……。

工黨政府與罷工人員進行的談判毫無進展，民眾對工黨非常不滿，局勢對工
黨非常不利。

在這種情況下，柴契爾夫人覺得自己的時機已經來到。她認為，機不可失，
時不再來，必須抓住這一有利時機，向工黨進攻。所以，她毫不遲疑地對工黨提
出了不信任案。

該項提案很快就獲下議院通過，卡拉漢的工黨政府不得不宣布提前進行
大選。

這一行動給了工黨沉重打擊，降低了它在選民中的威信和影響。而與此相
反，柴契爾夫人的保守黨卻聲名鵲起，贏得了越來越多選民的信任。

5 月 3 日，全國大選，由於柴契爾夫人的班底事先做好了充分的準備，宣傳
有效，綱領受到擁護，結果，它獲得了下議院 635 個席位中的 339 席，獲得多數。

隨後，女王任命柴契爾夫人為英國政府的首相，負責組織內閣，開始行使
權力。

柴契爾不失時機地抓住了打垮對手機會，實現了自己的願望。

> **感悟：**建立一個目標，並積極地為實現這個目標準備，尋找機會，以實
> 現它。要知道，機遇只青睞有準備的頭腦。當機遇來到時，只有有準備
> 的人才能及時抓住它，利用它，成就一番事業。
> **格言：**機會只垂青於那些有準備的頭腦。——〔法國〕巴斯德

▌敢想敢做，就能抓住成功的機會

佩特·絲特勞的例子就是很好的證明。兩年前，佩特·斯特勞在機場等待換
機時，無論她到酒吧喝一杯威士忌酒，還是到期刊室看報紙雜誌，都覺得相當不
便。因為她必須靠拐杖才能行動，而且當時天氣酷熱，令她感到十分不快。此時
她只想好好沖個澡，但這在機場內是辦不到的，除非到飯店或者回家。

好不容易到達目的地之後，她將此事全盤告訴了好友瑪麗安‧威廉與蓋兒‧蒙艾拉，兩人表示同情，並開玩笑地說：「何不為疲倦的旅客提供這類的服務？」

誰知，玩笑過後他們認真起來。

數日後，三人開始著手進行使「機場有活力」的計畫，計畫內容是在機場內設置休閒中心，旅客可在候機時寄放行李，並在一小時之內從事運動、按摩、淋浴等休閒活動。

「開始時，我們以為這個構想毫無特別之處。」佩特‧斯特勞說。但當她們分別打電話到全國的機場飯店、俱樂部，詢問有無提供此種運動設施、休閒及淋浴的旅客服務時，都得到同樣的答案：「沒有，但這個構想很好。」

為了更加確實地了解這個市場，她們分別到紐約、洛杉磯進行調查。

調查結果顯示市場相當廣闊，她們充滿了自信，於是開始籌集資金，並說服他們居住地的達拉斯國際機場的負責人，開設前所未有的「機場休閒中心」。目前已經從美國國內擴展到了全世界。

達拉斯機構的新設施和服務專案受到了旅客的熱情歡迎。隨後，佩特‧斯特勞她們在美國其他都市的機場建立了同樣的中心。

佩特‧斯特勞她們三人因為發展這份事業而成為了富翁，並成為人們稱頌的人物。

> **感悟**：是的，成功並不像想像中的那麼難。正如一位名人所說：「你要信任自己 —— 只要你肯做，你就會做到。每一個人都可以有好的將來 —— 只要他肯敲門、肯嘗試、肯努力！」
>
> **格言**：只要我們願去做，天下就沒有辦不成的事。—— ［美國］傑弗遜

勇於挑戰才有可能抓住機會

1973 年，高中畢業的肯納德開始找工作，他打算從「專業銷售」開始。

一個偶然的機會，肯納德發現了一則招募廣告：一家出版公司的全國銷售經理要在本城待兩天，只為招募一位負責五個州內務書店、百貨公司和零售商的業

務代表。肯納德曾經夢想成為作家或出版家，所以「出版」二字吸引了他。廣告又說，起初月薪 1,600 美元到 2,000 美元，外加傭金、獎金、公務費和公司配車。這一切的待遇都是肯納德所夢寐以求的。

肯納德興致勃勃地去面試時，卻被澆了一盆冷水。那位全國業務經理很客氣地向他解釋，他不是他們要找的人。第一，肯納德太年輕；第二，他沒有工作經驗；第三，他沒上過大學。這份工作是為年齡在 35 ～ 40 歲之間、大學畢業並具有相當豐富經驗的人準備的，高中畢業的小毛頭顯然不適合。況且，這一職位已經有了幾位條件相當的候選人，他打算擇其一而用。

肯納德不願就此甘休，他竭力毛遂自薦，但招募者堅定地認為他沒有資格。

肯納德靈機一動，說：「看，你們這個地區缺商務代表已達六個月了，再缺三個月也不至於要命吧？看看我的主意：讓我做三個月，公司只負擔公務費，我不要薪水，還開我自己的車。如果我向你證明勝任這份工作，你再以半薪僱我三個月，不過我要全額傭金和獎金，還得給我配車。如果這三個月我能夠勝任這份工作，你就以正常條件錄用我。」

這樣，肯納德被錄用了。在很短的時間裡，他重組了銷售流程，創下了三項紀錄：短期內在困難重重的地區扭轉乾坤；三個月內，讓更多新客戶的產品擺滿他們的整個攤位；爭取到新的、非書店連鎖的大公司等等。

三個月後，肯納德被以正常條件錄用了。

> **感悟：**機會來臨時，常伴有許多困難。面對困難，只有勇於挑戰的人，才有可能抓住機會，才有可能成功。不要害怕失敗，要勇於挑戰。
> **格言：**機遇和勇氣是一個不可分割的整體。──〔義大利〕維吉爾

▌抓住時機，適度冒險

約翰・甘布士最初是一家紡織廠的小技師。當時，他所在的地區發生了經濟危機，不少工廠和商店紛紛倒閉，被迫賤價拋售自己堆積如山的存貨，價錢低到一美元可以買到 100 雙襪子。

甘布士體認到這是一次不可多得的商機，他馬上把自己積蓄的錢用於收購低價貨物。人們見到他這股傻勁，都嘲笑他是十足的蠢材。

　　甘布士對別人的嘲笑漠然置之，依舊收購工廠和商店拋售的貨物，並租了很大的貨倉來貯貨。

　　存貨越來越多，妻子也有些沉不住氣了，她勸甘布士不要再冒險，否則將血本無歸。但甘布士依然故我，只是遺憾自己沒有更多的資金進貨。

　　十多天後，賤價拋售也找不到買主了，貨主便把所有存貨用車運走燒掉了事。事情的發展讓人膽戰心驚，此時，甘布士雖然內外交困，卻依然不為所動。

　　終於，美國政府採取了緊急行動，穩定物價，並且大力支持廠商複業。這時，該地區因焚燒的貨物過多，存貨極缺，物價一天天飛漲。甘布士馬上決定把自己庫存的大量貨物拋售出去。

　　在決定拋售貨物時，妻子又勸丈夫暫時不急出售貨物，因為物價還在一天一天飛漲。甘布士卻平靜地說：「是拋售的時候了，再拖延一段時間，就會後悔莫及。」

　　果然，甘布士的存貨剛剛售完，物價便跌了下來。

　　後來，甘布士用這筆賺來的錢，開設了五家百貨商店，業務由此發達，最終成為了全美舉足輕重的商業巨頭。

> **感悟：**如果總是要等到十拿九穩的時候才去做決定，那麼就可能錯失良機，或者永遠停滯不前。事業上的成功，常常屬於那些勇於抓住時機、適度冒險的人。
>
> **格言：**機會來的時候像閃電一般短促，全靠你不假思索的利用。——〔法國〕巴爾札克

▍人是需要一點冒險精神的

　　日本東京有一家叫「大都」的不動產公司，這家公司是主人渡邊正雄45歲的時候才創立的。

創立之初，公司僅有 20 平方公尺的平房，規模小得不能再小了。而渡邊的年齡對於創業者而言又稍嫌大了。但「大」老闆卻信心十足地要把他的小公司也做大。

一天，有人向渡邊推銷土地：「那須（地名）有幾百萬平方公尺的高原地，價錢非常便宜，每平方公尺只售 60 日元。」

那須的這塊山地曾向東京所有的地產商兜售過，但誰也不感興趣，因為那裡人跡罕至，沒有道路，沒有自來水，也沒有電氣等公共設施，不動產價值被認為等於零。

可是渡邊卻十分有興趣，因為他知道，那須與天皇御用地鄰接，住在這裡可能會讓人感覺到自己與天皇是鄰居，能滿足人的自尊心的需要。同時，城裡已是人滿為患，人們渴望回歸大自然將是不可遏止的潮流，近郊正是人們最需要的。

渡邊毫不猶豫拿出全部財產，又傾其全力大量借債，將這塊土地全部買了下來。訂約之後，同行中的好心者都說「你這險冒得太大了」，有些人則直嘲笑他是「一個無可救藥的大傻瓜」。

渡邊把土地細分為道路、公園、農園和建築用地，並準備先建 100 戶別墅和大型的出租民房。

隨後，渡邊開始大做廣告，出售別墅和農園用地。他的廣告醒目、生動，充分抓住那裡青山綠水、白雲果樹的特色，因應了都市人們厭惡噪音和汙染、嚮往大自然的心理。

結果，訂購踴躍至極。不到一年，幾百萬平方公尺的房地產就全部售出，淨賺了 20 多億日元，而剩下的 30 多萬平方公尺土地已增值了數倍。

感悟：人是需要一點冒險精神的，這裡的冒險，不是魯莽，不是衝動，而是理智地去行動。做一件事，沒有冒險精神，躡手躡腳不敢前進，是不會成功的。一個人在自己所從事的產業裡，如果不能有獨立的思想、獨到的見解、果斷的行動，那他就不可能有出頭的時候。
格言：不敢勇於承擔風險的人是不會成功的。——〔英國〕大衛‧斯蒂爾

▌尊重每一個人會帶來機遇

強生公司的業務員經常前往一家藥品雜貨店。每次去總會先跟櫃檯賣飲料的男孩打過招呼，再寒暄幾句才去見店主。

有一天，店主突然告訴他今後不用再來了，他不想再買強生公司的產品了。這個業務員只好離開了。

這位業務員開著車子在鎮上轉了很久，百思不得其解，最後他決定再回到店裡，把情況搞清楚。

走進店裡的時候，他照常和櫃檯上的賣飲料的男孩打招呼，然後到裡面去見店主。

店主見到他很高興，笑著歡迎他回來，並且比平常多訂了一倍的貨。

業務員十分驚訝，店主指著櫃檯上那個賣飲料的男孩對他說：

「在你離開店鋪以後，賣飲料的男孩走過來告訴我，你是到店裡來的人當中唯一會和他打招呼的人。他告訴我，如果有什麼人值得與其做生意的話，那人就應該是你。」

從此，店主成了這個推銷員最好的客戶。

> **感悟**：人都希望得到別人的尊重，見面時一聲招呼、一個微笑，傳遞的是對對方的尊重，這樣簡單的事情，人人都能做到，卻不是人人都能做好。尊重每一個人，有時會帶來意想不到的效果。
>
> **格言**：別以為命運能支配一切，美德的力量可以使他俯首帖耳。——〔英國〕伊莉莎白一世

▌把機遇和個人能力結合起來

凱勒是某大學的法語教師。他從小就沉浸在一種想法中：總有一天他要創辦書社。

懷著這樣一種強烈的願望，他很快就抓住了一個機會。這個機會在我們大家

看來似乎微不足道，以致我們大多數人都會不屑一顧。

一天，凱勒看到一個外國人拿著地圖不知所措。一問，原來他不懂英語，只懂法語，所以根本看不懂英文地圖。

凱勒立刻意識到這裡有一個機會。他推斷：如果把地圖上相應的位置加上法語和其他語言的標注，這種地圖的價值就可以大大提高。

於是，凱勒找到出版這種地圖的出版公司，向公司經理說明自己的想法。

這位經理非常讚賞，立即說：

「如果你能把我們公司的每種地圖都附上相應的法文注解，我會每種付給你1,000 美元。我這裡可是有幾百種地圖噢！」

如此，凱勒最早的一筆寫作任務誕生了。

此後，凱勒的翻譯需要量與日俱增，以致他得請人幫忙。於是，他請了他的同事。

不久，他自己的書社成立了。

> **感悟：** 機遇處處有，最重要的是在抓住機遇的同時，更好地與自己的個人能力結合起來，利用機遇提升自己。
> **格言：** 機會不是我們的能力所能左右的，要的就是隨機應變。機會來臨時，我們必須盡全力利用好它。 ── ［美國］傑·泰勒

發掘普通事物的價值

週末，湯姆森一家一起到泰國著名的梅林海灘去旅遊。擠上火車，轉乘汽車，一路風塵僕僕。到達目的地，也不過是日光浴、喝飲料、看風景、划小船而已。然後，又一路風塵僕僕地返回家中。

玩了幾個小時，路上卻花費了十幾小時。這樣的旅遊未免顯得單調而枯燥。湯姆森想，能不能讓旅客「一路旅行一路樂」呢？

經過一番計劃，湯姆森在通往梅林海灘的中途，買下一片土地，創辦了一座

大型的遊樂園。

這座遊樂園依託原有野地的風光，依山傍水，又布置巧妙，造噴泉，挖小溪，植花樹。整個遊樂園空氣清新，陸地樹木鬱鬱蔥蔥，湖池碧波蕩漾，環境十分優美。最使人感到新奇而有趣的，是他購買了許多天然珠寶，金戒指、人工寶石、化石等奇珍異物藏匿於樂園的花叢、蘆葦、草木之中，讓遊客透過新奇的探險去尋找，從中激發生命活力，增添無限樂趣。

果然，湯姆森的遊樂園第一天開張，就吸引了大批客人進園，玩賞的玩賞，覓寶的覓寶。

湯姆森深諳商業心理學，派出許多攝影師跟蹤採訪，將旅客覓得珠寶而欣喜若狂的鏡頭及時拍下來，並把這些照片懸掛在樂園門口或推上電視廣告。如此一來，遊樂園的營業額便扶搖直上。由於這裡是去梅林海灘的必經之地，儘管每張入場券售價 800 元，還是每天萬人空巷。

如今，湯姆森的遊樂園已經成為泰國旅遊界一大奇觀。

> **感悟：**在我們司空見慣的普通事物中，常常隱藏著巨大的商機。但多數人都淡然處之，不思索或思索後也不付諸行動。只有那些獨具匠心的人才善於發現，並加以利用，從而從普通事物中發掘出商業價值。
> **格言：**機遇像一塊粗糙的石頭，只有在雕刻家手中才能獲得新生。──［德國］席勒

▎機會隱藏在平凡的工作之中

有一天，國際潛能大師拿破崙·希爾站在一家商店的櫃檯前，和受僱於這家商店的一個年輕人聊天。

年輕人告訴拿破崙·希爾，他在這家商店服務已經四年了，但由於這家商店的「短視」，他的服務並未受到店方的賞識，因此，他目前正在尋找其他工作，準備跳槽。

在他們談話中間，有一位顧客走進了這家商店，他告訴這位年輕的店員，自

己想看一些帽子。

這位年輕店員對這名顧客的請求置之不理，一直繼續和拿破崙·希爾談話。顧客已經顯現出不耐煩的神情，但他還是不理睬顧客。

最後，店員把話說完了，這才轉身向那名顧客說：「這裡不是帽子專櫃。」

那名顧客又問：「帽子專櫃在什麼地方？」

這位年輕人回答說：「你去問那邊的管理員好了，他會告訴你怎麼找到帽子專櫃。」

拿破崙·希爾說：「你可以立刻去詢問你所遇見的任意十個人，問他們為什麼不能在他們所從事的產業中獲得更大的成就，這十個人當中，至少有九個人會告訴你，他們並未獲得好機會。」

不過，拿破崙·希爾並不認為這些人未曾受到機遇的垂青，而是相反。他說：「你可以觀察他們一整天的行為，以便進一步的正確分析這個人。我敢保證，你會發現，他們在這一天的每個小時當中，正不知不覺地把自動來到他們面前的良好機會推掉。」

> **感悟：**真正的機會，經常隱藏在看上去並不重要的生活瑣事及平凡的工作之中，關鍵是人們是否能及時發現並很好地利用它。因此，盡力做好力所能及的每一件工作，這遠比徒勞地抱怨有意義。
>
> **格言：**機會無所不在。要隨時撒下釣鉤，魚兒常在你最意料不到的地方游動。──　［古羅馬］奧維德

▌敬業才有事業

弗雷德是美國聯合快遞公司的一名普通郵差，負責為社區住戶收、送信件。他聽說社區內居住著一位職業演說家 ── 桑布恩先生。這位桑先生一年有 160 ～ 200 天旅行在外，於是他向桑先生索要一份他的全年行程表。

桑先生感到疑惑不解。弗雷德解釋說：「我了解了您的在外旅行時間，就可以在您不在家時，暫時代為保管您的信件，等您回來再送過來。」

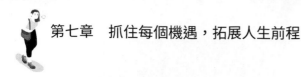

桑先生回答：「沒必要這麼麻煩，把信放進信箱就好了，我回來再取也是一樣的。」

弗雷德解釋說：「竊賊經常會窺探住戶的郵箱，如果發現是滿的，就表明主人不在家，那住戶就可能遭受損害了。」

弗雷德想了想，又接著說：「這樣吧，只要郵箱的蓋子還能蓋上，我就把信放到裡面。如果郵箱滿了，我就把信件擱在房門和屏柵門之間。如果那裡也放滿了，我把其他的信留著，等您回來。」

聽了他周密的安排後，桑先生欣然同意了。

兩週後，桑布恩出差回來，一眼發現門口的鞋墊跑到了門廊的角落裡，下面還遮著個什麼東西。他走近拿起鞋墊，發現下面有個包裹，上面還有張紙條。

原來，在桑布恩出差期間，美國聯合快遞公司把他的包裹投到別人家了。弗雷德看到桑布恩的包裹送錯了地方，就把它撿起來，送回桑布恩的住處藏好，還在上面留了張紙條，並費心地用鞋墊把它遮住，以避人耳目。

弗雷德的敬業精神和人性化服務，為公司創造了一種無形價值。美國聯合快遞公司正是因為擁有一批弗雷德式的員工，因而才使得公司在市場的激烈競爭中立於不敗之地。

> **感悟：**一個人在工作中能不能做得出色，是否能做出成績，關鍵取決於是否有敬業精神。只有具備了這種可貴的精神，才能開拓出一片事業的天地，才能成就輝煌的人生。
>
> **格言：**一個人如果對自己的職業堅信不疑，如果不心懷二志，他的心裡就只知道有這個職業，只承認這個職業，也只尊重這個職業。——〔德國〕湯瑪斯‧曼

▍處女地才有大收穫

1980 年代，英國牛津大學物理系博士邁克在工作時，曾有公司請他推薦一些物理專家。

由此，他做了一些調查，發現市場上出租產業十分興旺，有出租房屋的、有出租服裝的、有出租計程車輛的、有出租警衛的，幾乎無所不包。

邁克想，出租人才的業務尚未出現，如果我能辦一家這樣的出租公司，那些需要我推薦專家的公司就可以解決問題了，我還能從中賺錢呢！

邁克決定成立一家人才出租公司，名叫「人才支援公司」。他在倫敦租了一間辦公室，然後在報紙刊登出一則廣告，廣告詞是這樣的：「本公司徵求和出租各種專業人才，服務時間長短均可，條件優厚，歡迎惠顧。」

廣告刊登之後，很多專家看到這則廣告後紛紛到「人才支援公司」應徵，有工作的人願意在業餘時間做些「出租」兼職工作，失業者則希望做長期的「出租」工作。

邁克將應徵者的情況逐一詳細登記，並告訴他們等待聘請通知。

那些需要專業人才的企業，看見這則廣告後，也踴躍前來租用專業人員，邁克則從中進行恰當的調配和安排，使雙方各得所需。這項業務很快就拓展開來。

邁克對於「出租人才」業務的判斷準確無誤，「人才支援公司」迅速發展。如今，它已招攬了六萬名各類人才，他們中有化學、生物、電器、環保各類專家等。

這些專業人員既實現了施展才華的抱負，又增加了收入。當然，邁克也迅速致富了。

> **感悟**：年輕人剛開始創業時，如果跟在別人屁股後面跑，在已趨飽和的市場分一杯羹，就不會有什麼大的成就。只有主動開拓新的商業領域，開出一片處女地來，才有可能迅速成功，短期內獲得較大成就。
>
> **格言**：每一代人各有其命運，有些靠歷史決定命運，至於我們這一代，命運必須由我們自己來選擇。── ［美國］林登‧詹森

▍積極挑戰未知，改變現狀

　　一位年輕人從父親手中接管了珠寶行。他的父親是一位出色的珠寶商，他接手時，珠寶行已經初具規模，並開有多家分店。

　　年輕人以為憑藉著父親的遺傳和從小的耳濡目染，打理珠寶生意應該是很容易的事。可後來由於多次投資失誤——他看好並花大價錢購進的珠寶總得不到顧客的青睞——最終珠寶店的生意大不如前。最後，他只好把珠寶店賣掉了。

　　年輕人分析了自己失敗的原因，認為自己的鑒定能力太差了，而且珠寶占用的資金也太多，風險太大。因此，他決定開一家服裝店。一年之後，他又失敗了。

　　賣掉服裝店之後，年輕人又接連嘗試了飯店、印刷廠、造紙廠等等，而且無一例外地都失敗了。

　　一次次嘗試和一次次失敗之後，他已經到了垂暮之年。盤點了自己的所有財產之後，他發現自己所擁有的錢，只夠到郊外買一塊墓地。第二天，他便選好了一塊地作為自己死後的居所。

　　就在他辦好土地所有權手續的第五天，奇蹟發生了：他所在的城市公布了即將建設環城公路的決定，他買下的墓地正處於環城公路的一個出口處，地價迅速飆升，很快就翻了十倍。他把那塊土地出手後，又低價買進了幾塊在他看來很有潛力的土地，沒過多久這些土地又開始升值。

　　嘗試了那麼多領域的他，終於在垂暮之年找到了最適合自己的位置，沒過幾年就成了城裡最大的地產商。

> **感悟：**積極挑戰未知是一個人成長和走向成熟的關鍵。在探索未知的過程中，我們可以學到很多有用的知識，累積起寶貴的人生經驗，而這些都是一個人在社會上立足和不斷成長的資本。如果只在自己已經熟悉的領域，老老實實地生活與工作，難免會讓我們侷促一隅，耽擱了更多的精彩。
>
> **格言：**一個把握眼前機會的人，十有八九可以成功；但是一個自己創造機會的人，卻鐵定不可能失敗。——　［美國］戴爾·卡內基

勇於創新，才能使自己脫穎而出

有個人在一家大公司做會計。公司業務很忙，行程緊湊，往往是上午對方的貨剛發出來，中午帳單就傳真過來了，隨後就是快寄過來的發票、運單等。他的桌子上總是堆滿了各種討債單。

討債單太多了，都是千篇一律地要錢，他常常不知該先付誰的好。經理也一樣，總是大概看一眼就扔在桌上，說：「你看著辦吧。」但有一次，經理卻說：「付給他。」

那是一張從巴西傳真來的帳單，除了列明貨物的價格、金額外，大面積的空白處寫著一個大大的「SOS」，旁邊還畫了一個頭像，頭像正在滴著眼淚，線條簡單，但很生動。這張不同凡響的帳單一下子引起了經理的重視，他看了便說：「人家都流淚了，以最快的方式付給他吧。」

麥當勞鼓勵公司員工和特許經營者的創新行為，大膽進行各種改革和嘗試。他們認為，沒有什麼想法是不值得一試的。在這種幾十年如一日的創新活動中，雖然也經歷了無數次的失敗，但麥當勞公司在實現食品加工和物流現代化等方面，卻取得了無與倫比的功績，麥當勞的形象已經遍及世界各地。

特許經營商盧·格羅恩在辛辛那提市一個羅馬天主教徒比較集中的地區開有一家速食店。他試著推出了一種魚片三明治，結果銷售量大增。後來這一品種成了各分店菜單上的固定品項，名字就叫「魚片」，從而突破了麥當勞公司漢堡包、法式炸薯條和飲料的一貫品項範圍。

匹茲堡的特許經營商傑姆·德利加蒂發現附近一家速食店出售一種大個的漢堡包，生意興隆，吸引走不少顧客。於是他在芝麻餅中夾進兩份牛肉餡、幾片萵苣和一些蔥花、乳酪，外加少許特別果醬，做成了味足量大、營養全面的巨型漢堡包，突破了麥當勞公司以前訂下的標準：肉餡必須是 16 盎司，小麵包直徑必須是 35 寸。銷售量果然可觀增加。後來麥當勞公司全盤採用這種制式，取名為「巨無霸」，很快成為各分店的頭號暢銷品項。

感悟：創新是成功者的第一特質，墨守成規則是成功的瓶頸。一項調查顯示，成功者必須具備的特徵是：創新精神、勇於標新立異、熱愛所從

> 事的工作、漠視財富的累積、有較強的學習能力、樂於面對挑戰和對知
> 識的不斷更新。
>
> **格言：**如果你要成功，你應該朝新的道路前進，不要跟隨被踩爛了的成
> 功之路。── ［美國］洛克斐勒

▌創意贏得機會和成功

一天，拿破崙·希爾接到一位年輕人的來信，他剛從商學院畢業，希望到希爾的辦公室工作。信中還夾了一張嶄新的 10 元新鈔。信是這樣寫的：

「我剛剛從一家一流的商學院畢業，希望能到您的辦公室服務，因為能夠幸運地在您的指揮下從事工作實在太有價值了。隨函附上的 10 元鈔票，足以償付您給我的第一週指示所花的時間，我希望您能收下這張鈔票。在第一個月裡，我願意免費為您工作，然後，您可以根據我的表現而決定我的薪水。我希望能獲得這份工作，我願意為此作任何合理的犧牲。」

這位年輕人終於進入拿破崙·希爾的辦公室。在他第一個月即將屆滿前，一家人壽保險公司的總裁知道了這件事，立即請他去當自己的私人祕書，薪水相當高。而最後，這位年輕人成了世界上最大的一家人壽保險公司的高級管理人員。

> **感悟：**知識經濟時代是一個以創新為主旋律的時代，創意在這樣的時代最富有價值。這裡的創意，絕不僅是設計出幾款新產品或設計出幾種新圖樣，而是滲透於生活和工作的方方面面。就個人而言，創意意味著一個人的潛力和價值。

▌善於創新，是成大事的祕訣

克勞斯是天生的生意人，在賓夕法尼亞大學就讀時，他就在宿舍裡做起了霜淇淋。不久，同校的兩個夥伴也加入了。克勞斯賣掉債券，拿出所有積蓄，和兩個夥伴合夥開辦了一家公司。

　　經過市場調查，克勞斯發現，霜淇淋的口味已經 20 年沒有變化，他敏銳地察覺到，這為他們創業提供了一個很好的空間。

　　他採納了啤酒商薩繆爾·亞當斯的建議，使用啤酒釀造技術製作口味奇特的霜淇淋。他與當地的乳酪廠聯繫，由他們提供特製的乳酪。

　　由於口味的創新，這家小型霜淇淋公司很快就吸引了風險投資。結果，新產品一上市就供不應求。它的風味很快就成為一種飲食時尚，風行世界。

　　克勞斯的美國傑瑞米霜淇淋公司生產的口味獨特的超級霜淇淋，在 1999 年銷售額達 500 萬美元。

> **感悟**：成大事最重要的祕訣之一就是善於創新。創新需要以一定的知識為基礎，但僅有知識是遠遠不夠的，知識只有在大腦的利用下才能夠創造價值。只有那些善於開拓創新，善於創造社會價值的人才能夠成就大事。

▋ 獨具慧眼，找準「冷門」

　　霍夫曼高中畢業後在一家印刷廠工作，三年後，他自己在密西根州開了一家小印刷廠。當時，大的印刷廠壟斷了市場，他這樣的小印廠很難生存。

　　正在他打算另謀出路時，有一家小出版社向他訂了 1,000 美元的精品圖書包裝袋。這筆小生意啟發了他的經營思路。他借此機會，到處去調查圖書的市場，發現這是個「被人遺忘的角落」，偌大的圖書市場，竟然沒有一家專做包裝的廠商。

　　霍夫曼認為，既然大家都不屑一顧，沒人願意去做，那麼由我先下手來填補這個「縫隙」，在沒有對手競爭的情況下一定大有可為。就這樣，他乘虛而入，搶先進入了這一行。

　　因為沒有人競爭，他的公司利潤豐厚。隨著時髦、豪華、精裝書籍的增加，沒多久他就輕而易舉地坐上美國圖書包裝袋界的第一把交椅。

> **感悟：**創業之初，要與強大的同行競爭，小企業往往會落敗。而若能找到產業中的「冷門」，做別人不屑做或沒想到做的事，往往容易成功一些。這需要一雙慧眼，更需要創新的精神。

▌走自己的路，努力做好

30 年前，痴迷麵包的巴黎青年波廉從父親手中接下麵包店，他決定不做新口味的麵包，而是找回幾乎被人們遺忘的老口味麵包。

在兩位學生的協助下，波廉花了兩年時間，登門求教了一萬多個老烘焙師傅。這期間，他共嚐了 75 種從未吃過的麵包；同時，他還收集了兩千多冊有關麵包的書籍，悉心閱讀。經過此番仔細研究，波廉發現以前的法國麵包是黑麵包，而不是如今人們所熟悉的白麵包。

原來在法國，傳統的黑麵包一向是普通人家吃的，但在二次大戰後，來自外地的白麵包因為象徵著富有及自由，很快成了新寵，黑麵包自此幾乎銷聲匿跡了。有了這一研究結果，波廉很快將全部精力投入復古味的黑麵包中。

隨著波廉烘烤麵包的手藝越來越精湛，他的黑麵包也擁有了越來越多的顧客，從巴黎到全法國再到世界各地，波廉的黑麵包受到了熱烈的歡迎。

儘管波廉的黑麵包擁有如此眾多的顧客，但他並沒有打算在全球各地開設分店，原因很簡單，因為各地的條件不同，不一定能夠生產出正宗的黑麵包。

為了在最短的時間裡將黑麵包送到世界各地的顧客手中，波廉將麵包廠設在巴黎機場附近，然後依靠機場旁的聯邦快遞轉運中心，及時將麵包運送出去。

顧客滿天下的波廉，除了精心烘烤麵包，還將他對麵包的研究過程及心得寫成了一本書，這本書至今仍是法國各地烹飪學校的必備教科書之一。

就這樣，憑藉著不為人所看好的黑麵包，波廉成就了自己輝煌的人生。

> **感悟：**沒有人不渴望成就一番偉大的事業，我們把目標訂得很高，那些卑微的工作很少有人放在眼裡。我們嘆息自己時運不濟，但我們卻很少問自己，自己真的努力過嗎？走自己的路，全心全意的熱愛，持之以恆的努力，成功就會不期而遇。

經營自己的特色

美國德克薩斯州的「東方咖啡」飯店是由多爾茜‧馬格和伊蓮娜‧馬丁兩位女士聯合開辦的。開業之後,由於沒有什麼特色,顧客不多,飯店面臨倒閉。

後來,她們覺得店後那個大花園與其閒置著,倒不如開發成菜園,以自產的新鮮蔬菜來吸引顧客,也許生意會有所改變。

於是,她們聘請貝蒂‧佩雷茲女士來改造花園。有 13 年菜園工作經驗的貝蒂做得很出色,沒多久,飯店花園就變成了一座菜、果、花三合一的綜合園。各種蔬菜、果樹、花草相互間種,布置得很美觀,既可食用,又可觀賞。菜園的四角種了果樹,園中有馬鈴薯、南瓜、菠菜、萵苣、洋蔥、韭菜,還有薄荷、茴香、百里香、萬壽菊等花和草藥。

《德克薩斯》月刊很快介紹了這家十分具特色的飯店:「夏夜,遠處螢火蟲在跳舞,人們在花園裡乘涼,邊品嘗著佳餚,每一口都有不同的植物味,每一盤都是園中物⋯⋯」

顧客到了這裡,不僅可以吃到剛從飯店菜花園裡採摘來的新鮮蔬菜、水果,而且也可以到菜花園裡去散步、聊天,觀賞菜盤中食物是怎樣生長的,採摘園中的果蔬來品嘗。

「在別的飯店吃南瓜,卻不知南瓜是什麼樣子;吃茄子,不知道茄子有多大。到我們飯店可以邊吃邊看,十分有趣。」

由於主要靠自己園中的蔬菜供應顧客,「東方咖啡」飯店可以不受市場上菜價猛漲的影響,蔬菜物美價廉,而且新鮮、味道好。因而顧客越來越多,生意越做越好,店裡的利潤也越來越可觀。

> **感悟**:這個社會,崇尚個性,注重特色。如果大多公司經營的產品雷同,便不會吸引太多顧客,因為顧客會分流。努力創新,經營自己的特色,不僅能讓自己立於不敗之地,而且多了一個戰勝對手的武器。
>
> **格言**:只有努力創新的商店,才會有前途。墨守成規或一味模仿他人,到最後一定會失敗。 ——〔日本〕松下幸之助

▌堅持與果決摘得「王冠」

1934 年，美國經濟處在大蕭條的困境之中，旅館業嚴重衰退。已有 8 家旅館的希爾頓（Conrad Hilton）處處節約，日夜奔波忙碌，但仍然虧本，經濟十分困難。有一次，他想出門坐車，但無錢付車費。正趕為難之際，是一位年輕的侍者給了他一點錢。

正是在這些好心人的幫助和激勵下，希爾頓度過了最困難的時期，繼續擴大經營他的旅館業。

一天，他在雜誌上見到一幅照片，是紐約的一幢豪華旅館亞斯陀利亞。他被這頂規模宏大、裝飾華麗的「王冠」吸引住了，悄悄地把照片撕下來裝進了口袋。

1939 年春天，希爾頓又買下好幾家旅館，並破土興建了幾家新旅館，但他對亞斯陀利亞仍然念念不忘。

1943 年春天，希爾頓來到紐約，開始接觸亞斯陀利亞。他眼明手快，先買下了羅斯福旅館做墊腳石。10 月，他又以 740 萬美元買下了雅致精巧的樸來莎旅館。

從 1944 年到 1947 年，希爾頓先後收回了史蒂文生旅館，買下了芝加哥的巴爾莫大廈和華盛頓的五月花旅館，他在一步一步向目標接近。

坐落在紐約市派克大道上的亞斯陀利亞旅館是世界名人朝拜的聖地，是上層貴族的高級住所，是紐約的高級社交中心，也是許多人夢寐以求的地方。而傾慕亞斯陀利亞的也不止一家。

希爾頓碰上了強硬的競爭對手，但他認為時機已到，不能再等。在董事會還沒有對購買亞斯陀利亞表態時，他決定用自己的錢先買下來。他請教了華爾街的一位行家。在交易所的幫助下，他買下亞斯陀利亞公司的 25 萬股，每股 12 美元。經許多周折，希爾頓最後以 700 萬美元獲得了亞斯陀利亞的控股權，只剩下 300 萬美元現款還沒付清。

董事會見希爾頓已經下了決心，便同意希爾頓公司參加承購集團，好幾家大公司也答應為希爾頓提供資金。

1947 年 10 月 12 日，希爾頓終於買下了亞斯陀利亞。

希爾頓從看上亞斯陀利亞這位「王冠」到最後得到它，整整用了 18 年的時間。他終於登上了美國旅館業的王座，成為真正的「旅館業大王」了。

> **感悟**：從時間上來說，堅持和果決是相對的：堅持要耐久，果決當及時，要進步，要成功，這兩個方面都需要：直道要堅持耐久，轉彎要及時調整；決定、決策要及時果決，努力實現要始終堅持。

▌放棄有時意味著重新選擇

朱莉亞是一家國際知名公司的客戶部經理，這本是一份令人十分羨慕的工作，然而她卻想要辭掉。考慮了整整三個月的時間，朱莉亞終於向公司遞交了辭呈。

親朋好友和同事都感到非常詫異，他們有人羨慕，說她勇於放棄；有人惋惜，說她再等等就可以升遷為小老闆，怎麼能放棄？然而朱莉亞卻說：「我相信只有做我真正喜歡的事情才能長久，才能做得最好，請你們支持我！」

朱莉亞辭職並不是一時衝動。儘管在公司她已是高級主管，但終究不是自己最喜歡的事情。她想創辦自己的公司，她渴望的是為自己做事，這更能體現她的價值！

辭職後的朱莉亞開了一家形象設計公司。公司開創後，她便全心全意在公司的運作上，很快贏得了大量的客戶。正在公司高速發展的時候，一個偶然的機會給朱麗亞帶來了靈感。

一次，她參加一個朋友的婚禮，認識了一個公司的老闆。那位老闆隨手拿出了公司的員工合影，朱莉亞忽然覺得那是一種整體的美，員工們的表情是那麼的自信和燦爛。

原來，世界 500 強公司裡幾乎都設置有一個新的高層職位 —— CDO，主管企業的整體形象設計。而一些尚未設立此職位的公司，也會把這項業務交給專業的公司來做，這是企業文化不可缺少的部分。

朱莉亞眼睛一亮，立即看到了公司發展的方向：公司可以在原有個人整體

形象設計的基礎上，大力強化企業員工整體形象的設計。這可是一個潛在的大市場啊。

　　想到就做！朱莉亞聘請了很多實力雄厚、經驗豐富的設計師和諮商專家，大力拓展新的業務，最終，她順利地叩開了成功的大門。

> **感悟：**千萬不要把放棄現有的一切看成一件簡單甚至無關緊要的事，有時放棄比選擇更難、更重要。如果放棄意味著再選擇，何不果斷放棄。只有懂得放棄、勇於放棄、果斷放棄，才會把握住機會，獲得更大的成功。
>
> **格言：**一個人要成大器，有所作為，就得善於放棄許多東西。—— ［德國］黑塞

第八章　激揚頭腦風暴，發掘事業天地

　　人有最寶貴的東西──智慧，創造一切的智慧。還有自由馳騁的思維，寬闊無比的想像。整個宇宙都在人的思維活動裡，要揭開所有的祕密。

▋思考能力是一切智慧的開端

　　第二次世界大戰期間，某個明月高懸的夜晚，一艘美國驅逐艦停泊在某國的港灣。

　　一名巡邏的士兵看到一個烏黑的大東西在不遠的水上浮動著，他止步不前。他驚駭地看出那是一枚觸發水雷，可能是從一處雷區脫離出來的，正隨著退潮慢慢向著艦身中央漂來。

　　士兵馬上抓起艦內通訊電話機，通知了值日官。值日官馬上快步跑來，隨後很快通知了艦長，並且發出了全艦戒備的訊號，全艦頓時緊張起來。

　　官兵們知道水雷一旦接觸艦身，發生爆炸，後果不堪設想。他們愕然地注視著那枚慢慢漂近的水雷，每個人都在考慮對策。

　　官兵們七嘴八舌提出各種辦法。有的說該起錨走，但不行，沒有足夠時間；有的說發動引擎使水雷漂移開，但不行，因為螺旋轉動只會使水雷更快地漂向艦身；有的說以槍炮引發水雷，但也不行，因為那是一枚觸發水雷，同時也沒有時間去拆下水雷的雷管。

　　怎麼辦？時間一分一秒過去了，氣氛緊張到了極點。

　　突然，一名一直沒有說話的水兵大喊：「把消防水管拿來！」

　　官兵們立即醒悟：這個辦法必將奏效。他們向艦艇和水雷之間的海上噴水，製造了一條水流，把水雷帶向遠方，然後再用艦炮引爆了水雷。

　　一場危機就這樣被一個冷靜的水兵化解了。

> **感悟：**在突發事件面前，毫無準備的人常會驚慌失措，以致使事情更糟糕，最後悲劇便不可避免。只有那些善於冷靜思考的人，才能想出確實可行的辦法。只有冷靜，才能集中注意力，才能正確思考。
>
> **格言：**思想走在行動之前，就像閃電走在雷鳴之前一樣。──〔德國〕海涅

▌善於思考才是真正的力量

1978 年，生活在日本北海道的一位名叫龍太郎的窮詩人，他的詩總是沒有多少人欣賞，即使賣了出去也得不到幾日元。因此，他一日三餐都難以維持，寫詩的工具僅有幾頁稿紙及一支削得短短的鉛筆。

有一天，龍太郎正專心致志地寫詩，要修改時卻找不到橡皮擦。好不容易找到一塊擦去了需要修改的詩後，卻又不知道把鉛筆放到何處了。他找得滿頭大汗還未找到，很是惱怒。

冷靜下來之後，龍太郎從中吸取教訓，把橡皮擦與鉛筆用絲線縛在一起，這樣可以避免兩者分離難找。但這種方法並不理想，使用一會橡皮擦就掉了下來，很不方便。

龍太郎決心弄好這塊橡皮擦，試了多次，幾天後終於想出了一種妥善的辦法。他剪下一塊薄鐵片，把橡皮擦和鉛筆末端包繞起來，再壓兩道淺溝，兩者連接得很緊，使用時再也不會掉下來，給寫作帶來了很大方便。

這一件看來微不足道的事情，卻給龍太郎帶來了一個發大財的機會。他想：今後的鉛筆都能帶著橡皮擦，定會受到詩人、作家、畫家和學生們的歡迎。他越想越覺得此事很有前途，應該把這項「創造」申請專利。

龍太郎向親戚借來一點錢到專利局辦理申請手續，結果很快得到確認。

不久，這項專利被一家鉛筆生產廠買下，龍太郎一下子就獲得 500 萬日元專利費。在 1978 年的日本，這筆收入很可觀。

如今，龍太郎的小發明使數十億人受惠，他也成為世界上真正最有力量的人之一。

> **感悟：**許多的發明和發現都是源於日常生活小事。有一些人遇到這些小事，往往不假思索，也不想去改變；有一些人卻經過思索，想到改變，也許就發明一件新東西。這正是「無心插柳柳成陰」，意外的收穫源於細緻的思索。
>
> **格言：**把思考權交給別人，自己就不會走路了。──　〔英國〕培根

會運用智慧的人總有出路

13 歲那年的寒假，科比對爸爸說：「爸，我不要整個寒假都向您伸手要錢，我要找個工作。」

父親從驚訝中恢復過來之後說：「好啊，科比，我會想辦法幫你找個工作。但是恐怕不容易，如今很多成年人都沒有工作。」

「你沒有明白我的意思。我並不是要您給我找個工作，我要自己來找。還有，請不要那麼消極。雖然現在人多工作少，但我認為自己還是可以找個工作。有些人總是可以找到工作的。」

「哪些人？」父親帶著懷疑問。

「會運用智慧的人。」科比回答說。

科比買了一份招募報紙，在「招工」欄內仔細尋找，終於找到了一個很適合他專長的工作，報紙上說，找工作的人要在第二天早上 9 點鐘到達 B 區一個地方。科比 8 點半就到了那裡。可他看到已有 35 個人排在那裡，他只是隊伍中的第 36 名。

怎樣才能引起特別注意而競爭成功呢？科比想出了一個辦法：他拿出一張紙，在上面寫了一些東西，然後折得整整齊齊，走向前臺的小姐，恭敬地對她說：「小姐，請妳馬上把這張紙條轉交給你的老闆，這非常重要。」

那位小姐是一名有經驗的職員，如果他是個普通的男孩，她就可能會說：「耐心點，小子。回到你的位置上慢慢等一會吧。」但直覺告訴她：這不是一個普通的孩子，他身上有一股強烈的自信。「好啊！」她說，「讓我來看看這張紙條。」

看了紙條，前臺小姐微微一笑。隨後，她立刻站起來，走進老闆的辦公室，把紙條放在老闆的桌上。

老闆看了也大聲笑了起來，因為紙條上寫著：

「您好！我排在第 36 位，在沒有看到我之前，請不要決定。」

科比如願以償地得到了這份工作。

> **感悟：**一個會動腦筋思考的人總能找到問題，掌握問題的需要，也能夠解決它。每個人都有智慧，但並非所有的人都肯於、善於運用自己的智慧，而那些肯於、善於運用智慧的，就是傑出的人。
>
> **格言：**這個世界對思考的人而言是喜劇，對感覺的人而言是悲劇。——〔英國〕渥波爾

▌讓大腦運動創造財富

舊時美國是沒有夾心雪糕的。要吃雪糕的話，那賣雪糕的人就用一支竹籤把雪糕挑起，盛在一個紙杯內，然後顧客就用小木棒挑來吃。

本來，像這種小事，根本不需要動腦筋的。可是，偏偏就有這樣的「傻瓜」，要在裝雪糕的方法上動腦筋。

有一天，這傻小子買了幾杯雪糕給孩子吃，總覺得這種雪糕吃起來不方便，尤其是小孩子，常常弄得滿臉雪糕，甜膩膩的，很不舒服。他一邊替孩子們擦拭，一邊想：如果改變這方式，對顧客，尤其是孩子們，是否會更便利一些呢？

於是，他的腦筋開始一心一意想這個問題。

他想了很久，也沒有想出什麼好方法來。他把這個念頭寫下來，並且抄了很多份，送給他的朋友看，請他們提供點意見，希望能幫助他早一天替雪糕穿上外衣。

但是，他只得到一些揶揄、嘲笑。當然，其中還夾雜著一些誠懇的勸告，勸他放棄這個傻念頭，不想要這個無聊的問題了。

他並不因此而放棄這個目的，他執著地想這個替雪糕穿衣服的念頭。

花了三四個月的時間，他終於替雪糕設計了一件很美觀的外衣，就跟我們現在吃的夾心雪糕很相像，吃起來非常方便。

本來，他決定自己開設一家雪糕廠來製作夾心雪糕，但因資金不足，只好把這個小小的新發明賣給一家大雪糕廠，換取一筆相當可觀的財富，成了個小富翁。

「傻子」的「傻」勁，卻成就了一項發明，使雪糕也因此穿上了外衣，銷往世界各地了！

> **感悟：**對於毫不起眼的小事，大多數人都視若無睹、司空見慣。只有善於動腦的人，才能主動思考，想要改進它。讓大腦動起來，也許在不經意間，腦袋便成了錢袋。
>
> **格言：**發明是由見到了人人都見到過的東西，加上人人都沒想到過的東西構成的。—— ［匈牙利］阿爾伯特·森特

▌ 創造性思維有哪些技巧

創造性思維並不神祕，而且有許多可以操作的具體技巧。雖然並不是說掌握了這些技巧就有了創造力，但它們確實對創造性思維的培養有所助益。

◈ 綜合：把已有的零散發現綜合起來。這是最普通的綜合方法。很簡單的例子，帶橡皮的鉛筆，就是鉛筆與橡皮的綜合。這樣的綜合常常生成令人讚嘆的美妙事物。我們在平時就要注意觀察，注意不同事物之間的連結，想像一下它們結合起來的效果會怎樣。

◈ 移植：移植有時能導致令人瞠目結舌的結果。有時移植零件到另一個事物上，會得到意想不到的工藝效果。我們也可以將不同類型組織的管理方法移植並為己所用。現在十分流行的網路商店，實際上就是實體商店的移植。

◈ 雜交：和生物學中的動物、植物的雜交優勢一樣，管理上的雜交也能產生創造。一條路走不通時，另闢蹊徑往往可能輕而易舉地成功。但也要注意，雜

交容易引起變異，千萬別變得不倫不類。

◆ **改變**：分別改變原來物體的形狀、色澤、氣味，效果將會怎樣，不妨閉起眼睛來想一下。如果換一種變法呢？再換呢？這樣的思維活動也常常引發創造。現在位列科技尖端的煤化油項目就是這種思維的成果。

◆ **放縮**：如果將它縮小一點，拿起來說不定更方便，更招人喜愛？如果將它放大一點，是不是更穩重一些？這是一個製造商在觀察自己的產品時所考慮的。筆記型電腦就是桌上型電腦的縮小。

◆ **轉化**：這件東西能不能有其他的用途？或者稍稍變動一下呢？航空母艦本來是用於軍事目的的，但前些年中國民營公司購買的兩艘退役航母卻用作了遊覽景觀。

◆ **替代與顛倒**：比如，這個零件是鐵的，能否換成塑膠的零件以減輕其重量，這件東西倒過來放怎麼樣？這兩個零件互相換一下效果會怎樣呢？

◆ **重新組合**：將原屬於不同事物的要素相互結合，就像某個非常有趣的電腦遊戲一樣，那裡有許多怪物，你可以割下他們身體的任何一部分，組成一個新的、誰也沒見過的怪物。或者將這件東西反過來，顛倒一下，看是否會有更好的效果。

▌如何開發、增強創新能力

要開發、培養、增強自己的創造力或創新能力，可以從以下幾方面入手：

◆ **要打下扎實的知識基礎**：知識基礎是對前人智慧成果的繼承，是形成創造力的必要條件，離開了扎實的知識基礎，就不可能順利地開展創造性活動。在其他條件相同的情況下，多一些知識，就更容易產生豐富的聯想，因而也更加容易形成新思維。

◆ **養成獨立思考的習慣**：要提高創造力，一定要培養自己獨立思考、刻苦鑽研的良好習慣，千萬不要人云亦云，讀死書、死讀書。

◆ **要有好奇心**：一位學者指出：「人們只在有好奇心的引導下，才會去探索被表面現象、習慣現象所遮蓋的事物的本來面貌。」好奇，可以說是創造的基礎與動力。牛頓、愛迪生、愛因斯坦都具有少見的好奇心；瑪里‧居禮的女

兒把好奇稱為「學者的第一美德」。

◆ **勇於突破前人的束縛**：在學習前人優秀東西的同時，要勇於突破前人的束縛。愛因斯坦認為，懷疑、批判的精神和提出問題的能力，對科學的發展是很重要的，因此，他不迷信權威，既肯定牛頓又不停滯在牛頓的水準上。他勇於向牛頓挑戰，因此打破了經典物理學的絕對時空概念，提出了「相對論」。

◆ **勇於拋棄舊事物**：想創新就要勇於拋棄舊事物，不斷發展，不斷前進，讓自己永遠成為自己的敵人。從一定意義上來說，不滿足感是否定舊我、不斷創新的源泉。

◆ **善於觀察，勇於實踐**：創新往往起源於一定的機緣，或許來自生活的枝微末節，或許來自某個點子的啟示，如果沒有敏銳的觀察力和實踐的決心，又怎能捉住這些靈感？敏銳的觀察力加上勤奮和投入實踐的勇氣，是創新取得成功的三要素。

◆ **讓心中充滿幻想**：幻想和想像是創造之母。事實確實如此，許多新發明或新創意，其實是在原有事物的基礎上經想像裁減、增加、改造而成的；許多原本不存在的東西，正是人們不斷追尋幻想才創造出來的。沒有幻想和想像，人類就不會有創造力。

▍如何成為創造型人才

創造型人才在個人氣質、習慣、態度、觀念以及才能各方面具有一系列特質，概括起來包括如下的幾個方面。而要成為創造型人才，在這些方面加以努力就會大有收穫。

◆ **好奇**：創造力強的人，興趣總是十分廣泛，對任何事物總是有一種好奇心理。不過，這些人並不是只對新鮮事物有強烈的好奇心，而是對那些在平常人眼裡非常正常的事情好奇，並主動探究，獲得不平常的發現。

◆ **敏感**：創造力強的人對自己周圍發生的一切都十分敏感。他們能從平凡的事中找出問題的問題所在，找出實際存在和理想模式之間的差距。他們常常從別人並未注意的枝節中捕捉到十分有用的資訊，並巧妙地利用這種資訊推動

事業的發展。

◆ **變通性**：創造型人才思維十分活躍，善於舉一反三，也善於提出一些怪異的念頭，通常別人一開始會想不通，但時間一長就會發現其高明所在。

◆ **自信**：創造型人才通常具有較強的自信心，同時也有良好的直覺，而屢屢的成功又使他們相信這種直覺，並一再利用。

◆ **耐力**：一項創造活動的完成，需要百折不撓、持久不懈的毅力和意志。抓住目標後鍥而不捨，不得結果絕不甘休。特別是在主、客觀環境特別複雜，而問題又百思不得其解、寢食不安之時，是否有耐力對一位創造型人才就顯得更加重要了。

◆ **豐富的想像力**：思想中的新觀點、新形象來自合理的聯想，有時會來自幻想或偶然的機遇。想像力豐富的人，聯想多，幻想奇，有利於去揭開創造的帷幕。

◆ **勇氣與膽識**：創造型人才常常很有膽識，他們有足夠的勇氣提出自己的觀點與想法，也有足夠的膽識決斷，並勇敢實踐。

▌創新需要魄力，更需要克服阻力

美國巨富亞默爾少年時，只是一名小農夫。17 歲那年，他受淘金熱影響，像許多人一樣，歷經千辛萬苦，加入了淘金者行列。

美國西部山谷裡氣候乾燥，水源缺乏，尋找金礦的人最感痛苦的就是沒有水喝。在一片「渴望有水喝」的吼聲中，亞默爾心有靈犀一點通。於是，他退出淘金的「熱」潮，放棄挖金念頭，由挖黃金變為挖水渠。

亞默爾僱了幾個人開挖水渠，一鏟一鏟，他終於把河水引進了水池，經過細沙過濾，變成了清涼可口的飲用水。

一見亞默爾擔著水桶、提著水壺走來，那些口乾舌燥的淘金者蜂擁而上，金幣一塊塊投入他的懷中。

有人嘲諷亞默爾：「我們跋山涉水是為了挖到金寶貝，你要是只為了賣水，何必到加州這個地方來呢？」

面臨冷嘲熱諷，亞默爾泰然處之。後來，許多淘金者相繼離去。亞默爾則以賣水奠定了發展基石。數年後，亞默爾成了屈指可數的富翁。

> **感悟：**能在因循守舊中找出一條新路，這需要魄力，更需要有善於創新的思維。創新不是輕而易舉之事，要勇於面對責難，勇於衝破阻力，堅持下去，就會有所獲。

▌沒有什麼不能創新

1958 年，伊夫・洛列以推銷專治痔瘡的特效植物香脂膏為生，他每天挨家挨戶，不厭其煩地奔波著。

有一天，洛列靈機一動，何不在《這兒是巴黎》雜誌上刊登一則商品廣告呢？如果在廣告中附上郵購優惠單，說不定會有效地促銷產品。

廣告登出後，洛列的產品開始在巴黎暢銷起來，朋友們所認為耗資太大的廣告費用與其獲得的利潤相比，簡直是九牛一毛。

接著，洛列又投資於用植物和花卉製造的美容用品，這種產品被人認為毫無前途，洛列幾乎成了唯一的投資人。

1960 年，洛列生產的美容霜問世了，他獨創的郵購銷售方式又讓他獲得了巨大成功。洛列透過各種銷售方式，短時間內就推銷了 70 多萬瓶美容霜。郵購商品在當時絕無僅有，而洛列卻利用它成功了。

1969 年，洛列創辦了他的第一家工廠，並在巴黎的奧斯曼大街開設了他的第一家商店，開始大量生產和銷售美容用品。

洛列對他的員工說：「我們的每位女顧客都是皇后，她們應該獲得像皇后那樣的服務。」

每當收到顧客郵購單，洛列的員工都會在幾天之內把商品郵寄給買方，同時贈送一件禮品和一封建議信。建議信往往寫得十分中肯，絕無生硬招攬顧客之嫌。這些信件總是反覆地告訴訂購者：美容霜並非萬能，有節奏地生活是最佳的化妝品。而不像其他商品廣告那樣，把自己的產品說得天花亂墜，功效無與

倫比。

這種郵購手續簡單，顧客只需寄上地址便可加入「洛列美容俱樂部」，並很快收到樣品、價格表和使用說明書。郵購幾乎占了洛列全部營業額的 50%。

公司每年寄出郵包達 900 萬件，相當於每天三四萬件。1985 年，公司的銷售和利潤增長了 30%，營業額超過了 25 億，在國外的銷售額超過了在法國境內的銷售額。在全世界擁有 960 家分店，是法國最大的化妝品公司「勞雷阿爾」的唯一競爭對手。

> **感悟：**伊夫・洛列之所以成功，除了優質的服務外，獨闢蹊徑的創新是其決定性因素。他眼光獨具地投資美容用品，又獨創了郵購化妝品的方式，創新造就了他的成功。可以說，在現今競爭已趨白熱化的情況下，因循守舊，墨守陳規，只有死路一條。
>
> **格言：**距離已經消失，不是創新，就是死亡。──〔美國〕湯姆・彼得斯

▌凡可思考，皆有可能

1968 年的春天，羅伯・舒樂博士立志在加州用玻璃建造一座水晶大教堂。教堂的預算為 700 萬美元，這對當時的舒樂博士來說是一個天文數字。

當天夜裡，舒樂博士拿出一頁白紙，在最上面寫上「700 萬美元」，然後又寫下 10 行字：

1. 尋找一筆 700 萬美元的捐款
2. 尋找 7 筆 100 萬美元的捐款
3. 尋找 14 筆 50 萬美元的捐款
4. 尋找 28 筆 25 萬美元的捐款
5. 尋找 70 筆 10 萬美元的捐款
6. 尋找 100 筆 7 萬美元的捐款

7. 尋找 140 筆 5 萬美元的捐款

8. 尋找 280 筆 25,000 美元的捐款

9. 尋找 700 筆 1 萬美元的捐款

10. 賣掉 10,000 扇窗，每扇 500 美元。

60 天後，水晶大教堂奇特而美妙的模型打動了富商約翰·可林，他捐出了第一筆 100 萬美元。

第 65 天，一對聽舒樂博士演講的農民夫婦，捐出第一筆 1,000 美元。

90 天時，一位被舒樂孜孜不倦的精神所感動的陌生人，在生日的當天，寄給舒樂博士一張 100 萬美元的銀行支票。

第二年，舒樂博士以每扇 500 美元的價格，請求美國人認購水晶大教堂的窗戶，付款的辦法為每月 50 美元，10 個月分期付清。6 個月內，一萬多扇窗全部售出。

1980 年 9 月，歷時 12 年，可容納 10,000 多人的水晶大教堂竣工，成為世界建築史上的奇蹟與經典，其最終的造價為 2,000 萬美元，全部是舒樂博士一點一滴籌集而來。

感悟：每個人都可以設計自己的夢想，每個人都可以攤開一張白紙，敞開心扉，寫下 10 個甚至 100 個實現夢想的途徑。在實現夢想的過程中，也許會有種種苦難，但只要堅定信心，成功最終會到來。

格言：凡是可以思考的東西，也是可能的東西。── ［德國］維特根斯坦

走出經驗局限，大膽另闢蹊徑

有一次，美國大發明家愛迪生讓他的助手測量一個梨形玻璃器皿的容積。

助手按常規的方法，對器皿的長、寬、高等進行反覆測量，還在紙上畫了許多圖，但由於這個玻璃器皿的形狀很奇特，結果費了好大力氣也無法算出它的容積來。

這位助手一籌莫展，滿臉無奈地來找愛迪生：「我想盡了辦法，可是怎麼也測量不出來。」

「你確信自己想盡了所有辦法？」愛迪生有意「逼」他。

接著，愛迪生把器皿裝滿水，再將水倒入量杯，那個形狀奇特的梨形器皿的容積很快就算出來了。

> **感悟**：心理學上有慣性思維和非慣性思維的概念。所謂慣性思維，就是按照習慣了的、在過去也被證明是成功的邏輯路徑去思考；非慣性思維則與此相對。突破和創新往往來自後者。類似於上述例子還有阿基米德識別金王冠的真偽。

▋ 打破慣性思維，何妨異想天開

魔術大師胡汀尼（Harry Houdini）能在極短的時間內打開無論多麼複雜的鎖，從未失手。他曾為自己訂下一個富有挑戰性的目標：要在 60 分鐘之內，從任何鎖中掙脫出來，條件是讓他穿著特製的衣服進去，並且沒有人在旁邊觀看。

有一個英國小鎮的居民，決定向偉大的胡汀尼挑戰。他們特別打製了一個堅固的鐵牢，配上一把看上去非常複雜的鎖，請胡汀尼來看看能否從這裡出去。

胡汀尼自信地接受了這個挑戰。他穿上特製的衣服，走進鐵牢中。小鎮居民關上了牢門後，就都遠遠走開了。

胡汀尼從衣服中取出自己特製的工具，開始工作。

兩個小時過去了，胡汀尼始終聽不到期待中的鎖簧彈開的聲音，開始有些氣餒。

就在這時，胡汀尼筋疲力盡地將身體往門上一靠，沮喪地坐在地上，結果牢門卻順勢而開。

原來，牢門根本沒有上鎖，那看似很厲害的鎖只是個樣子。

> **感悟**：在很多時候，人們都會陷入固定的思維，不知道腦筋急轉彎。因

此，儘管全心全意地去解決問題，還是無法順利地得到答案。此時，不妨來點腦筋急轉彎，事情也許會迎刃而解。

活用反向思維就能脫穎而出

大雄井上是位剛從大保險公司中分離出來的一家保險公司的老闆。由於競爭激烈，他的生意並不如想像中那麼好。這幾天，他一直愁眉不展。

一個風和日麗的早上，妻子實在不願看到他再這樣難受下去，就約他出去散步。

走著，走著，大雄覺得不對了，這是什麼地方啊？我以前怎麼從來就沒有來過這裡啊？

「這不就在我們家門口嗎？天天路過的，你怎麼都忘光啦？」

「噢！我以前都是從那邊走，從來就沒有從這邊走過，今天只不過反著走了——走！快回家！」大雄好像想起了什麼，匆匆向家中走去。

一個星期後，大雄的保險公司推出了一個新的險種，他在廣告上是這麼說的：「敝公司成立保險年金，凡投保者，一次交付 1,000 萬元，三年後，投保者可每月憑保單，親自到本公司領取 10 萬元的年金和 2 萬元的利息。本公司以上帝的仁慈之心，祝各位健康長壽！」

就這麼一個小廣告，大雄的保險公司的投保額在幾個月裡就翻了幾番。

已經心情開朗的大雄摟住妻子說：

「以前，我每天早上在家門口散步，都是從左到右。那天早上，你領我從右到左走了一圈，我竟然發現了一直就存在而以前沒有發現的東西。這使我恍然大悟。反其道而行之，便會有一番新天地。這就是那天早上我悟出的道理。我們的生命保險機制，向來都是投保者活著時每月交一定定金，死後由家屬一次性領取。我當時就想，我們為什麼不反過來呢？如果我們先交一定的定金，過一段時間後，再讓他們按月領取『健康年金』，這樣，投保者的心情不是就大不一樣了嗎？」

> **感悟：**人的頭腦一旦囿於固定模式，往往很難有新的突破，這時，不妨嘗試用一下反向思維。在進行反向思維時，不要太盲目，反向思維只是一種思維方法，行不行，還要靠實踐來檢驗。
>
> **格言：**在我們的思維和我們的語言表述中所出現的各種概念，從邏輯上看來，都是思維的自由創造，它們不能從感覺經驗中歸納地得到。──〔美國〕愛因斯坦

▎錯誤思維導致南轅北轍

美國賓州有一個農場主，他原本擁有一座農場，但為了去做更大的事業，打算將農場賣掉。在賣農場之前，他要先找好工作。他想為他的表哥開採石油。

他的表哥在加拿大做石油生意，是最早在加拿大發現石油的人之一。於是這位賓州的農場主寫了一封信給表哥，要找份工作。

表哥回了信，說：「我不能僱用你，因為你對石油生意一無所知。」

然而農場主又寫信說：「我會學會這門生意的。」

於是，他以極大的熱情開始學習了全部課程，又寫了一封信給表哥，告訴他：「我學會做石油生意了。」表哥回信說：「好，來吧。」

於是他以833美元的價格賣了農場。他離開農場後不久，買主就著手安排飲牛的事情。

農場的新主人發現，許多年來，以前的農場主一直把一塊厚木板插在穀倉後面的小溪裡。木板斜插進水裡僅僅幾英尺，目的是在對岸形成一層看似恐怖的泡沫，使牛不敢在有泡沫的地方喝水，而只能在下游飲水。

有一天，新的農場主將木板拿開時，卻發現水面上竟浮起一層油漬。

「啊，是石油！」他尖叫起來。

就這樣，那個去加拿大的人，23年來用木板阻止了大量的石油流出來，卻跑到異國他鄉去找石油。

半年後，賓州的地質學家宣布，那裡發現了石油。之後，經開採，那裡當年

就為賓州創利 1 億美元。

> **感悟：**與其到處去尋找財富，不如多挖掘一下腳下的泥土，有時候財富就在腳下，而有些人卻渾然不知。在我們的生活中，也有許多機會沒有被人發現。只要我們多留心，也許就會找到一條成功之路。
>
> **格言：**錯誤的思維一旦貫徹到底，就必然要走到和它的出發點恰恰相反的地方去。—— ［德國］恩格斯

▌超人想像力是傑出成就的源頭

戴爾在少年時期就想像力豐富，奇思妙想迭出。

讀高三時，戴爾經常聽到同學們談論想買電腦，但由於售價太高，許多人買不起。戴爾心想：「電腦售價高是因為多了許多經銷商。為什麼不由製造商把電腦直接賣給用戶呢？我如果把製造商的電腦，以比商場上便宜的價格直接賣給用戶，肯定會受歡迎。」

戴爾知道：IBM 公司規定，經銷商每月必須提取一定數額的個人電腦，而多數經銷商都無法把這些貨全部賣掉；而如果存貨積壓太多，經銷商會損失很大。於是他找到經銷商，他們為了周轉資金，當然是求之不得，於是按成本價把積壓的電腦賣給了戴爾。戴爾把電腦拉回宿舍，加裝配件，改進性能。這些經過改裝的電腦價格便宜、性能先進，很受歡迎。

戴爾見市場需求巨大，於是在當地刊登廣告，以市場零售價的八五折，推出他那些改裝過的電腦。不久，許多商業機構、醫生診所和律師事務所都成了他的顧客。

由於市場需求量大，戴爾每月已能賺 5 萬美元。在學業與創業之間，戴爾陷入了兩難的處境。戴爾不願錯過這千載難逢的機遇，決定選擇退學。父母同意戴爾在暑假試辦一家電腦公司，如果辦得不成功，到 9 月就要回校去讀書。

得到父親允許後，戴爾拿出全部積蓄，創辦了戴爾電腦公司。公司仍然專門直銷經他改裝的 IBM 的個人電腦，第一個月營業額便達 18 萬美元。高中畢業的

時候，戴爾的公司每年營業額已達 7,000 萬美元。

後來，戴爾停止出售改裝電腦，轉為自行設計、生產和銷售自己的電腦。

> **感悟：**想像力絕不是小說家的專利，從事任何領域的工作都需要想像力。超出常人的想像力，正是許多傑出成就的源頭所在。可以毫不誇張地說，想像力造就了歷史上的那些成功人士，也造就了人類的輝煌文明。
>
> **格言：**對於微軟來說，唯一有用的資產就是人類的想像力。如果拿走微軟所有的大樓、房產和辦公硬體等有形資產 —— 也就是拿走所有能摸得到的財產，對於微軟來說，和沒有拿走這些東西以前幾乎毫無差別。—— ［美國］比爾蓋茲

▎強烈興趣造就慧眼

女孩瑪利婭‧羅塔斯是薩爾瓦多人，她在貧困的印第安人家庭剛剛墜地，就被父母帶到美國尋找生路。一開始父親打零工來養家，直到幾年以後才找到一份固定工作，取得了美國國籍。

這時，瑪利婭六歲了，她對各種玩具表現出極大的興趣。由於父親沒錢給她買玩具，她就用橡皮泥自己捏成各種各樣的小動物。她的橡皮泥玩具幾乎每天都有新花樣，只要是她看到過的東西，她都可以用自己的方式，把它捏成她喜歡的玩具，她對玩具的悟性不同凡響。

那年耶誕節，為了送女兒一件禮物，父親帶她來到世界著名的迪士尼公司經營的一家玩具城，讓她自己挑選。左看右看，偌大的玩具城看遍了，瑪利亞‧羅塔斯竟一件也沒有挑中。

玩具店的老闆唐納德‧斯派克特恰好在場，他注意到了這個小女孩的表現。於是，他問瑪利婭：「妳不喜歡我們的玩具嗎？」

小女孩點了點頭。

唐納德‧斯派克特追問：「為什麼呢？」

瑪利婭指著一大堆動物玩具開始數落：「這種姿勢不好，那種顏色不對，這種看著太笨，那種做得不像……」

唐納德‧斯派克特聽後，眼睛一亮，便把小女孩領到他的辦公室，把她剛剛指責的玩具一樣一樣擺在桌子上，問她改變成什麼樣子，她才喜歡。

小女孩叫人找來橡皮泥，按自己的想像一樣一樣捏起來……結果讓唐納德‧斯派克特嘆為觀止，他敏銳地感覺到這樣的人才是他的公司所需要的，於是立即聘請她為玩具公司的顧問。

後來，瑪利婭‧羅塔斯為這家玩具公司帶來了豐厚的利潤。

再後來，她年薪升為 20 萬美元，加上她在美國通用電器、迪士尼等大公司的股息，年收入可達 2,000 萬美元。15 歲時，她身為世界上最年輕的百萬富翁和最年輕的商人而被載入《金氏世界大全》。

> **感悟**：悟性是一個人對事物超凡的見解，這種能力不在於年老年少。只要對某一事物有強烈的興趣，主動思考，打破僵化的模式，便會擁有一雙慧眼。人們應該主動去開發，讓這種靈感照亮人生。
>
> **格言**：陌生阻止你認識陌生的事物；熟悉妨礙你理解熟悉的事物。──〔奧地利〕霍夫曼斯塔爾

▌生活是發明創造的土壤

日本經營之神松下幸之助創業之初，是由生產電源插座起家的，由於插座的性能不好，產品的銷路大受影響，沒多久，他就陷入了困境。

一次，一對姐弟的談話，引起了他的注意。

姐姐正在熨衣服，弟弟想讀書，無法開燈（那時候的插座只有一個孔，用它熨衣服就不能插燈的電源，兩者不能同時使用）。

弟弟吵著說：「姐姐，你能不能快點開燈，我想看書！」

姐姐哄著弟弟說：「好了、好了，我就快熨好了。」

「老是說快熨好了，已經過了 30 分鐘了。」

姐姐和弟弟為了用電，一直爭吵不休。

松下幸之助邊走邊想：只有一根電線，有人熨衣服，就無法開燈看書；反過來說，有人看書，就無法熨衣服，這不是太不方便了嗎？何不想出同時可以兩用的插座呢？

松下回去後認真研究了這個問題，不久，他就想出了兩用插座的構造。

試用品問世之後，很快就賣光了，訂貨的人越來越多，簡直是供不應求。松下只好增加工人，也擴建了工廠。

松下幸之助的事業，就此走上穩定發展的軌道，逐年發展，利潤大增。

> **感悟**：想別人沒有想的，做別人沒有做的，這正是成功人士的精明獨到之處。生活中的一些小事，多想一想，也許就會有所發現、發明，就會走上一條超越他人之路，最終也就會成功。
> **格言**：要有獨到之見，必須多思。── ［英國］拜倫

▎人的需求是生意基點

斯圖亞特是紐約的一個窮孩子，最初開始謀生的時候只有 1 美元 50 美分。

斯圖亞特決定用自己的這些「資本」去做生意，然而，做第一筆生意，他就賠了 875 美分。

失敗之後，他說：「我再也不會在生意上冒險了！」

那 875 美分是怎樣損失的呢？原來，他買了一些針線和鈕扣，可是沒有人需要，於是這些東西滯留在他自己手裡，白白地賠了錢。

斯圖亞特下定決心，他說：「我再也不會像這樣丟掉一分錢。」

然後他挨家挨戶地詢問人們需要什麼，弄清楚之後，他用剩餘的 625 美分來滿足這些需要。

自然，斯圖亞特的第二筆生意賺了。

後來，斯圖亞特按照這種原則，賺了 4,000 萬美元。

再後來，他在紐約開辦了自己的商店。

再後來，斯圖亞特成為零售業大王。

斯圖亞特認為，自己的成功來自第一次生意的教訓，他說：「無論你做什麼 —— 生意、職業、看管家務，生活中的任何事，都應當研究一下人們的需求，這就是成功的奧祕。你必須首先知道人們的需求，然後才能投資到他們最需要的地方去。」

> **感悟**：想要生意成功，投入資金之前，必須先研究一下市場需求狀況，然後根據實際情況有目的經營，這樣才能有比較大的成功機率。做其他事情也一樣，在邁出第一步之前，先做一番研究，總是有好處的。
> **格言**：跛足而不迷路的人，能趕過雖健步如飛但誤入歧途的人。——〔英國〕培根

▎抓住靈感，開發大眾需要的業務

荷蘭一位名叫卡洛的商人有一次到劇院觀看演出，當他觀看到一個笑話的節目時，被演員所講的笑話逗得哈哈大笑。多數觀眾笑後就罷了，但卡洛卻與眾不同，他反覆思考，認為「笑話」可以成為一種「商品」。

經過周密的研究分析，卡洛決定創辦一家獨特的電話服務公司，叫做「開心公司」。

卡洛千方百計彙集了世界各國出版的 1,000 多冊笑話選集，從中挑選了成千上萬則精彩的笑話，請翻譯譯成英語，並使其富有英語的幽默感。然後再聘請滑稽演員把這些笑話一則則錄下音，在電話臺上增設一個特製的系統，備有專用電話號碼。用戶只要一撥這個專用號碼，就能聽到令人哈哈大笑的笑話。當然，用戶每聽一次，是要支付一定的費用的。

這一別開生面的業務一開張，就受到了聽眾歡迎，卡洛也從中獲得了源源不斷的收入。

為了保護自己的專利，卡洛先在荷蘭全國工業產權局進行了註冊登記。不

久，隨著生意的興旺，卡洛在英國等 24 個國家也進行了該專利註冊。

卡洛在荷蘭，先後與 180 個城市的電話局簽訂合約，都安上了特種設備，利用它們開展自己的笑話業務。在國內業務的基礎上，他又開始向美、日、德、俄等國出口，年業務額達 2,000 多萬美元。卡洛很快就富起來了。

> **感悟：**在市場競爭中，許多公司慘澹經營，卻沒有想到運用靈感去改變現狀。抓住突然冒出的靈感，並對之進行研究、開發，結合人們的需求，找到賣點，有可能使經營者迅速走向成功。
>
> **格言：**「靈感」當然不是憑空而來，往往是經過一苦思而出現的「頓悟」現象。——　[美國]　楊振寧

▍掌握時代脈搏，不斷推陳出新

皮爾‧卡丹（Pierre Cardin）最初不過是裁縫店裡的學徒，可他現在已是享有世界聲譽的時裝大師。我們不妨看看他的成功經歷。

1950 年，皮爾‧卡丹開始創辦自己的服裝商店，一開始他也和其他服裝商店一樣，經營平民化的服裝，所以服裝店生意平平。

1953 年，皮爾‧卡丹對原來的服裝經營方式進行了開拓性的改革，以便使時裝普及到最廣大的消費者身上。他把量體裁衣、個別訂做，改變成小批量生產成衣，並不斷更新款式，使全世界的美麗女子有機會穿上他設計的時裝。

後來他又打破出色的服裝師只縫製女人服裝的傳統，開始縫製男裝。

皮爾‧卡丹第一次組織了各式成衣展，雖然他被雇主聯合會除名，但在不久之後，他就獲得了成功。

皮爾‧卡丹直接從大學裡聘請時裝模特兒，以展示他設計的最新款式服裝。

皮爾‧卡丹有預見性地毅然摒棄了服裝業的明星制，把時裝店裡的大批成衣送往各大百貨公司去經銷。

後來，皮爾‧卡丹不顧許多法國人的勸阻，執意來到中國北京開辦服裝廠。他用新款式服裝吸引了眾多的中國消費者，他的服裝在中國各地十分暢銷。

當人們詢問他的成功祕訣時，皮爾·卡丹說：「創新，先有設想，後付諸實現，又不斷進行自我懷疑，這就是我愛做的事情。」

> **感悟：**創新就是用敏銳的眼光，掌握住時代的脈搏，不斷地推陳出新，以適應人們越來越高的需求。變則通，通則久。以不變應萬變，在商業上是絕對行不通的。

競爭需要新奇的理念

島村芳雄是日本東京島村產業公司的董事長。他原先在一家包裝材料廠當店員，後來改行做麻繩生意。就在他做麻繩生意時，創出了商業界著名的「原價銷售術」。

島村的原價銷售術其實很簡單，首先他以 5 角錢的價格，到麻繩廠大量購進 45 公分的麻繩，然後按原價賣給東京一帶的工廠。完全無利的生意做了一年後，「島村的繩索確實便宜」的名聲遠播，訂貨單從各地雪片般飛來。

此時，島村開始各個擊破地採取行動。他拿購貨收據前去訂貨客戶處說：「到現在為止，我是一毛錢也沒有賺你們的。但是，這樣讓我繼續為你們服務的話，我便只有破產一條路可走了。」

這樣與客戶交涉的結果，是客戶被他的誠實所感動，甘願把交貨價格提高為 5 角 5 分。

同時，島村又到麻繩廠商洽談：「你們賣給我一條 5 角錢，我一直是原價賣給別人，因此才得到現在這麼多的訂貨。如果這賠本的生意讓我繼續做下去，我只有關門倒閉了，你們也會失去我這個老客戶。」

廠方一看他開給客戶的收據存根，大吃一驚。這樣甘願不賺錢的生意人，麻繩廠還是第一次遇到，於是毫不猶豫地一口答應他，一條算 4 角 5 分。

如此一來，以當時他一天 1,000 萬條的交貨量計算，他一天的利潤就是 100 萬日元。創業兩年後，島村就成為享譽日本的成功生意人。

就這樣，島村以這種先賠錢獲得客源和廠商，後創造利潤的經營理念來與別人競爭，生意越做越大，投資領域越來越廣，直至當上產業公司的董事長。

> **感悟：**善於從長遠利益考慮問題，不計較短時間的得失，這種先賠後賺的銷售方式值得人們借鑑。做人、做事也不妨放低姿態，著眼長遠，以小失而博大得。
>
> **格言：**只顧眼前的利益是經營不好企業的，要有遠見，踏踏實實地做。——〔日本〕樫尾忠雄

▍此路不通走別路

20多年前，日本國內有個陷在苦境裡掙扎的公司，它就是製造工廠火爐、熔解爐用耐火磚的「國代耐火工業公司」。

國代公司抱持觀望的態度，不願增加設備，致使生產出的耐火磚沒人要，陷入了走投無路的困境。

不過，國代公司的加藤國雄董事長並沒有被時代的浪潮吞噬。

正在這時，加藤看到一本書裡面寫著：

「馬匹在現代雖然喪失了運輸功能，但又以高度娛樂價值起死回生。」

這些並不引人注目的寥寥數字，卻使加藤看到了希望，他高興得跳了起來。從這幾個字裡靈光一閃，他不再愁眉不展了。

他想：「製造鑄爐用磚虧本，資金已所剩無幾。但我還有一家燒磚工廠，將來隨著時代的進步，美術磚一定會逐漸取代現在的粗磚。在美術磚的色彩、光澤、感觸等各方面求改進，繼續不斷改良，一定可以開創一項新事業。是啦，此路不通，該走別條路了。我該為美術磚開路做示範工作，帶動日本的美術磚起飛。」

加藤國雄信心地投入了新產品的製造。經過嘗試、摸索之後，他所做的產品越來越淡雅、優美、悅目，給人生動、舒服的感覺，的確給建築物增色不少。

在逐漸由實用變為重視外觀美的時代裡，加藤此舉果然一帆風順，無往而不利。在各種各樣的東西都在爭妍競美的今天，美術磚行銷無阻，大獲成功。

> **感悟：**如果一條路走不通了，還要苦苦掙扎，不肯放棄，那只能是一條道走到黑，沒有希望轉機。當此路不通時，應考慮改走別的路，也許能

> 轉危為安。
>
> **格言**：生意的興亡，要看當事者能否因時應變，日新月異。——〔英國〕查理斯·威勒

賣星星真的能賺錢

美國史密森尼安天文物理研究所出版的星相目錄中，有 25 萬顆星星還沒有正式命名。得到這一消息後，加州出現了一個「星相命名公司」，並在全國大登廣告：

星星出售——你現在可以使一顆星星以你自己的名字或你愛人的名字命名！最先登記的 25 萬幸運者將名垂青史……你的星星和它的新名字，將永遠註冊於國會圖書館。每顆星星的命名費 25 美元。

很多人看到了這廣告，但不想花 25 美元，就直接打電話給史密森尼安天文物理研究所，詢問是否可免費以自己的名字命名。

研究所和哈佛天文觀測所是美國權威的天文研究機構，他們除了把測得的星相編號整理並出版目錄外，並不為星相命名。他們對這商業的噱頭當然啼笑皆非，不以為然。

其實肉眼看得見的星星很早已有了傳統名字，星相命名公司專門出售肉眼看不見、只有編號還沒命名的星星的命名權。25 美元可以買一張星座圖，指出你買的那顆星的位置，並且還有一份正式登記證。

這個星相命名公司怎麼扯上國會圖書館的呢？原來他們把史密森尼安研究的目錄上的星星編號印在空頁上，每填滿一頁名字（大約 100 個），就把它送到國會圖書館去登記版權。顯然這是發財的好主意，不多久，他們就賺得一大筆錢。

加拿大多倫多市出現了一家相同性質的公司，要價也是每顆星星 25 加元。他們還把新命的名字製成顯微膠片，「永遠」存在瑞士和多倫多的保險庫裡。這家公司的老闆請約克大學一個教授寫了一本書，把新命名的名字附在其中，那書將會登記版權，於是他們也可以宣稱「在國會圖書館永遠註冊」了。自然，這個星相公司也找到了一條發財的道路。

> **感悟**：25 美元就能使自己的名字不朽於宇宙間，我們從來沒聽過更廉價的買賣，難怪人們要趨之若鶩。對於頭腦靈活的人來說，發財致富其實就這麼簡單。
>
> **格言**：凡是在理論上正確的，在實踐上也必定有效。——〔德國〕康德

▌用心去做，小生意也能成大事業

多年前，失業在家的源太郎在一個偶然的機會中，從一位美國軍官那裡學會了擦鞋，他很快就迷上了這種工作，只要聽說哪裡有好的擦鞋匠，他就千方百計地趕去請教、虛心學習。

日子一天天地過去了，源太郎的技藝越來越精熟，顧客也越來越多。他的擦鞋方法獨具一格：不用鞋刷，而用木棉布繞在右手食指和中指上代替，鞋油也自行調製。那些早已失去光澤的舊皮鞋，經他匠心獨運地擦拭一番，無不煥然一新，光彩奪目，而且光澤持久，可保持一週以上。

源太郎擦鞋的精湛技藝，打動了東京一家名叫「凱比特東急」的四星級飯店，他們將源太郎請到飯店，專門為飯店的顧客擦鞋。

令人驚訝的是，自從源太郎來到「凱比特東急」之後，演藝圈的各路明星一到東京便非「凱比特東急」不住；一向苛刻挑剔的明星們對此情有獨鍾的原因聽起來也非常簡單，就是享受一下該店擦鞋的「五星級服務」。當他們穿著煥然一新的皮鞋翩然而去時，他們的心裡牢牢地記下了源太郎的名字。

源太郎爐火純青的擦鞋技術、一絲不苟的精神和不同凡響的效果，為他贏得了眾多顧客的青睞。他的老主顧不只來自東京、京都、北海道，甚至還有香港、新加坡等地。在他簡樸的工作室內，堆滿了發往各地的速寄紙箱。

如今的源太郎，早已成為「凱比特東急」的一塊金字招牌。

> **感悟**：其實無論大事小事，關鍵在於你的努力程度，只要你用心去做，小事也就成了大事。偉大來自於平凡，奇蹟源於細節。用心經營小生意，小生意裡也凸現商業機會，也會成就大業。

> **格言**：不要把手伸到各個方面，應當充分運用自己的優勢，在某個專門領域爭取達到世界第一。── ［日本］竹中新策

換個角度，小東西派上大用場

春秋時期，宋國有戶人家，祖傳以漂洗絲綿為業。因為冬季做事時常常凍傷手，後來他們發明一種「不龜裂手藥」。此後，冬天做事時把藥塗在手上，就再也沒有什麼問題了。

一天，有位吳國的商人來到他家，說要用重金購買不龜裂手藥的藥方。

這家主人召集家人商量，商議的結果是：「我們家世世代代以漂洗絲綿為業，一年到頭，收入也不過僅夠吃飯而已。現在我們僅僅賣一個藥方，便可以得到許多錢，這又何樂而不為呢？」

這家人覺得這是個發財的好機會，就把藥方賣了。

吳國商人買下不龜裂手之藥方後，到王宮裡去見吳王，說：「越國和吳國關係不好，我聽說越國今年秋季遭受水災，收成不好，人心惶惶，不如乘這個機會去攻打他們。我有妙計可以打敗他們。」

吳王同意了他的請求，派兵去攻打越國。

當時正值寒冬，吳國有藥，不怕手凍，所以將士們個個奮勇爭先，以一當十。越國的將士，個個凍得手拿不穩武器，大大影響了戰鬥力。這一仗越軍大敗，損失慘重。

吳軍打了勝仗，吳王很高興，把打勝仗的將領升為高官，同時也重賞了商人。而這位商人此時得到的賞金，不知比當初買藥方時花的高出多少倍。

> **感悟**：小東西一經變換角度，立刻派上了大的用場，創造了原本可能想都不敢想的奇蹟。這一切，都是因為有一個善於思考的頭腦。生活、工作中，也許就有許多這樣的小東西放錯了位置，不妨經過思考，給它一個更合適的位置，發揮更大的效用。

▎積少成多，把錢花到關鍵處

有一個棉布印染工人比爾，在結婚那天，妻子瑪莉要求他婚後每天給她一瓶啤酒的錢當她的私房錢。他答應了，雖然他本人是個酒鬼，但他希望有個頭腦清醒的好妻子。

夫妻倆都很努力工作，但丈夫這個可憐鬼，在下班後卻幾乎每天都踏進酒館就不再出來。

妻子每天得到丈夫的一瓶啤酒，而他卻要獨自喝兩三瓶。

在他們結婚週年紀念日的那天早晨，丈夫有點內疚地看著他賢淑可人的妻子說：「瑪莉，自從我們結婚以來，還沒有休過假；要不是我現在手頭緊，我們就會出趟遠門，去看妳鄉下的媽媽。」

「你真的想去嗎，比爾？」妻子因為丈夫說出這麼關心的話 —— 像很早以前一樣 —— 而高興得流下了眼淚。「如果你想去，比爾，我來負擔費用。」

「妳來負擔費用？」比爾半帶著嘲諷說，「我的女孩，難道你有一大筆財產？」

「不，」她說，「但我有那一瓶啤酒。」

「妳有什麼？」他問。

「一瓶啤酒！」

比爾還不明白怎麼回事，直到妻子到雜物間拿出每天累積的一瓶啤酒錢，那一共是 730 塊。

比爾既羞愧又驚訝，良心受到譴責，像被施了魔法一樣呆住了。

此後，他們和媽媽一起度過了結婚週年紀念日。

妻子的這一小筆錢是一個觸發點，隨後，他們進行了一系列精打細算的投資，最後開了一家商店、一座工廠和一個倉庫，買了鄉間別墅和汽車，生活過得美滿幸福起來。

> **感悟：**生活中是這樣，生意中同樣也如此。一個人、一個企業都需要節

省，需要懂得資源的合理分配、利用，這樣才能把錢花到關鍵之處，提高個人理財效益或企業運轉效率。

格言：天下之事，常成於勤儉而敗於奢靡。—— ［南宋］陸游

「廢物」也會成為財富源泉

日本水泥大王、淺野水泥公司的創建者淺野總一郎，年輕時從故鄉富士山來到東京謀生，因為身無分文，又找不到工作，有一段時間每天處於半飢餓狀態之中。

有一天，淺野發現有水泉。已挨餓整整兩天的他只好喝水來充飢。誰知這眼泉的水非常清涼可口，淺野一個念頭冒了出來：「乾脆賣水算了。」

就這樣，淺野在路邊開始了擺攤賣水的生意。

「來，來請喝涼泉水。」淺野使盡渾身的力氣大聲叫賣。

起初，根本沒人理睬：「泉水有的是，誰需要來你這裡買？」

淺野轉變思路，把泉水拉到城裡去賣。城裡人每天喝散發著漂白粉味道的自來水，對純淨的山野泉水自然很是青睞，有的人家不僅飲用，燒飯做菜也用它。這最簡單的賣水生意，這位吃盡千辛萬苦的青年，不必再挨餓了。

兩年後，淺野賣水已經賺了不少錢，於是他開始有機會經營煤炭零售店。

當時的橫濱市長聽到淺野很會讓無價值的東西產生價值，就召見他說：「你是以很會利用廢物聞名的。我有一個想法，人的排泄物，看有沒有辦法利用。」

淺野肯定地回答說：「只收集一兩家的糞便是不會賺錢的，但是收集數千人的大小便就會賺錢。」

於是，淺野就在橫濱市設置了 63 處日本最初的公共廁所。因而成為日本公共廁所的始祖。

廁所做成之後，淺野把汲取糞便的權利，以一年 4,000 日元的價格賣給了別人。兩年後，他設立了一家日本最初的人造肥料公司。

> **感悟：**所謂沒有價值的東西，是因為你缺乏一個善於思考的大腦，沒有發現它的價值。主動思考，將能變廢為寶。將平凡的事物用於特定的地方，它就會成為財富的源泉。
>
> **格言：**比別人先一步思考、創新和構想，才能享受最後的勝利的快樂。──〔日本〕松下幸之助

第九章　珍惜美好光陰，求知貫徹終身

只有知識才是力量，只有知識才能使我們誠實地愛人，尊重人的勞動，由衷地讚賞無間斷的偉大勞動的美好成果；只有知識才能使我們成為具有堅強精神的、誠實的、有理性的人。

▌成功者的成功可以追溯到他們拿起書籍的那一天

早在七歲時，富蘭克林就開始自己讀書了，而且經過一段不長的時間，他就把父親書架上的書全都讀了一遍。

由於家境困難，富蘭克林只好中途輟學，到詹姆士的印刷所當了一名學徒，當時他年僅 12 歲。在此期間，富蘭克林結識了一名書店的學徒，他利用這層關係，將他所喜愛的書在晚上借出，第二天早上歸還。從此以後，他就開始夜夜苦讀。

富蘭克林刻苦讀書的精神，使大人和孩子們非常敬佩，所以，大家都想方設法地幫助他。由於晚上讀書需要大量蠟燭，他就悄悄地請求夥伴們為他收集剩蠟燭。後來夥伴們的家長知道了這件事，也主動為他累積一些，有時還送給他一整支。

古語說：「學然後知不足。」富蘭克林讀的書越多，越感到自己知識上的貧乏，就越想到群書之中博覽一番。為了讀到更多的書，富蘭克林召集了幾個愛好讀書的朋友，共同組織了一個讀書俱樂部，取名為「共同社」。社中成員都把自己的書拿出來，建立了一個小型圖書館，使每個成員都能讀到更多的書。

富蘭克林透過讀書的驚人力量，把自己從社會底層人士，塑造為美國歷史上最偉大、最博學的人物之一，他不僅是政治家、外交家、也是發明家、著作家。

> **感悟：**在資訊時代，一個不讀書或者不願意讀書的人，會越來越窮，而讀書人則可透過讀書而變得富有。當我們研究成功人士的事業時，常常發現：他們的成功一直可以追溯到他們拿起書籍的那一天。
>
> **格言：**書籍是人類進步的階梯。──〔蘇聯〕高爾基

▋知識是最可靠的財富

據說，猶太人是世界上最珍視知識的民族，這是他們苦難的民族經歷鍛造的經驗。

西元 70 年，猶太人悲慘地失去國家，從此流落他鄉，過著漂泊動盪的生活。

他們深感自己是「沒有祖國的人」，一切財產都有被隨時奪走的危險，只有知識和技能是「唯一要隨身攜帶，終身享用不盡的資產」。 在猶太傳統中，孩子第一次進教室上課，都要穿上新衣服，由有學問的人把他們帶進教室。在那裡，所有的孩子都可以得到一塊乾淨的石板，上面有用蜂蜜寫成的希伯來字母和簡單的《聖經》文句。孩子們一邊誦讀字母，一邊舔掉石板上的蜂蜜。隨後，拉比們會分給他們蜜糕、蘋果和核桃。所有這一切都是為了讓孩子明白：學習知識有甜頭。

猶太人世代相傳的箴言就是「知識是最可靠的財富」。猶太人認為沒有人是貧窮的，除非他沒有知識。擁有知識的人，擁有一切。

有這樣一個傳說，猶太人在父親和老師一起被海盜抓走時，如果所有金錢只能贖回其中的一個，那他會先把老師救出來，因為老師是知識的傳承者。

猶太商人、石油大王洛克斐勒曾說過：如果把他身上的衣服剝光，什麼也不要讓他剩下，然後把他扔到大漠中去，這時只要有一支商隊經過，那麼他就會成為億萬富翁。這是因為他擁有知識與能力這種無盡的財富，同時他也深信知識可以改變命運。

> **感悟**：時代的列車高速地前進著，它將把人類帶向何處？新一代的青少年，面對大浪淘沙似的知識經濟的到來，又該如何自處？歷史已宣告：誰是知識的主人，誰就是世界和自我的主宰！處在新的資訊時代，我們必須提高學習能力，從而不斷吸納新知識，否則就會被時代拋棄。
>
> **格言**：一個人要是沒有知識，那他還能有什麼呢？一個人一旦擁有知識，那他還缺什麼呢？如果一個人不去學習並且不擁有知識，那他還能擁有什麼呢？ ── ［希伯萊］猶太拉比

▎一次學業的結束，意味著新學習的開始

這是美國東部一所規模很大的大學畢業考試的最後一天。在一座教學樓前的階梯上，有一群機械系大四學生，他們有幾個說自己已經找到了工作，其他人則在討論他們想得到的工作。懷著對四年大學教育的肯定，他們覺得自己有能力征服外面的世界。

他們知道，即將進行的考試是輕而易舉的事情。教授說他們可以帶需要的教科書、參考書和筆記，只是考試時不能交頭接耳。他們喜氣洋洋地走進教室。教授把考卷發下來，學生見了都眉開眼笑，因為試卷上只有五個論述題。

三個小時過去了，教授開始收考卷。此時，學生們似乎不再有信心，臉上露出了不安的表情。教授端詳著面前學生們擔憂的面孔，問：「有誰把五個問題全答完了？」

沒有人舉手。

「有幾個答完了四個？」

仍舊沒有人舉手。

「三個？兩個？」

學生們在座位上不安起來。

「那麼一個呢？一定有人做完了一個吧？」

全班學生仍是沉默。

教授放下手中的考卷說：「這正是我預期的。我只是要加深我們的印象，即使已經完成四年學校教育，但仍舊有許多有關工程的問題是我們不知道的。這些我們不能回答的問題在日常操作中是非常普遍的。」

教授面帶微笑接著說：「這個科目我都會給你們及格，但要記住，雖然我們是大學畢業生，但我們的教育才剛剛開始。」

> **感悟：**大學畢業意味著一種學習的結束，同時也意味著另一種學習的開始。古人說「學無止境」，那種境界是高層次的。現代社會知識更新極快，如果不能不斷更新自己的知識，恐怕就難以保證起碼的生存。

▋ 想要立於不敗之地，必須終身學習

瑞典是一個終身教育相當普及、也相當有成就的國家。

瑞典的終身教育，不但體現在廣泛和多樣的成人教育面上，也反映在兒童和青少年的教育中。終身教育，首先保證兒童和青少年從小就熱愛學習和學會學習。中小學教育是為了孩子們學會終身學習打基礎的教育，所謂「基礎」，不僅是知識和技能的基礎，更重要的是對學習的興趣和需要。瑞典的教師們相信：如果兒童和青少年不喜歡老師，或者對學校沒有興趣，這個老師和學校就是失敗的！

瑞典成功的教育，使這個自然條件和資源都十分有限的小國家變成了發達國家，人均收入名列世界前茅，擁有大量傑出的科學家，還培養了若干諾貝爾獎獲得者。

國家提倡終身教育，個人更應該終身學習，彼得‧詹寧斯（Peter Jennings）就是終身學習的典範。

年輕的彼得‧詹寧斯是美國 ABC 晚間新聞當紅主播，他雖然連大學都沒有畢業，但卻一直沒有放棄過學習，他把事業當作自己的教育課堂。在當了三年主播後，他毅然決定辭去人人羨慕的主播職位，轉行做記者，到新聞第一線去磨練。

成為記者之後，詹寧斯在美國國內報導了許多不同地區的新聞，並且成為美國電視網第一個常駐中東的特派員。後來他搬到倫敦，成為歐洲地區的特派員。

經過磨練之後，詹寧斯重又回到了 ABC 主播臺的位置。此時，他已經從一個初出茅廬的年輕小夥子，成為一名成熟穩健、知識廣博的記者、主播雙棲的重量級人物。

> **感悟：**隨著知識、技能的折舊越來越快，社會時刻會把目光投向那些能掌握新技能、新知識的人。所以有專家說，未來職場的競爭，將不再是知識與專業技能的競爭，而是學習能力的競爭。一個人如果善於學習，他的前途就會一片光明。

▎終身學習，終身進步

香港首富李嘉誠是一個喜歡學習的典範。他最大的遺憾，是少年時因戰亂而沒有完成學業，因此他決定做生意賺夠 100 萬後，就重新回學校念書。

但當賺到 100 萬後，由於有了自己的企業，身為老闆，李嘉誠要對自己的員工負責，因而回學校念書的願望又沒能實現。如此，李嘉誠就只好利用業餘時間自學，這就使他養成了每天晚上都要看書的習慣。

為了不影響第二天工作，每次看書時，李嘉誠都要設定鬧鐘。正是這種熱愛學習的態度，使李嘉誠成為了別人眼中的超人。廣泛的閱讀開闊了他的眼界，同時也使他了解到了更多更新的資訊。

李嘉誠在經營塑膠工廠時，偶爾發現美國研製出一種新的製造塑膠產品的機器，但價錢要兩萬美元。他買不起，就決定自行研製。他勤奮地學習相關知識，36 個小時不眠不休，最後成功地製作出了同樣性能的機器，但成本卻只有美國機器的十分之一。從此李嘉誠工廠的資產，以每年至少十倍的速度增加。這是他學習的回報。

比爾蓋茲也是一個熱愛學習的榜樣。大學期間，別人熱衷於談戀愛，他卻熱衷於電腦軟體和看關於財經的書籍。

學習使比爾蓋茲擁有了豐富的知識，使他不僅在軟體方面有了獨特的貢獻，而且在企業管理上，也創出了一套適合現代企業的方法，這就是選擇權制，讓主要員工獲得公司股票的選擇權。正是由於採取了合理的管理制度，才有了「微軟創造了上百個億萬富翁」的說法。

> **感悟**：終生學習，才會終生進步；停止了學習，就意味著停止了進步。喜歡學習的人不一定能成功，但是不喜歡學習的人，肯定不能成功。一個人的人生和他的知識是成正比的。
>
> **格言**：書是人類進步的階梯。──［蘇聯］高爾基

▌對於學習來說，任何時候都不晚

英語補習班新一期開始報名時，來了一位老先生。

「幫孩子報名？」登記小姐問。

「不，自己。」老人回答。

小姐愕然。

老人解釋說：「兒子在美國找了個太太，他們每次回來說話嘰裡咕嚕，我聽得很著急。我想與他們交流。」

「您今年貴庚？」小姐問。

「68。」

「您想聽懂他們的話，最少要學兩年。可是兩年以後您都 70 了！」

老人笑了，反問：「妳以為我不學，兩年以後就是 66 嗎？」

瑞士有位 96 歲的馬德祖‧博雷爾老人，自從在電視機上看到了現代熱氣球、三角翼滑行器和斜坡降落傘後，她就常在家人面前碎念，說自己非常想試試。家人起初以為她在開玩笑，但後來經不住老人多次死纏爛打，終於答應讓她試一次斜坡降落傘當作給她的生日禮物。

這一天，馬德祖‧博雷爾興致勃勃地在家人和醫生的陪同下出發了。她的醫生還是有些擔心，因為起飛點高達海拔 1,450 公尺，而一般來說，這樣年齡的老人，爬高不應超過海拔 1,200 公尺。可是，老人不但沒有不適反應，還爬了一段汽車不能行駛的山路。路邊休息的遊客給她讓座，她卻回答說：「我今天不是來坐的，是來飛的。」她帶上頭盔，穿上裝備，臉上沒有半點膽怯。陪她飛行的兩位助手在斜坡上助跑了十來公尺，降落傘就起飛了……。

20 分鐘後，馬德祖‧博雷爾降落在日內瓦湖畔的小城維爾納夫。她非常興奮地對跑來迎接她的家人說：「真是棒極了！太漂亮了！我像鳥一樣自由飛翔，從空中看到了我熟悉的城堡、湖心島嶼和湖底的水草，只是時間太短了！」

感悟：「晚了！晚了……」如果你反覆地唸著這兩個字，那麼你將發現迴響在自己耳邊的是這兩個字：「完了！完了……」那麼你的人生也就真的

完了：你失去了拯救自己的希望，你將讓時光白白流逝。

格言：只要肯學，永遠不嫌晚。── ﹝俄國﹞諺語

尺有所短，寸有所長

孔子乘著一輛馬車周遊列國。一天，他來到一個地方，見有個孩子用泥土圍了一座城，坐在裡面玩耍。

「你看見馬車過來為什麼不躲開呀？」孔子問孩子。

「從古到今，只有車子躲開城，哪有城躲車子的道理？」

孔子愣了一下，走下馬車，問：「你叫什麼名字啊？」

「我叫項橐。」

「你的嘴很厲害，我想考考你什麼山上沒有石頭？什麼水裡沒有魚兒？什麼車沒有輪子……」

「您老人家聽著：土山上沒有石頭；井水中沒有魚兒；用人抬的轎子沒有輪子……」孔子一連提了十幾個問題，都難不倒孩子。

孩子接著說：「現在輪到我來考您了……鵝和鴨為什麼能浮在水面上？鴻雁和仙鶴為什麼善於鳴叫？……」

孔子回答：「鵝和鴨能浮在水面上，是因為腳是方的；鴻雁和仙鶴善於鳴叫，是因為它們的脖子長……」

孩子忙說：「不對！魚鱉能浮在水面上，難道也是因為它們的腳是方的嗎？青蛙善於鳴叫，它們脖子也長嗎？……」

孔子佩服孩子知識淵博，連自己也辯不過他，只好拱手連聲說：「後生可畏！後生可畏！」說完，孔子就駕著車繞道走了。

感悟：由以上事例可見，尺有所短，寸有所長，即使是博學的孔老夫子，也有不如一個小孩之處。只有不斷地學習才能彌補自身的不足，才能使我們豐富和深刻起來。成大事的人，幾乎都是在工作中不斷學習，

> 只有無知的人才會輕視學習。
>
> **格言：**即使是天才，在生下來的時候的第一聲啼哭，也和平常兒童一樣，絕不會就是一首好詩。——　〔中國〕魯迅

▌沒文憑也能闖出一片天

　　有一個年輕人，因為家貧沒能上大學，他去了城裡，想找一份工作。可是他發現城裡沒一個人看得起他，因為他沒有文憑。就在他決定要離開那座城市時，忽然想給當時很有名的銀行家羅斯寫一封信。他在信裡抱怨了命運對他是如何的不公，並說「如果您能借一點錢給我，我會先去上學，然後再找一份好工作」。

　　信寄出去了，年輕人便一直在旅館裡等。幾天過去了，他用盡了身上的最後一分錢，也將行李打包好了。就在這時，房東說有他的一封信，是銀行家羅斯寫來的。

　　然而，羅斯並沒有對年輕人的遭遇表示同情，而是在信裡為他講了一個故事。

　　羅斯說：在浩瀚的海洋裡生活著很多魚，那些魚都有魚鰾，但是唯獨鯊魚沒有魚鰾。沒有魚鰾的鯊魚，照理來說是不可能活下去的。因為牠行動非常不便，很容易沉入水底，在海洋裡，只要一停下來就有可能喪生。為了生存，鯊魚只能不停地運動，很多年後，鯊魚擁有了強健的體魄，成了同類中最凶猛的魚。

　　最後，羅斯說，這個城市就是一個浩瀚的海洋，擁有文憑的人很多，但成功的人很少。你現在就是一條沒有魚鰾的魚……。

　　那晚，他躺在床上久久不能入睡，一直在想著羅斯的信。突然，他改變了決定。

　　第二天，他跟旅館的老闆說，只要給他一碗飯吃，他可以留下來當服務員，一分錢薪水都不要。旅館老闆喜出望外地留下了他。

　　十年後，他擁有了令全美國羨慕的財富，並且娶了銀行家羅斯的女兒，他就是石油大王哈特。

> **感悟：**生活在今天這個競爭激烈的社會，擁有名校的畢業文憑，無疑對於找工作有極大幫助，但是沒有文憑，同樣也能開拓出一片天。不辭辛苦，不怕人恥笑，從最底層的工作做起，再逐步累積經驗，不斷奮鬥，也會取得驕人的成績。
>
> **格言：**如果自身偉大，任何工作你不會覺得渺小。── ［美國］麥克唐納

高效率、成功的學習方式

　　學有所成的人在學習時往往有其獨特的方法。我們必須找到最適合自己的學習方式，以期取得最好的學習效果。下面是一些高效率、成功學習的基本方式。

◈ **愛書、愛讀書：**愛書、讀書是所有人獲得間接知識的重要途徑。人類在認識世界和改造世界的過程中所獲得的大量知識資訊，都已被記載在書籍之中，書籍中累積了全人類的智慧。想要進步，必須培養自己愛書、愛讀書的習慣。

◈ **不要讀死書：**知識學到手了還不算完成，只有將它們靈活運用，達到了學以致用的目的，才算圓滿。同時，一個人不僅要有書本知識，而且一定要投身到社會生活中，去學習實際的知識。

◈ **借助網路：**如今，從網路上獲取知識已成為從書本獲取知識的一個重要補充。網路突破了人類數千年來代代相傳的模式，人們可以隨時隨地利用網路學習。一定要重視網路，盡可能熟練地掌握網路工具，以使自己乘上這艘探取知識寶藏的「快艇」。

◈ **向大自然學習：**人類是大自然的產物，大自然永遠是人類知識的源泉、是人類的老師。學習知識，不僅要從書本中、實踐中學習，也要學會研究探索大自然。我們熟悉的科學家如達爾文、華萊士、第谷、古德爾等在不同領域有重大貢獻的人，卻都是善於直接在大自然中探尋寶藏的高手。

◈ **博覽群書：**博覽群書會使人視野開闊，頭腦靈活，思想豐富。而那些知識面狹窄的人，往往會頭腦遲鈍，思路狹窄，坐井觀天。因此，專讀要與博覽相結合，這是開闊思路、開闊人胸襟的最好途徑，也是學習知識、增強能力的重要原則。

◆ **學會自學**：自學比一般的學習方式有難度，所以更需要超凡的志氣和鋼鐵般的意志。隨著科技的發展，觀念的變化，自學已成為一種普遍的學習形式。自學就是要自覺學習、自動學習、自主學習。

◆ **終身學習**：在 1970 年代末期，就有學者提出了終身學習的概念。這是因為，在如今的知識經濟時代，義務、高等教育的完成甚至是博士學位的獲得，都不能保證自己的知識「夠用」。任何人，如果要跟上時代的步伐，就必須不停地學習，終身學習。

如何提高記憶力

記憶力的重要眾所周知，無需贅言。以下是一些提高記憶力的方式，相信對我們的進步會有所幫助。

◆ **分解資訊，分塊記憶**：要記住大量的資訊，最好是將它分解為若干個中等大小的模組（一般不超過 7 塊），這樣記憶起來就容易多了。

◆ **尋求良方，尋找刺激**：記憶的方法因人而異，有人看著記得快，有人聽著記得快，有人則要動著記……。我們自己最擅長的記憶方法是什麼？如果清楚，一定要注意運用和發揮它；如果還不清楚的話，要注意觀察、分析和總結，它會使我們的記憶力如虎添翼。良性刺激可使人的腦細胞變得年輕而敏銳。要使我們的腦細胞永保青春，關鍵在於要經常給予刺激。經常處於接受新刺激的環境中，腦袋才會清晰。

◆ **注意休息，消除疲勞**：疲勞會顯著地降低腦細胞的活動能力，記憶力也會隨著這種降低而減弱下來。所以，想要提高記憶力，就必須經常調整自己的身心狀況，使腦細胞處於良好狀態。

◆ **明確目的，提高興趣**：目的明確可使人集中精力，從而促進記憶。乘車去朋友家時，自己騎車和坐公車，情況會完全不同。如果自己騎車去一趟，很容易就能把路線記住；可是如果由別人開車，自己就算坐在司機旁邊，也往往很難記住路線。這就是目的性強弱的差別，它與記憶的差別密切相關。

◆ **有效地複習**：中國古代教育家孔子說過：「學而時習之。」德國哲學家狄慈根（Joseph Dietzgen）也說過：「重複是學習的母親。」這些都說明了複習以增強記憶的重要性。

◆ **善用聯想**：記憶祕訣很多，最常見也最簡單的，是把要記憶的東西編成歌曲

或繞口令，這樣就容易記憶了。這樣做的原理，是為看起來無趣的東西賦予意義，以便於記憶。

◈ **最暗淡的墨水也勝過最強的記憶力**：紙筆勝於記憶。有這樣一句諺語表達記憶的特色，即「最暗淡的墨水也勝過最強的記憶力」。因此，學習的內容要做好筆記，工作中的事情要寫備忘錄。任何時候都不要單純依靠大腦記憶，必須以紙筆或電腦等記錄方式來輔助。

▍不要把學習當作一件辛苦的事

小譚和小覃在同一家公司負責文書處理。她們所在的公司從事諮商業務，對員工的素養要求相當高。這種情況，使她們感受到了壓力，於是兩人不約而同地開始了自學考試的學習，而且都選擇了原來的專業：小譚學中文，小覃學英文。

對於自學考試的學生來說，有一些課程是比較乏味的，而這些課程對於喜好文學、以形象思維見長的小譚和小覃來說，學起來著實不易。

小覃以此為苦，總是在快要考試的時候報名補習班，買本複習講義來背誦，以 60 分為標準，可是連考了三次都未通過。

小譚第一次也沒有通過。事後，她仔細想了想：如果老是以一種交差了事的態度，恐怕很難考過，不如認真地投入，雖然多花了些時間，但所學也未必就毫無用處。

就這樣，她不僅研讀了指定教材，還讀了幾本參考書，平時碰到報章上相關的文章也會特別留意，時間允許，就盡可能地閱讀。

剛好公司裡組織讀書會，小譚特意從她並不太熟悉的領域入手，選擇了幾本書。結果她的讀書報告贏得了大家的好評，行政部負責人對她也十分讚賞。在這之後，小譚對這門專業的興趣有增無減。

第二次，小譚順利地通過了考試。

> **感悟**：如果讀書僅僅是為了應付老師和家長，應付公司和老闆，很不幸，那確實是一件辛苦的事。有些事情是我們人生成長過程中不能不完成的課題，不管願意不願意；既然知道這些，我們又為什麼不能把讀

書、學習變得快樂一些呢？

格言：讀書是唯一的娛樂，我從不把時間浪費在酒店、賭博或任何一樣惡劣的遊戲上……。──〔美國〕富蘭克林

如何把學習變成愉快的事情

學習不等於遊玩，基本上過程是痛苦的。不過，運用適當的方法、技巧，也可以把學習變成一件輕鬆愉快的事情。

◆ **讓開頭輕鬆一些：**如果是重新開始學習，那就讓開頭輕鬆一些。這包括把學習的目標訂得低一些，學習持續的時間短一些，學習的內容淺顯有趣一些，等等。一開始就把目標訂得太高，把自己逼得太緊，會覺得學習是一種負擔，由此而生厭；反之，輕鬆一些，漸漸就會培養起興趣來，那時再加強，也就不以為苦了。

◆ **創造一個良好的學習環境：**想辦法為自己安排出專門學習的地方：一個房間或者房間的一個角落。要使這個地方對自己有特殊的吸引力，比如用圖畫、鮮花或別的喜歡的東西布置一下。學習結束的時候，要把這個環境整理好，為下次學習提供一個好的環境。

◆ **利用一天中最好的時間學習：**有些人在一天的某段時間學習，會比其他時間吸收得更好，或學習起來比較輕鬆一些。如果你有所偏好，而且又有選擇的餘地，不妨把時間調整一下。

◆ **每次學習的時間不要太長：**許多人學習失敗，是由於他們以為一旦開始學習，就得一坐好幾個鐘頭。這種想法使他們覺得頭痛、氣餒，於是乾脆就不學了。所以每次學習時間要適當地短一些，至於要花多久時間，取決於個人的效率和學習的內容。

◆ **學習要多樣化：**無論我們想學習什麼，都應將學習劃分為若干個小的階段，中間有所停頓，內容有所變化，或適當插入一些活動。這樣做就像吃什錦巧克力那樣，學習起來會比較輕鬆一些，而且也會有更好的收穫。

◆ **整理成果，以便利用：**在學習告一段落時，要將資料分類整理。這樣，以後要用的時候，查詢起來就方便了。而且看到成果，會更增添學習的動力。

◆ **完成每個學習階段要獎賞自己**：為了鼓勵自己學習，可以設立額外的、即時的獎賞。譬如，每學習一小時，給自己一個點數。然後將累積起來的點數用來買「奢侈品」── 那些非常喜歡，但是只允許用點數去買的東西或做的事情。透過這種方法，把學習與某種具體歡樂連結在一起，在開始學習之前就預見到歡樂，會使我們更加努力地學習。

▌學習需要持之以恆

1990 年代，80 多歲高齡的彼得·杜拉克比許多 25 歲的年輕人更活躍。身為幾個世界 500 強大企業，如索尼、通用汽車公司的總裁特別顧問，他經常環遊世界；此外，他還在寫書。

儘管很忙，杜拉克每天仍然會擠出 3 ～ 5 個小時讀書，涉獵的領域極廣。這是他在年輕時養成的習慣。

「每隔幾年，我就選擇一個新的主攻領域，每日攻讀，連續三年。」杜拉克率直地說，「那樣雖不能使我成為專家，可是足以使我基本了解那個領域。我這麼做已經 60 年了。」

只要簡單地推算一下，我們就知道杜拉克先生在 20 個不同領域，都擁有極淵博的知識，從經濟、英國文學到中國古代史等。杜拉克是「知識工作者」的縮影。他用這個詞，創造性地描述了新經濟中最有價值的資源 ── 腦力資源。

「你的知識和你的經驗都是你的新財富。」杜拉克解釋，「那屬於你，不屬於你的公司。當你離開一個組織，你就帶走了那份財富。」

杜拉克一生共出版了 45 部著作，而且大部分都是暢銷書，有的迄今都是管理學領域的經典，是管理學院師生和商業界人士的必讀書。

> **感悟**：在我們這個新知識經濟時代，假如你沒有學會如何學習，你就會舉步維艱。懂得如何學習，一半靠好奇心，另一半靠自律。杜拉克的一生證明，保持自律讀書，在資訊時代將會得到最好的回饋。
>
> **格言**：學習這件事不在乎沒有人教你，最重要的是在於你自己有沒有覺悟和恆心。── ［法國］法布爾

▍思考是更重要的學習

有一位著名教授帶了一個學生，這位學生勤奮學習，每天都泡在實驗室裡擺弄儀器做實驗。

有一次，教授找來這位同學，問他：「你清晨在做什麼？」

「我在做實驗。」

「那麼，你上午在做什麼？」

「也在做實驗。」

「那下午呢？」

「我也在做實驗。」

「晚上呢？」

「我一直做到 12 點鐘，然後上床睡覺，第二天早晨 5 點立刻爬起來做實驗……」

教授問他：「那麼你什麼時候在思考呢？」

教授一句話提醒了學生：如果沒有時間來休息、思考問題，實驗來實驗去，弄到一大堆資料，但終歸沒有什麼用。

在這之後，這位學生加強了休息思考，不再一味地做實驗，他的學習效率大大提高。天才加勤奮，使這位學生後來成就極高。

這位學生就是大名鼎鼎的法國化學家拉瓦錫（Antoine Lavoisier）。

感悟：思考是學習和工作的一部分，唯有知道思考的人，才能更高效率地學習和工作。反之，一個人如果連續長時間學習和工作，那他只能是在疲憊狀態下工作，沒有時間思考，又哪來效率呢！

格言：問訊是知之本，思考是知之道。── 諺語

如何改善思維、正確思考

人的思維很容易陷入「不見棺材不掉淚」的境地。要突破這種盲點，就要克服自己習慣的思維模式；而要學會正確地思考，就必須做到：

◆ **全面考慮事物的優缺點**：改善思維的關鍵性一步，就是在觀察事物時，不要局限自己的眼光。多數人在第一次聽到一種新的點子、一個解決問題的新辦法時，就會本能地作出喜歡或不喜歡的反應，然後為自己的看法辯解。為了避免落入這一圈套，最簡單的方法就是全面考慮事物的優點、缺點、重要性。

◆ **明確目標與真實目的**：有一個打網球的人總是輸球，因為他總是試圖一拍子就把球扣死。雖然他認為贏球是他的目標，可事實上卻被另一個目的所迷惑 —— 他想露一手。他所追求的真實目的妨礙了他實現其目標。明確目的還有助於我們創造性地解決問題。比如，把人和猛獸的位置調換：讓人在籠子裡、猛獸在自然中，這樣的遊覽觀賞方式就是目的引導的創新。

◆ **開闊自己的思路**：即使運用了上面幾條思維方法，我們也許還沒有發現解決問題的滿意答案。這時就要學會在習慣的思路之外尋找可能性，包括那些原來覺得辦不到的或者荒唐可笑的事。允許思路自由馳騁，並先接受它所觸及的一切，然後再靠正確的感覺和判斷力進行篩選。

◆ **嘗試新的途徑**：如果發現此路不通，不要鑽牛角尖。此時，可以從一個方向跳到另一方向，直到找到一個答案為止。

◆ **與別人討論**：百思不得其解的時候和別人討論，這是十分有益的。在與別人一起探討問題時，要集中注意那些我們也許忽略或遺漏的方面。以傾聽者的姿態出現，這樣會給我們提供一個有利的回味、回饋的機會，可以迅速找出我們的思考中模糊不清或者不合邏輯的地方。

總之，最為有害的習慣思維模式是在「此路不通」上一味重複。要克服這一點，就要始終保持思想的開放以接受新的組合，而不是把時間浪費在重複那些不可能成功的企圖上。

▌投入專業，讓混日子的時間盡量少些

渥倫‧哈特葛倫年輕時曾是一名挖沙工人，經年累月的工作，使他興起了必須成就自己的人生事業的欲望——成為研究南非樹蛙的專家。

按照所受教育，哈特葛倫本來不具備這方面的才能，但從 1969 年開始，他就把大部分時間和精力用在了研究上，他每天都收集 150 個標本，共做了大約 300 萬字的筆記，終於找到了南非樹蛙的生活規律，並從這些蛙類身上，提取了世界上非常罕見的一種能預防皮膚病的藥物，從而一舉成名，獲得了哈佛大學的博士學位，並成為《時代》週刊的封面人物。

哈特葛倫曾經問過一位年輕人是否了解南非樹蛙，年輕人坦白地說：「不知道。」博士誠懇地說：「如果想知道，你可以每天花 5 分鐘的時間閱讀相關資料，這樣，5 年內你就會成為最懂南非樹蛙的人，會成為這一領域中最具權威的人。」

年輕人當時不置可否，但他後來卻常常想起博士的這番話，覺得這番話真的道出了許多人生哲理。這位年輕人開始像博士一樣，把時間和精力投入到自己的目標上，終於成為第二個哈特葛倫。他叫伍迪‧艾倫（Woody Allen），是美國著名電影導演，戲劇和電影劇作家，爵士樂單簧管演奏家。

伍迪‧艾倫說過：「生活中 90% 的時間只是在混日子。大多數人的生活層次，只停留在：為吃飯而吃、為搭公車而搭、為工作而工作、為回家而回家。他們從一個地方逛到另一個地方，事情做完一件又一件，好像做了很多事，但卻很少有時間從事自己真正想完成的目標。就這樣，一直到老死。我猜想很多人到退休時，才發現自己虛度了大半生，剩餘的日子，又在病痛中一點一點地流逝。想要成就自己的事業，這樣做是絕對不行的。必須把時間和精力投入到自己的專業上，這樣你就能不同凡響。」

> **感悟：**伍迪‧艾倫的話，切中了許多人的要害。許多人都是年過不惑時驀然回首，發現自己半生之中沒有做過自己想做的事情，而此時為時已有些晚。年輕人雖然有時間優勢，但也不可揮霍，這是特別要警惕的。
>
> **格言：**我們大多數人都不願意每天投資 5 分鐘的時間（與 5 個鐘頭的時間相比實在是少之又少）努力成為自己理想中的人。——　〔美國〕伍迪‧艾倫

▍業餘研究也能有大成就

美國一家很大的化妝品公司的負責人，見兒子在大學成為了神學領域的優等生，十分高興。可是漸漸地，父親發現與兒子不再有共同語言了，因為他已經沒有能力理解兒子的思想。這使他日益焦慮不安起來。

父親對神學也很感興趣，但畢竟從未認真系統地學過這門課。為此，他在每天午飯後開始擠出一小時，把自己關在辦公室裡，攻讀宗教方面的書籍。

起初，同事們認為他很古怪，在做傻事。但不久，他們對這位父親的學習計畫改觀了。由於對宗教學的研究，使他涉及了人類學、社會學和其他一些科學領域。這不僅解決了他和兒子交流的問題，而且成就了他的另一份事業：他常被邀請到各地演講，他的演講與文章，對不同宗教信仰間人們的相互了解作出了貢獻。

身為當今世界上最大的化學公司 —— 杜邦公司的總裁來說，其公務之繁忙、時間之緊迫是可想而知的，但格勞福特‧格林瓦特卻在他的業餘研究中取得了傑出的成就。這位大公司的總裁研究的是世界上最小的鳥 —— 蜂鳥。

格林瓦特每天抽出一小時來研究它，鑽研有關的研究成果，用專業設備為蜂鳥拍照。他的研究成果發表以後，權威人士把他的著作稱為是自然歷史叢書中的傑作。

尼古拉‧格裡斯多費羅斯是一位在美國工作的希臘籍電梯維修工。格裡斯多費羅斯對現代科學很感興趣，他每天下班後到晚飯前，總會花一小時攻讀原子核物理學方面的書籍。

隨著知識的累積的，一個念頭閃格裡斯多費羅斯的腦海。1948 年，他提出了建立一種新型粒子加速器的計畫。這種加速器，比當時其他類型的加速器造價便宜而且更強而有力。

格裡斯多費羅斯把計畫遞交給美國原子能委員會做試驗，又多次改進，最終，這臺加速器為國家節省了 7,000 萬美元。格裡斯多費羅斯得到了 1 萬美元的獎勵，還被聘請到加州大學放射實驗室工作。

> **感悟：**一小時，它能做什麼？喝杯咖啡，小睡一會，甚至走個神，一小時就悄然溜過了。沒有幾個人會認為一小時是一段很長的時間，更沒有什麼人會相信利用一小時能獲得一個成功。而事實卻是，很多人能在成功的同時，在個人愛好上也有所收穫。原因正是：他們知道每天合理利用一小時。

▋ 勤能補拙是終極道理

　　有個孩子一直對一個問題百思不解：為什麼他的同學總能考取第一，而自己想考第一，卻才考了全班第二十一名？

　　回家後他問媽媽：「媽媽，我是不是比別人笨？我覺得我和他一樣聽老師的話，一樣認真做作業，可是，為什麼我總比他落後？」

　　媽媽聽了兒子的話，感覺到兒子開始有自尊心了。她望著兒子，沒有回答，因為她一時還不知該怎樣回答。

　　又一次考試後，孩子考了第十七名，而他的同學還是第一名。回家後，兒子又問了同樣的問題。此時媽媽真想對兒子說，人的智力的確存在差別，考第一的人，腦袋就是比一般人好。然而她沒說出口。因為她覺得說出這句話，就等於給兒子宣判了「死刑」，這樣會給兒子造成很大的傷害。

　　應該怎樣回答兒子的問題呢？有幾次，媽媽真想重複那幾句被上萬個父母重複了上萬次的話 —— 你太貪玩了、你在學習上還不夠勤奮、和別人比起來還不夠努力……來搪塞兒子。然而，她沒有這樣簡單地回答兒子，她想為兒子的問題找到一個完美答案。

　　兒子小學畢業了，雖然他比過去更加刻苦，但依然沒趕上他的同學，不過與過去相比，他的成績一直在提高。為了鼓勵兒子的進步，她帶他去看了一次大海。

　　他們坐在沙灘上，欣賞著大海美麗的風景。當她看到海邊飛翔的鳥兒時，頓時產生了一個完美的答案。於是她指著前面對兒子說：「你看那些在海邊爭食的鳥兒，當海浪打來的時候，小灰雀總能迅速地起飛，牠們拍打兩三下翅膀就升入

了天空；而海鷗總顯得非常笨拙，牠們從沙灘飛人天空總要很長時間，然而，真正能飛越大海、橫過大洋的還是牠們。」

後來，這個孩子以全校第一名的成績考入了臺大。

寒假歸來時，母校請他為同學及家長們演講。他講了小時候的這段經歷。這個報告使很多母親流下了眼淚，其中包括他自己的母親。

> **感悟**：人的智力是有一定差異的，但是一個人的聰明與否，並不是獲得成功的先決條件。一分耕耘，一分收穫，勤能補拙。一個人不管有多麼愚笨，只要能勤奮努力，在人生的道路上不斷地邁出一個個堅定的步伐，最終就一定能達到成功的目標。

▌比別人多努力一些

兩個同齡的年輕人同時受僱於一家店鋪，也拿同樣的薪水。可是沒多久，阿諾德青雲直上，而布魯諾卻仍在原地踏步。

布魯諾很不滿意老闆的不公平待遇，終於有一天他找到老闆發牢騷了。

老闆一邊耐心地聽著他的抱怨，一邊在心裡盤算著怎樣向他解釋清楚他和阿諾德之間的差別。

「布魯諾先生，」老闆開口說話了，「您今早到市集去一下，看看今天早上有賣什麼。」

布魯諾從市集上回來向老闆彙報說：「今早市集上只有一個農民拉了一車馬鈴薯在賣。」

「有多少？」老闆問。

布魯諾趕緊戴上帽子又跑到市集上，然後回來告訴老闆一共 40 袋馬鈴薯。

「價格是多少？」

布魯諾又第三次跑到市集上問到了價錢。

「好吧，」老闆對他說，「現在請您坐到這把椅子上一句話也不要說，看看別

人怎麼說。」接著老闆安排阿諾德也去一趟市集。

阿諾德很快就從市集上回來了，並彙報說到現在為止只有一個農民在賣馬鈴薯，一共 40 袋，價格是多少多少；馬鈴薯品質很不錯，他還帶回來一個讓老闆看看。這個農民一個鐘頭以後還弄來幾箱番茄，據他說價格非常公道。昨天他們的番茄賣得很快，庫存已經不多了。他想這麼便宜的番茄，老闆肯定要進一些的，所以他不僅帶回了一個番茄作為樣品，而且把那個農民也帶來了，他現在正在外面等回話呢。

此時老闆轉向了布魯諾，說：「現在您肯定知道為什麼阿諾德的薪水比您高了吧？」

布魯諾跑了三趟，才在老闆的不斷提示下，了解了菜市場的部分情況；而阿諾德僅一趟，就掌握了老闆需要和可能需要的資訊。

> **感悟**：現實生活中也有不少人像布魯諾那樣，上司吩咐什麼就做什麼，自己從不用腦，結果長期不被重用，還感慨命運的不公平。而像阿諾德那樣辦事高效率、靈活的人，不僅能圓滿完成主管交辦的任務，還會主動提供參考意見和盡可能多的資訊，自然會得到賞識和青睞。
>
> **格言**：勤勉而頑強地鑽研，永遠可以使你百尺竿頭更進一步。──〔德國〕舒曼

▌如何才能保持勤奮努力

對於進步和成功來說，勤奮努力總是不可少的。但勤奮似乎具有很強的主觀性，難以約束，引導。其實不然。勤奮的意識是可以培養的，勤奮的行為也可以透過培養習慣形成。下面的這些方法，對保持勤奮努力十分有幫助。

◆ **愉快的學習及工作**：一份愉快的心情是保持勤奮的最好條件，它能促進學習及工作的順應性，使時間在不知不覺中過去。而愉快地學習及工作又是成功之道、幸福之源。如果我們選擇了某門課程或某份工作，那麼就要努力去喜歡它，並且讓它成為我們體現活力的途徑，成為我們保持勤奮和快樂的源泉，如果不能做到這一點，保持勤奮、努力進步都會成為一句空話。

◆ **專注於我們的學習和工作**：這裡所說的「專注」，是一種勤奮的能力，它使我們的思想集中在一個問題上，直至徹底地解決工作中遇到的難題。它是一種積極的精神狀態，可以引發我們內在的優秀特質，並能更有效地發揮我們的潛能。如果我們的工作狀態一直是「專注」的，那麼就會發現，自己所從事的工作會顯得比較容易，一切都變得大有可能。工作中的障礙就會像田徑賽的欄柵，等著被征服，這會讓我們更勤奮、更有效地工作，同時我們的信心和勇氣也會越來越大。

◆ **走在時間的前面**：時間都有，但又因人而異。一個百無聊賴的人會覺得時間過得太慢，而一個有工作要做的人覺得時間過得太快。針對我們自己，有時候一天天地算日子，覺得時間慢；一年年算日子，又覺得時間消逝得太快了。所以時間的表現並不一致。勤奮的人一定要走在時間的前面。

◆ **用思想指揮行動**：勤奮可以使人進步、成功，但同時還要減少行動的盲目性，成為一個靠思想指揮行動的人。否則，我們再苦、再堅強、再勤奮，也可能達不到預期的目的。愛因斯坦有個公式：成功＝艱苦的勞動＋正確的方法＋少說空話。也唯有如此，我們的勤奮才能得到成效，也才能走向成功的顛峰。

如何有效利用時間

「一寸光陰一寸金」的道理幾乎是人人皆知、也大多深有體會的。但儘管如此，還是有人大把地浪費著時間、虛擲著光陰。究其原因，不是他們沒有認識到時間的價值，而是不知道如何有效利用時間。下面就是一個有效利用時間的方法。

◆ **善用每分每秒**：生活中有很多零散的時間可以利用，比如等待的片刻，轉換的間歇。在這種情況下可以：帶本書看看、寫點東西、修改一下報告。這樣，挖掘出了可利用的時間，積少成多，必有助益。

◆ **學會一心二用**：我們常常強調「聚精會神」、「專心致志」，其實這和「一心二用」並不矛盾。表面看，應該是集中精力做事才會有效，可有時候搭配好了，兩件事可以同時做好，比如跑步聽英語等等。會「一心二用」的人等於比別人有多一倍的生命和機會。

◆ **拒絕做浪費時間的事情**：在現實中，有很多事情本來是我們不願意去做的，但拋不開情面而勉為其難，因而浪費了寶貴的時間。所以有些時候，要學會拒絕，養成保護有限時間的習慣。

◆ **今日事，今日畢**：要養成珍惜時間的習慣，凡事最好做到及時處理，這就是我們常說的「今日事，今日畢」。所謂即時處理，就是凡事自己決定要做的事，不管它是什麼事，就立刻動手去做。「立刻」這一點至關重要，這不僅省去了記憶、記錄，或從頭再做的工夫，而且可以解除把一件事總記掛在心上的思想包袱。

◆ **用工作代替休息**：有時候我們應該停下一切工作來休息一下，但休息並不一定意味著什麼都不做。疲勞常常只是厭倦的結果，要消除這種疲勞，不必非要停止工作，可以試試變換一下工作。最好的休息是把工作的性質變動一下。

若論工作量，很少有人能超過英文《新約聖經》的翻譯者詹姆斯·莫德特。據他的一位朋友說，莫氏的書房裡有三張桌子，一張擺著正在翻譯的《聖經》譯稿；一張擺的是一篇論文的原稿；在第三張桌子上，是他正在寫的一篇偵探小說。莫氏的休息方法就是從一張書桌搬到另一張書桌，繼續工作。

每天抽出一小時

時光短暫、時間緊迫的感嘆大多數人都有，但這並不意味著根本沒有時間來處理工作之外的事情和發展個人愛好。實際上，我們的先輩或同時代人，有許多人正是用堅持每天擠出一小時來發展個人愛好，或者處理一些特殊事情的；而且越是忙碌的人，往往越能擠出這一個小時來。

◆ **抽出一小時來充實和提高自己**：大多數人陷於正在做的工作中，讓這些事情完全吞噬了自己的時間。顯然，這對我們的進步和提高是不利的。我們可以盡心盡力、兢兢業業、全部身心都投入在工作中，但想要出色地完成工作或勝任要求更高的工作，則必須擠出時間來充實和提高自己。

◆ **抽出一小時來學習新知、跟上時代**：眾所周知，現代知識更新的速度相當之快，如果人們不能即時補充新的資訊，就很可能落伍。每天一小時的學習，不僅能讓人跟上時代，還能讓人在某一方面取得傑出成就。

◆ **每天一小時的業餘愛好可以成為專家**：在學習和研究領域，一些人每天擠出一定的時間，學好一門語言或搞懂一門學科，這樣的例子我們聽過不少，也不太覺得稀奇。而每天抽出一小時用於業餘愛好，也能夠成為某些方面的專家，這樣的例子同樣不勝枚舉。

◆ **每天一小時的業餘愛好可以促進工作**：大多數人也許並不奢望利用每天一小時的業餘愛好，而成為某一方面的專家，這無可厚非。但如果說不想成為專家，就不必每天抽出一小時來發展個人愛好，那就錯了，因為這一小時，不僅並未侵蝕你的工作時間，而是延長了它 —— 提高了效率，促進了工作。一天抽出一小時來發展個人愛好，排除疲勞，即使看來沒有做出多大的事情來，但大多數人還是會覺得有收穫的，至少他們在這段時間裡，可以將疲憊的精神狀態驅散，讓自己工作起來更有效率。

◆ **每天抽出一小時並不難**：每天都抽出一個小時來，這需要恆心和毅力。對於一個有恆心和毅力的人來說，每天抽出一小時並不難。關鍵在於如何設法得到這一個小時，並且有效地利用它。

▌不要讓交際占用過多時間

羅斯福總統珍視友情，但也珍視時間。因此，當一個分別很久、只求見上一面的客人來拜訪他時，他總是在熱情地握手寒暄之後，便很遺憾地說他還有許多別的客人要見。這樣一來，他的客人就會很簡潔地道明來意，告辭而去。

一位公司的老闆擁有待客謙恭有禮的美名，他每次與來客把事情談妥後，便很有禮貌地站起來，與他的客人握手道歉，誠懇地說自己不能有更多的時間再多談一會。那些客人都很理解他，對他的誠懇態度也都非常滿意。

在現代美國企業界，與人接洽生意能以最少時間產生最大效率的人，非金融大王摩根莫屬。

摩根每天上午 9 點 30 分準時進入辦公室，下午 5 點回家。有人對摩根的資本進行了計算後說，他每分鐘的收入是 20 美元，但摩根認為不只這些。所以，除了與生意上有特別關係的人商談外，他與人談話絕不超過 5 分鐘。

通常，摩根總是在一間很大的辦公室裡，與許多員工一起工作，而不是一個人待在房間裡工作。摩根會隨時指揮他手下的員工，按照他的計畫去行事。如果走進他那間大辦公室，是很容易見到他的；但如果沒有重要的事情，他是絕對不會歡迎你的。

摩根能夠準確地判斷出一個人來接洽的到底是什麼事。當有人對他說話時，一切拐彎抹角的方法都會失去效力，他能夠立刻判斷來人的真實意圖。這種卓越的判斷力，使摩根節省了許多寶貴的時間。有些人本來就沒有什麼重要事情需要接洽，只是想找個人來聊天，摩根對這種人簡直是恨之入骨。

> **感悟：**如果想調劑自己的生活，想在某一領域進修，想做出更大的成就，你就必須學會有效利用時間，不要讓過多不必要的交際浪費你太多的時間。如果你可以縮短或取消一些不必要的交際，你不僅可以完成許多事情，還能擁有成功的生活。
>
> **格言：**時間就是性命。無端地空耗別人的時間，其實是無異於謀財害命的。—— ［中國］魯迅

合理安排，為自己贏得更多時間

沒有人可以懷疑愛蓮娜‧羅斯福總統夫人是個懶人。演講、寫作，在各國之間為友誼而努力 —— 她每天的活動排滿了整張行程表，大部分比她年輕一半的女性也難以勝任這種忙碌。

一位知名記者就此訪問羅斯福夫人的時候，問她如何能夠完成這麼多事情，她的回答很簡單：「我絕不浪費時間。」

羅斯福夫人告訴人們，她在報上發表的許多專欄文章，都是在約會和會議之間的空餘時間完成的。她每天工作到深夜，清晨就起床。

羅斯福當總統的時候，他的桌上總攤著一本書，所以他能夠在兩次約會之間的兩分鐘到三分鐘的空檔裡念書。他的臥室裡有一本詩集，所以他能夠在穿衣服的時候背下一首詩。

> **感悟：**我們中的許多人 —— 儘管我們不能說自己和美國總統夫人一樣忙碌，卻總是哭訴著說「沒有時間」。其實，生活中有很多零散的時間是大可利用的，如果能化零為整，那我們的工作和生活將會更加輕鬆。

分清緩急，不在瑣事上浪費時間

庫比是一家公司的老闆，他有理想、有抱負，總想成就大事業，卻總對一些無所謂的小細節放心不下，無論任何事情都要事必躬親。公司的所有客戶，他要全部接見；員工的工作他要一一分配；部門做出的決策他要一一過目；甚至連普通員工的人事調動，他也要親自考慮。比起別的老闆來，庫比勤奮多了。

但是，儘管庫比工作起來風風火火，勤勤懇懇，但他對工作總是感到沮喪，晚上離開辦公室時常常悶悶不樂：自己如此辛苦，如此珍惜時間，為何還進步甚微？

庫比沒有意識到，他讓太多的瑣事浪費了太多的時間，從而耽誤了對公司發展大事的策劃和推動。

感悟：分清輕重緩急，不在瑣碎的事情上浪費時間，不僅是老闆、主管的事情，也是我們每個人所必須做的。不要以為我們不是大人物，就可以把寶貴的時間浪費在瑣事上，這必然會遲滯我們成功的步伐。

第十章　正確對待名利，辯證看待得失

　　人在生命的世界裡只是一個匆匆的過客，不管承認與否。當閉上眼睛靜靜一想，生命之舟在一天天駛向天國的彼岸。我們要充分利用自己短暫的生命為家庭、國家、社會做點事。

▌讓逆境激發出內在的潛能

　　安東尼‧布林蓋斯40歲的時候，得知自己患了腦癌，而且最多只能活一年。他知道自己必須和命運搏鬥。當時，由於破產，他沒有任何東西可以留給自己的妻子琳娜，而她馬上就要成為一個寡婦了。

　　布林蓋斯並不是一個職業小說家，但他知道自己具有寫作的潛力。為了給琳娜留點錢，他開始嘗試寫小說。他不知道自己寫的東西能否出版，然而他別無選擇。

　　他說：「那是1960年的1月，醫生預言我只能活過當年夏天了。我的生命將隨著秋葉的飄落而凋零。」

　　那段時間，布林蓋斯拚命寫作。在新年的鐘聲敲響之前，他完成了五部小說──這個數字接近英國小說家福斯特（E. M. Forster）畢生的創作，是美國小說家塞林格（J. D. Salinger）創作的兩倍。

　　然而，布林蓋斯並沒有死。他的病情緩解，癌細胞逐漸消失。當然，妻子也沒有成為寡婦，他們仍然快樂地生活在一起。

　　從此之後，小說創作成為布林蓋斯畢生的職業（其代表身為《發條橙》）。他一生寫了70多本書，算得上是一個極為高產的作家。然而如果沒有那個可怕的死亡預言，他也許根本就不會從事寫作。

> **感悟：**從理論上來說，人的潛能是無限的。然而，這些巨大的潛能，有時候要在某種緊急情況下才能激發出來。由此看來，生活不能太過舒適、輕鬆，否則難免流於平淡乃至平庸。

> 格言：人才免不了遇到障礙，然而障礙會創造天才。── ［法國］羅曼・羅蘭

▌付諸行動，任何想法都有可能實現

很多年以前，她身為兩個小男孩的媽媽，與丈夫決定把家搬到位於新南威爾士省北部的一個小鄉村去。

村子靠近一條鐵路，是一個重要的小麥產區。在收穫季節，伴隨著一輛輛的卡車，源源不絕地運送小麥，整個村子都活躍起來。但在一年中的其他季節，村子則非常安靜。社區的主要活動，無非是圍繞著只有兩名教師的小學校、當地的紀念堂以及幾個體育設施而展開。

她們家的房子很舒適，有一個美麗的花園。但村子本身卻一塌糊塗，陳舊的農機具到處亂放，各類垃圾隨處可見，給人的總體印象，是這裡的人們不在乎環境的整潔。

這種狀況使她憂慮了相當一段時間，直到有一天，她突然靈機一動：組織一次全村的大掃除。

她與丈夫通知每一個村民，大掃除訂於某個特定的星期六上午開始，並要求人們參加時，盡可能多帶上卡車和拖拉機。

那天上午，她的腦袋閃過一個念頭：也許沒有一個前來參加。然而，完全出乎預料的是，村子裡幾乎所有的人都來了 ── 男人，女人，孩子，以及狗。他們還帶來了各種機械用具。

人們從村子的一頭開始打掃。掃除大軍所經之處，一卡車一卡車的垃圾被清運出去。

經過星期六一整天，又加星期日幾個鐘頭的打掃之後，整個村子煥然一新，甚至連一個隨意丟棄的瓶子都看不見了。

從那天起，村中的每個人似乎都對他們的村子增加了一份自豪感，村民的自尊心起了奇妙的變化。

> **感悟：**不要害怕失敗，只要有勇氣把自己的想法付諸行動，任何事情都是可能的。而在達到預定目標之後，你會發現，當初的擔心都是那麼的多餘。
>
> **格言：**對我來說，只有行動才是成功的途徑。── ［英國］柴契爾夫人

萬事起頭難，第一個果子都是酸的

俄國作家克雷洛夫一生著作十分豐富，他的美名享譽全世界。可是，出身貧寒的克雷洛夫，在成名之前也歷經了許多挫折。

有一次，一個青年農民向克雷洛夫出售果子：「先生，請買個果子吧！這籃筐裡的果子有點酸，因為我第一次學種果樹。」

「你可真是個誠實的人。」克雷洛夫讚許地說，「那我就買幾個吧！不過，別灰心，以後你會收穫甜果子的。因為我的第一個果子也是酸的。」

「你也種過果樹？」

「我的第一個『果子』是《用咖啡渣占卜的女人》。可是這個劇本沒有一個劇院願意上演。它至今還擱在我的書桌裡。」克雷洛夫幽默地說。

> **感悟：**萬事起頭難，最初的失敗並不可怕。只要我們有信心堅持下去，努力學習，不斷進步，避免重蹈覆轍，最終都會收穫甘甜的成功之果。

挫折是前進路上的試金石

沃爾特‧迪士尼年輕時想當一名藝術家，於是就到當地的《明星報社》去應徵。然而，報社主編說迪士尼的作品「沒有思想」，拒絕了他。這令迪士尼萬分沮喪，因為他身上已經沒有錢了。於是他不得不流落街頭。

不久，迪士尼找到一個替學校教學臨時作畫的工作，但報酬少得可憐，僅夠勉強度日。迪士尼借用公司的廢棄車庫當辦公室，辛勤地工作著。在艱難的生活中，迪士尼依然不忘自己的夢想，把空餘時間全都用在了繪畫上。

後來，迪士尼去好萊塢攝製一部卡通片。然而等待他的依然是失敗。他又一次變得一無所有──既沒金錢，也沒職業。但這一切的窮困潦倒並沒有使他氣餒。他仍然堅持著自己的創作。

　　後來，迪士尼畫了一幅米老鼠的卡通畫，鼓起勇氣拿給好萊塢的一位導演看。導演看後大為驚訝，就錄用了他。

　　從此，米老鼠成為世界上家喻戶曉的卡通動物，沃爾特‧迪士尼也由此開始了自己輝煌的事業之路。

> **感悟：**「不經歷風雨怎麼能見彩虹，沒有人能隨隨便便成功。」正如這句歌詞所唱，挫折是我們前進路上的試金石，只有那些勇敢面對挫折，並以必勝信念去戰勝挫折的人，才是真正的強者。

▌成功需要我們艱辛的付出

　　海耶士‧鐘斯是 1960 年高欄比賽的風雲人物，他贏得了一場又一場的比賽，打破了許多紀錄，轟動一時。他順理成章地被選為參加當年在羅馬舉行的奧運會的選手。他將參加 110 公尺高欄比賽，全世界都認為他能贏得金牌。

　　但是，出乎人們的意料，鐘斯並沒有得到金牌，只跑了個第三名。這當然是個極大的挫折，他的第一個想法是：「怎麼辦呢？我或許該放棄比賽。」

　　這當然非常合乎邏輯，但是鐘斯卻不能安於這種想法。「對自己一生追求的東西，」他說，「你不能夠事事講求邏輯。」因此他又開始了訓練，一天三小時，一個星期七天。在其後幾年裡，他又在 60 公尺和 70 公尺高欄項目上創造了一些新紀錄。

　　1964 年 2 月 22 日，在紐約麥迪森花園廣場，鐘斯在參加 60 公尺高欄賽前，曾經宣布這是他最後一次參加室內比賽。大家的情緒都很緊張，每個人的眼睛都看著他。他贏了，平了自己以前所創的最高紀錄。

　　隨後一件奇怪的事發生了。那個時候的老麥迪森花園廣場，選手跑過終點線之後，就轉進一個彎道，觀眾看不見。鐘斯跑完，走回跑道上，低頭站了一會，

答謝觀眾的歡呼。17,000 名觀眾起立致敬，鐘斯感動得淚下，很多觀眾也流下了眼淚來。一個曾經失敗的人仍然勇往直前、永不放棄，這是多麼難能可貴啊，愛他的人們就愛他這一點。

後來，鐘斯參加 1964 年東京奧運會，在 110 公尺高欄比賽中得了第一，終於在四年之後贏得了金牌。

> **感悟：** 有位大詩人曾說過：「我是自己命運的主宰，我是自己靈魂的主宰。」在挫折面前，我們要有永不放棄的這種韌性，克服悲觀、懷疑和彷徨，才能具有自信。因為成功不是偶然的，它需要我們艱辛的付出。

▌苦難對強者是財富

傑米是一個破產的電動機廠的經理，在法院通知他聽候破產判決的那天，太太帶著兒子與他離婚了……。

但是，傑米並沒有被這種失敗的打擊擊倒。破產之後他沒有了房子，沒有了汽車，沒有了妻子和孩子，沒有了維持正常生存的一切。為此，他非常痛苦……

傑米需要去重新找一個能睡覺的地方！起初他不肯低就，最後還是睡在地鐵的車站入口旁，從此在悉尼市又多了一位只能坐著「睡」在地鐵入口處的男人。

面對這些現實，傑米選擇了一條路：撿破爛生存！他每天背一大袋的可樂空瓶去賣，並且每天都要總結一天的成功之處，分析失敗之處。久而久之，他養成了一種很好的工作模式，而且一直保持到現在！

今天的傑米已成為澳洲首富之一、JAAT 集團公司的一號人物。令人驚訝的是，他起步所用的資金，就是他撿破爛換回的 2,700 澳元，而今天，他已是約有 58 億美元個人存款的富翁。

傑米說：「回顧我的成功，如果沒有那一次的破產打擊，我是絕不會意識到那些決定我成功的因素，例如怎樣面對打擊和痛苦，怎樣用痛苦與失敗激勵我明確奮鬥的目標，怎樣看待每一分錢，怎樣很好、很有效地利用每一分錢，我需要彌補什麼，等等。」

> **感悟**：困難從來不會讓一個人保持原樣，它總會改變一些什麼。改變無非是兩個方向，一個正面，一個負面。有些人在困難面前退縮了，其結果只能是一事無成或小有成就；有些人知難而上，化困難為動力、機遇，走向了進一步的輝煌。
>
> **格言**：苦難對於天才是一塊墊腳石，對能幹的人是一筆財富，對弱者是一個萬丈深淵。——〔法國〕巴爾札克

▌在逆境中不屈不撓地奮鬥

羅丹對雕塑十分著迷，在他的老師勒考克的鼓勵下，他到雕塑室進行訓練。

羅丹家境貧寒，他常常食不果腹，疲憊不堪，午飯總是在路上邊走邊隨便吃點東西。但羅丹心裡很明白，不管怎麼樣，總不能半途而廢。他每天從巴黎的這一頭趕到另一頭，對這座城市的街道、廣場、花園、大橋和古代建築，還有著名的塞納河兩岸的大道，他都滿懷深情，瞭若指掌。他隨身攜帶的小本子，畫了成千上萬幅寫生。他沒有休息日，星期六晚上就在家裡，根據記憶畫想要雕塑的人物草圖，星期天則整天待在家裡，用黏土進行創作。

三年過去了。在老師勒考克同意，並得到另一位雕塑家的推薦後，羅丹信心十足地去參加美術學院的考試。他以希臘風格進行創作，塑像完成後，他看到在場所有考生都露出了妒忌的眼光；但主考官還是簽了個「落選」的評語，並在他的名字後寫上：「此生毫無才能，繼續報考，純屬浪費。」

羅丹猶如晴天霹靂，淚眼汪汪，踉踉蹌蹌地走出了考場。一位學畫的朋友告訴他：「你是個天才的雕塑家，但因為你是勒考克的得意門生，所以他們囿於門戶之見，永遠也不會錄取你。」

為了糊口，羅丹只能先找到一份做建築物綴飾的工作。不久，一直支持他雕塑而不得不忍受男友拋棄去修道院的二姐不幸病逝。羅丹痛不欲生，在一個冬日的雨夜，背著勒考克獨自到修道院去了。他覺得自己對二姐的死負有責任，必須贖罪，所以決定去修道院頂替二姐的位置。

一年後，羅丹結束了修道士生活，重新回到老師身邊。勒考克又驚又喜，讓

羅丹使用自己那視若生命的工作室。

經過這麼多磨難後，羅丹終於下定決心：不管今後遇到什麼挫折，一輩子也不再猶豫動搖，一定要取得事業上的巨大成功。羅丹相繼雕刻出了《思想者》、《吻》等許多無與倫比的藝術精品，最終成為雕塑藝術大師。

> **感悟：** 真正的強者，不畏任何艱難險阻，他們不屈不撓，直到抵達勝利的彼岸。逆境最能錘鍊和砥礪人的品格，往往正是這些逆境，激發起我們的勇氣與鬥志，使我們得到能力的提高和思想的昇華。
>
> **格言：** 泰然自若是應付逆境的最好辦法。──　〔義大利〕普勞圖斯

▌ 在挫折中急流勇進

霍夫曼（Dustin Hoffman）在事業上的轉折，是在他加入波士頓戲劇公司、成為一名實力派演員以後開始的。剛進公司時，他在九個月中演了十部戲。評論家們說，他最出色的表演是在《等待戈多》中扮演奴隸司機波佐。該劇公演結束後，霍夫曼接到了百老匯一些演出商的邀請。之後，不斷有製片商邀請他在百老匯擔任重要角色。

但是，命運又捉弄了他。因為廚房著火，霍夫曼的手被燒成三度灼傷。感染擴至血液裡，以至他不得不住院一個月。

經過一個月的治療，霍夫曼康復出院。他不顧手上還裹著幾層繃帶，就急切地返回劇組排練。可當他來到劇組時，才知道他的角色已被別人搶去，這使他非常傷心。

為了能重返劇壇，霍夫曼每個星期都參加挑選演員的小品表演。大約一個月後，他又碰上了好運，被選入另一家劇組。然而到了排練的第六天，導演要他回去休息一兩天或更長時間，言下之意，是不用再回來排練了。導演對他的表演和一些怪癖表現出不滿。這一類意想不到的挫折，對霍夫曼來說已屢見不鮮，他已習慣在爭議中急流勇進。

之後，由於在《第五匹馬的旅程》一劇中演出成功，霍夫曼開始奠定了他在

舞臺劇中身為實力派演員的地位。

霍夫曼成名後，《畢業生》、《午夜牛仔》、《倫尼》等影片為他贏得了巨大的聲譽，《畢業生》甚至還獲得了五項金球獎，但是卻在三次奧斯卡評獎中失敗了，這使霍夫曼受到了很大打擊。但霍夫曼沒有沉淪，他覺得自己的表演仍有巨大的潛力。

經過不懈的努力，1980 年 4 月 14 日，在充滿節日氣氛的盛大授獎儀式上，霍夫曼一舉奪得第 52 屆奧斯卡金像獎，成為美國電影史上一顆璀璨的明星。此後，他還連續兩屆擔任了金像獎授獎儀式的頒獎人。

> **感悟：**在人生的路上，挫折總是難免的。如何對待挫折，決定著人們是否能夠成功。有的人在挫折面前，一蹶不振，就此沉淪萎靡下去；有的人面對挫折，急流勇進，不屈不撓，堅持不懈。毫無疑問，等待前者的，只有失敗；而後者卻因為百折不撓而成功。
>
> **格言：**順境不無畏懼煩憂，而逆境也不乏慰藉希望。——　［英國］培根

▍越挫越勇，絕不放棄

在拿破崙帝國時期，法蘭西與歐洲發生了連綿數年的大規模戰爭，拿破崙大軍橫掃整個歐洲戰場，迫使其餘歐洲國家結成歐洲同盟，共同對付拿破崙。當時，指揮同盟軍的是威靈頓將軍。

威靈頓指揮的同盟大軍在拿破崙面前一敗再敗。在一次大決戰中，同盟軍再次遭受慘重的失敗。威靈頓殺出一條血路，率領小股軍隊衝破包圍，逃到一個山莊。在那裡，威靈頓疲憊不堪，想到今天的慘敗，頓時悲從中來，想自殺 —— 一死了之。

正在愁容滿面、痛恨不已時，威靈頓發現牆角有一隻蜘蛛在結網。也許是因為絲線太柔嫩，剛剛拉到牆角一邊的絲線，經風一吹便斷了。蜘蛛又重新忙了起來，但新的網還是沒有結成。

威靈頓望著這隻失敗的蜘蛛，不禁又想起自己的失敗，更加唏噓不已，多了

幾分悲涼。但蜘蛛並沒有放棄，它又開始了第三次。威靈頓靜靜地看著，心想：蜘蛛啊，別費心思了，你是不會成功的。蜘蛛的這次努力依然以失敗而告終，但它絲毫沒有放棄的意思，又開始了新的忙碌。它就這樣來回忙碌著。

蜘蛛已經失敗六次。「該放棄了吧？」威爾頓感動地想。但是蜘蛛沒有，它仍舊在原處，不慌不忙地吐出絲，然後爬向另一頭。第七次，蜘蛛網終於結成了！小蜘蛛像國王一樣護著它的網。

威靈頓看到這一切，不禁流下了熱淚，他為蜘蛛的越挫越勇、永不放棄的精神而深深地感動了。他朝蜘蛛深深地鞠了一躬，迅速地走了出去。

威靈頓走出了悲痛與失敗的陰影。他奮勇而起，激勵士氣，迅速集結被衝垮的部隊，終於在滑鐵盧一戰，大敗拿破崙，取得了決定性的勝利。

> **感悟：** 每一次失敗與挫折，都會使一個勇敢的人更加堅定。如果沒有跌倒的刺激，我們或許會甘做一個平庸的人。有時候，失敗會讓人發憤圖強。經歷了失敗的痛苦，我們才找到了真正的自我，感受到了自己真正的力量。
>
> **格言：** 如果你問一個善於溜冰的人怎樣獲得成功，他會告訴你，跌倒了爬起來，這就是成功。 ──　〔英國〕牛頓

▎只有「不放棄」才能等到成功的一刻

在美國西部大開發時，淘金之風日盛。不甘寂寞、夢想發財的達比也迷上了「淘金熱」，隻身跑到西部去挖金礦，好實現他的發財夢。

埋頭苦幹好幾個星期後，達比發現了亮晃晃的金砂，十分有收穫。但他沒有機器把礦砂弄上地面，便不聲不響埋了礦，回到他的家鄉馬裡蘭州的威廉斯堡，把房子、莊園抵押給銀行，貸款買了機器運到礦場。

挖出來的第一車礦石送到冶金場提煉後，證明達比挖到的是科羅拉多最豐富的礦藏之一。再多挖上幾車礦，他就可以清償債務，之後進帳就可以使他大發其財了。

挖金的礦鑽往下鑽，送上來的是達比的希望！但是大事卻不妙了，礦脈突然間蹤跡盡失。達比不停地鑽，拚死拚活想重拾礦脈，結果卻徒勞無功。

最後，達比就此「甘休」。他把器材以區區數百元的價格賣給了一位舊貨商，然後搭火車回家，又回到了他的從前。

接手金礦的舊貨商邀請了一位開礦工程師去看礦坑，做實地的地質測量。結果發現，原計畫之所以失敗，是因為礦主不熟悉「斷層線」所致。據工程師推斷，礦脈就在「達比歇手處的下方三英米」。

經過挖掘，礦脈果真就不偏不倚地在地下三英米處露臉了。

舊貨商從此財富滾滾而來，成為億萬富豪。

> **感悟：**在追求夢想的過程中，不僅需要耐心的等待，不懈的奮鬥，百折不撓的打拚，還需要我們對自己的信念堅信不已，不能發生絲毫的動搖。只有如此，我們才能堅持到成功的那一刻。
>
> **格言：**羅馬並非一日造成，成功亦非一蹴而就。—— ［美國］雷‧懷爾德

有時候，失敗是變相的成功

羅伊‧波蘭克（Roy J. Plunkett）在畢業之後，經過多次的甄選，進入了著名的杜邦公司，擔任實驗室化學研究員的職務，每天過著早九晚五的日子，默默無聞。

但一次失敗的試驗，改變了他的生活。

當時，杜邦公司正在進行一項新物質的實驗工作，由於實驗室同事的疏忽，導致溫度過高，造成試管內的新物質因過度加熱而揮發。

實驗失敗了，實驗室裡的其他研究員們依照正確的作業程式，打算將新物質已經揮發的試管丟棄。

細心的羅伊‧波蘭克卻拿著燒黑了的試管，在天平上稱了稱重量，從而發現了一個新問題：試管裡的物質雖然已經揮發，但試管的重量卻明顯地增加了許多。

有了這個發現，羅伊‧波蘭克進一步深入地加以研究。經過一段時間的努力，他終於在試管內找到一種奇特的透明塑膠成分。這種透明塑膠居然能夠承受不可思議的高溫，而不會導致化學結構的改變，也就是說，它可以耐高溫而不會產生毒性。

羅伊‧波蘭克發現的奇特透明塑膠成分，就是今天大量被應用在日常生活中的「鐵氟龍」。這項發明的專利，為羅伊‧波蘭克帶來了源源不斷的財富，更促成了難以計數的新產品問世。

> **感悟：**在科學發明發現領域，「歪打正著」的事情不計其數，社會生活中這樣的事情也常可見到。有時所謂的「失敗」只是一種假象，它的表象背後，意味著成功地擊垮目前所有錯誤的思考模式，引導人們邁向一個更新、更好的人生新境界。
>
> **格言：**失敗可能是變相的勝利，最低潮就是最高潮的開始。──〔智利〕朗費羅

如何正確對待失敗和錯誤

要奮鬥，要前進，就免不了犯錯、失敗。失敗和錯誤並不可怕，但如果不能正確對待，就比較可怕了。如何正確對待失敗和錯誤呢？以下是一些小小的建議。

‧辯證地對待失敗

人們對失敗的看法充滿著辯證態度。歷史上「塞翁失馬，焉知非福」的說法，就是告誡人們，失敗和成功是經常互相包含、互相轉化的，對失敗與成功要有辯證的態度。這方面的論述和事例極多，不再贅述。

‧保持正面的心態

月有陰晴圓缺，人有旦夕禍福。沒有人一生一帆風順，任何人總會遭逢厄運。同樣，煩惱也一定會有結束的時候，難題總會隨時間推移而解決。

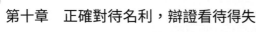

　　任何問題都隱含著創造的可能。問題的產生總是為某一些人創造出機會，一個人的困難可能就是另一個人的機會。所以要抓住時機，促成轉機。有正面心態的人往往能立困境而不敗，最終駕馭失敗，獲得成功。

・吸取失敗的經驗教訓

　　失敗難免，既不可悲，也不可怕。可悲、可怕的是不能從失敗中吸取應有的經驗教訓，一而再、再而三地犯同樣的錯誤，在同樣的問題上反覆失敗。因此，失敗以後，總結經驗教訓是至關重要的，這是反敗為勝的一個重要前提。

　　人們在失敗時，往往會犯一個共同錯誤，這就是把失敗歸因於別人。

　　而總結失敗的經驗教訓，則是要把重點放在總結自己的不足和失誤上。因為客觀因素我們很難改變，只有自己的事情我們才作得了主。所以遇到一次失敗，就要反覆問問自己，除客觀因素外，主觀因素是怎樣導致失敗的，自己應承擔什麼樣的責任。這樣的問題搞清楚了，也就總結出了失敗的經驗教訓，從而可以避免重蹈覆轍。

・不要過分關注錯誤

　　應該知道，別人並不怎麼關心我們的錯誤；同樣，我們自己也不應該過分關注自己的錯誤或周圍人的錯誤。

　　過分關注錯誤，會使我們畏首畏尾，裹足不前。我們生怕犯錯，錯誤卻又屢屢不期而至 —— 這都是我們大家有過的體驗。可見，過分關注錯誤，並不能導向成功，而是會使我們離錯誤和失敗越來越近。

・承認錯誤，望向明天

　　我們不難發現，那些優秀的成功者，都是勇於承認錯誤並勇敢面對的人。這些人犯了錯誤時，他們不會把情感和精神浪費在徒勞無益的後悔上。承認錯誤，望向明天，才會有美好的明天。

▋不要因為暫時的失敗半途而廢

有一位熨衣工住在拖車房屋中，週薪只有 60 元；他的妻子上夜班。雖然夫妻倆都工作，但賺到的錢也只能勉強糊口。他們的孩子耳朵發炎，為了省下錢去買抗生素治病，他們只好連電話也停掉。

這位工人希望成為作家，夜間和週末都不停地寫作，打字機的劈啪聲不絕於耳。他的餘錢全部用來付郵費，寄原稿給出版商和經紀人。但他的作品全被退回了。退稿信很簡短，非常公式化，他甚至不敢確定出版商和經紀人究竟有沒有真的看過他的作品。

一天，他讀到一部小說，令他記起了自己的某部作品，他把作品的原稿寄給那部小說的出版商，出版商把原稿交給了紐約的一位編輯皮爾·湯姆森。

幾個星期後，他收到湯姆森的一封熱誠親切的回信，說原稿的瑕疵太多；但卻相信他有成為作家的希望，並鼓勵他再試試看。在此後的 18 個月裡，他又寄給編輯兩部原稿，但都被退還了。

他開始試著寫第四部小說，但由於生活逼迫，經濟上捉襟見肘，他的希望開始動搖了。

一天夜裡，他把原稿扔進垃圾桶。第二天，妻子把它撿了回來。「你不應該半途而廢，」她告訴他，「特別是在你快要成功的時候。」

他瞪著那些稿紙發愣。也許他已經不再相信自己，但妻子卻相信他會成功。一位他從未見面的紐約編輯，也寫信鼓勵他，相信他會成功。此後，他每天都寫1,500 字。

寫完之後，他把小說寄給了湯姆森，不過他沒抱什麼希望。可是他錯了，湯姆森的出版公司預付了 2,500 美元給他。

這個人就是史蒂芬·金（Stephen King），他的經典恐怖小說《嘉莉》也就這樣誕生了。這本小說後來銷了 500 萬冊，還被攝製成電影，成為 1976 年最賣座的電影之一。

> **感悟：**沒有人能隨隨便便成功，所有的成功者經歷過數不清的失敗。在成功的路途上，失敗只是暫時的。不要因為暫時的失敗而半途而廢，尤其是在快要成功的時候，只要再堅持一下，成功就會到來。
>
> **格言：**成功的唯一訣竅，是堅持到最後一分鐘。——〔古希臘〕柏拉圖

▍失利鞭策有志者勇往直前

一位電臺廣播員在她的 30 年職業生涯中，曾遭辭退 18 次，可是每次事後她都放眼更為高處，確立更為遠大的目標。

由於美國的無線電臺都認為女性不能吸引聽眾，沒有一家肯僱用她，她就遷居波多黎各，苦練西班牙語。有一次，一家通訊社拒絕派她到多明尼加共和國採訪一次暴亂事件，她便自己湊夠旅費飛到那裡去，然後把自己的報導出售給電臺。

1981 年，她被紐約一家電臺辭退，說她跟不上時代，結果失業了一年多。

有一天，她向一位國家廣播公司電臺職員推銷她的清談節目構想。「我相信公司會有興趣。」那人說。但此人不久就離開了國家廣播公司。後來她碰到該電臺的另一位職員，再度提出自己的構想。此人也誇獎那是個好主意，但是不久他也失去了蹤影。

最後，她說服第三位職員僱用她，此人雖然答應了，但提出要她在政治臺主持節目。

「我對政治所知不多，恐怕很難成功。」她對丈夫說。丈夫卻熱情鼓勵她嘗試一下。

1982 年夏天，她的節目終於開播了。她對廣播早已駕輕就熟。於是她利用自己的優勢和平易近人的作風，大談 7 月 4 日美國獨立日對她自己有什麼意義，又請聽眾打電話來暢談他們的感受。

聽眾立刻對這個節目產生了興趣，她差不多是一舉成名。

她叫莎莉・拉斐爾。如今，莎莉・拉斐爾已成為自辦電視節目主持人，曾經

兩度獲獎，在美國、加拿大和英國每天有 800 萬觀眾收看這個節目。

「我遭人辭退了 18 次，本來大有可能被這些遭遇所嚇退，做不成我想做的事情。」她說，「結果相反，我讓它們鞭策我勇往直前。」

> **感悟：**失利、挫折，在人的一生中幾乎是難以避免的。關鍵的是如何對待失利和挫折。在屢屢失利之後，許多人銷聲匿跡了，而有些人則越挫越勇，勇往直前。要把失利和挫折當成策馬之鞭，而不是收兵之鑼。
>
> **格言：**正確的結果，是從大量錯誤中得出來的，沒有大量錯誤做臺階，也就登不上最後正確結果的高座。──［雅典］朗吉弩斯

繼續走完下一里路

著名的作家兼戰地記者西華‧萊德先生，曾在 1957 年 4 月的《讀者文摘》上撰文表示，他所收到的最好忠告是「繼續走完下一里路」。下面是其文章中的一部分：

「第二次世界大戰期間，我跟幾個人，不得不從一架破損的運輸機上跳傘逃生，結果迫降在緬印交界處的樹林裡。當時唯一能做的，就是拖著沉重的步伐往印度走。全程長達 140 英里，必須在 8 月的酷熱和季風所帶來的暴雨侵襲下，翻山越嶺、長途跋涉。」

「才走了一個小時，我一隻長靴的鞋釘扎到了另一隻腳，傍晚時雙腳已經起泡出血，範圍像硬幣那般大小。我能一瘸一拐地走完 140 英里嗎？其他人的情況也差不多，甚至更糟糕。我們能不能繼續前行呢？我們以為完蛋了，但是又不能不走。為了在晚上找個地方休息，我們別無選擇，只好硬著頭皮走完下一英里路……」

「當我推掉其他工作，開始寫一本 25 萬字的書時，心一直定不下，我差點放棄一直引以為榮的教授尊嚴，也就是說幾乎不想做了。最後我強迫自己只想下一個段落怎麼寫，而非下一頁，當然更不是下一章。整整六個月的時間，除了一段一段不停地寫以外，什麼事情也沒做，結果居然寫成了。」

「幾年以前，我接了一件每天寫一個廣播劇本的案子，到目前為止一共寫了 2,000 個。如果當時簽一張『寫 2,000 個劇本』的合約，我一定會被這個龐大的數目嚇倒，甚至把它推掉，好在只是寫一個劇本，接著又寫一個，就這樣日積月累，真的寫出這麼多了。」

> 感悟：堅持走下去，一英里路再一英里路，距離在一點點地縮短，再堅持一下，就會走到目的地。做什麼事都是如此，一下子成功，不可能，只能一步步走下來，堅持到底，成功才能到來。
>
> 格言：許多賽跑的人失敗，都是失敗在最後幾步。── ［古希臘］蘇格拉底

▍在被拒中堅持到勝利

金氏世界紀錄保險銷售冠軍、日本的柴田合子一個人的業績，可以抵上日本 800 多個保險業務員的業績總和。

她每天的工作就是一直不停地見顧客，拜訪顧客，銷售保單，然後還是見顧客，拜訪、再拜訪。

一位記者在公司問某一位業務員明天安排了幾個約談，他說兩個；記者又問柴田合子安排了幾個，她說 7 個，約每小時一個。記者問她怎麼安排這麼多約談？柴田合子說是自己一下午打了 58 個電話約下來的。

58 個電話約成了 7 個約談，這意味著 51 次被拒絕。

英國文學家約翰·克里西（John Creasey）的成才之路也歷經失敗和拒絕。

約翰·克里西年輕時就對文學有著濃厚的興趣。35 歲時，他開始了寫作生涯，不斷地向出版社和文學報刊投寄稿件。全國的出版部門很少有被他漏寄的，但他得到的結果卻是 743 張退稿單。

這可不是一個小數目，應該說對任何人都是一個不小的打擊。但是，充滿信心的克里西並沒有被退稿單嚇倒，他仍然一如既往地埋頭苦讀，筆耕不輟。

克里西從退稿單中汲取力量。他說：「不錯，我正在承受人們所不敢相信的

大量失敗的考驗。如果我就此甘休，所有的退稿單就會變得毫無意義；而我一旦獲得了成功，每一張退稿單的價值全部要重新計算。」

就這樣，這位勤奮和充滿信心的作家不斷地寫作、投稿，直到最終得到編輯們的承認，成為一名著名作家。

> **感悟：**「失敗是成功之母」這句話絕不是失敗者冠冕堂皇的自我安慰，而是攀登者前進的基石和加油站，是成功的催化劑。每一次失敗，都是通往成功的一個腳步，都是對自己的一次錘鍊。
>
> **格言：**成功者與失敗者之間的區別，常在於成功者能由錯誤中獲益，並以不同的方式再嘗試。 ── ［美國］戴爾‧卡內基

一失足並非成千古恨

小王在參加工作不久，因為哥兒們意氣，為同事出頭，結果打傷了別人，被判了一年多徒刑。一年多的時光轉眼就過去了，小王又踏上了豔陽普照的大地。可是，因為他的過失，原來的公司再也回不去了，而且因為有前科，一直沒能找到工作。不過，此時的小王還是充滿希望，而且在親友的幫助下學了一門手藝。

小王靠著自己出色的手藝，找到了一份工作。就在這時，因為別人惡意的羞辱，小王和那個人大吵了一架，傷了人。雖說問題沒有發展到吃官司，但剛找好的工作又飛了，而且那個公司的負責人也像先前惡意羞辱他的人一樣，丟下了一句：「蹲監獄出來的，也不照照鏡子！」

因為有警衛，小王這一次沒有出手。可是從此，「蹲監獄出來的，也不照照鏡子」彷彿成了魔咒，每當他振作起來，想要有所作為的時候，那句話就在腦袋裡冒了出來。就這樣，小王破罐破摔，沒用多長時間，就毀掉了自己的一生。

法蘭西斯‧奇賈斯特（Francis Chichester）從軍隊退伍後，由於長時間失業，他心情很糟糕，酗酒、打架成性。他所患有的心臟病，也使他長時間無法正常上班。他後來和人合作，開了一家小麥加工作坊，卻因經營不善而破產。身體的打擊加上事業上的不如意，使他灰心喪氣，便終日以酗酒度日，30多歲時還因參加打架鬥毆而遭警方逮捕。

到了 50 歲，法蘭西斯・奇賈斯特步入正軌，生活漸漸好轉起來，但也並沒有多大成就。經過長時間的思考之後，他做出了驚人的決定：駕駛帆船環遊世界。此時他 58 歲。但由於經濟等原因，他的這個宏願還是被迫放棄了。

62 歲那年，法蘭西斯・奇賈斯特心臟病發作，經搶救活了下來。從醫院出來後，他不顧醫生的警告和家人、朋友的苦苦哀求，決定駕船環遊世界，實現自己的夢想。經過兩年的準備，他出發了。他駕著那艘小帆船下海了！

經過 228 天的航行，法蘭西斯・奇賈斯特繞行世界一週後返回英國，伊莉莎白女王二世親自接見他，並授予他皇家一級勳章。

> **感悟：**「一失足成千古恨」，那是失敗者的藉口，是弱者給自己套上的魔咒。對於強者，一失足豈能成為千古恨？它充其量只能造成一時的傷痛，而且這傷痛，還能為今後的奮鬥提供有益的借鑑。
>
> **格言：**如果你把所有的錯誤都關在門外時，真理也要被關在外面了。── ［印度］泰戈爾

▍不計個人得失，才能身負重任

東漢時期，京城太學裡有一個名叫甄宇的博士。

有一年年底，皇帝賜給博士們每人一隻羊為過年禮物。羊趕來了，負責分羊的太學長官一見傻了眼：原來這群羊的肥瘦大小相差懸殊。長官感到為難，不知如何分發才好，於是便找博士們來商量。

博士們平常關係都不錯，但面對這個問題也都很為難。因為誰也不願要又瘦又小的羊，不肯吃虧；但又誰也不願說「我想要大的」，怕別人說自己貪心。

於是，這些人七嘴八舌地出了主意：有的說應該把所有的羊全殺掉，按斤兩平均分肉；有的說應抓鬮，聽天由命。

正在大家議論紛紛時，甄宇站出來說：「還是一人牽一頭吧，我先牽。」說完他就向羊群走去。

這時，有人嘀咕說：「甄宇倒是聰明，如果他把大的牽走，那麼小的留給誰呢？」

沒想到，甄宇竟從羊群裡牽了一隻最瘦小的羊回家了。

這下博士們不再爭執了，人們都很敬佩甄宇的無私與大度，敬佩甄宇的同時，紛紛效仿他的行為，先牽的人都是從小的牽起，越是肥大的羊反而越是剩在後面。

這個牽扯到眾人利益的難題，就這樣輕而易舉地解決了。

> **感悟：**榜樣的力量是無窮的，只有不計個人得失，不斷提高自己、能夠勇挑重擔的人才能成為眾人的榜樣。同時，榜樣在很多時候，都會成為領導，他的一言一行也關係著他所率領的團隊的興衰。
>
> **格言：**自私的人將如孤單單的不結果實的果樹，日見枯萎。──〔俄國〕屠格涅夫

▋貪婪失人，善舉得人

美國石油大王洛克斐勒出身貧寒，在創業初期，人們都誇他是個好青年。當黃金像貝斯比亞斯火山流出的岩漿似的流進他的金庫時，他變得貪婪、冷酷。

賓夕法尼亞州油田地帶的公民深受其害。有的受害者做出他的木偶像，親手將「他」處以絞首之刑。無數充滿憎惡和詛咒的威脅信湧進他的辦公室。連他的兄弟也十分討厭他，而特意將兒子的遺骨，從洛克斐勒家族的墓園遷到其他的地方。

在洛克斐勒53歲時，疾病纏身，人變得像個木乃伊，醫師們終於向他宣告一個可怕的事實：他必須在金錢、煩惱、生命三者中選擇其一。

這時，洛克斐勒才開始體悟到是貪婪的魔鬼控制了他的身心。他聽從了醫師的勸告，退休回家，開始學打高爾夫球，去劇院去看喜劇，還常常跟鄰居閒聊。

他經過一段時間的反省，開始考慮如何將龐大的財富捐給別人。

起初，他捐給教會，教會不接受，說那是腐朽的金錢。

他不顧這些，繼續熱衷這一事業。

後來，他聽說密西根湖畔一家學校，因資不抵債而被迫關閉，他立刻捐出數百萬美元，從而促成如今國際知名的芝加哥大學的誕生。

洛克斐勒還創辦了不少福利事業，幫助黑人。從此以後，人們漸漸地理解了他，開始用另一種眼光來看他。

他造福社會的行為，受到人們的尊敬和愛戴，還給他帶來用錢買不到的平靜、快樂、健康和長壽。他在 53 歲時已瀕臨死亡，結果卻以 98 歲高齡辭世。

> **感悟**：人一旦被貪婪的「魔鬼」控制了自己，不僅會迷失自我，煩惱也將揮之不去。因此，要做一個勇於正視「魔鬼」進而戰勝「魔鬼」的強者，而絕不屈服於「魔鬼」的控制。
>
> **格言**：貪婪是萬惡之源。它占有的越多，胃口也越大。—— ［義大利］克勞德安納斯

▌榮譽是一把雙刃劍

美國大發明家愛迪生，年輕時力求上進，開辦研究所，在科學上屢建奇功，先後有電燈、電影等 1,000 多項發明，享譽天下。

但在晚年，愛迪生被顯赫的榮譽俘虜了。在實驗裡，他自矜其功，甚至對手下的人說：「你們不要向我提出什麼建議，否則，人們會認為我的發明是接受你們的建議才成的。」

從此，這位發明大王的目光離開了事業，而去追求個人的榮譽。與此同時，他的科學生命枯萎了，以後再也沒有什麼新的發明。

> **感悟**：身為社會的一分子，很少有誰不追求、重視榮譽的。但是，榮譽像把雙刃劍，既可以激勵人，也可以毀掉人。如果把榮譽比作牌匾，那就不僅僅要掛起來，還要勤加拂拭，使之越擦越亮。

▎榮譽就像玩具，只能玩玩而已

瑪里‧居禮一生贏得了眾多榮譽，其中包括著名的英國皇家科學協會頒發的享有世界聲譽的該會最高獎 —— 大衛金質獎章。

瑪里‧居禮並不把這視為榮耀而加以珍藏，當有人去居裡家裡拜訪時，驚訝地發現，金光燦燦的獎章竟成了瑪里‧居禮女兒伊倫娜的玩具。

客人間：「這麼貴重的東西，怎麼能隨便給孩子玩呢？」

瑪里‧居禮回答：「我是想讓孩子從小就知道，榮譽就像玩具一樣，只能玩玩而已。如果讓孩子躺在父母的榮譽上，她們將來就會一事無成。」

後來，法國也決定授予瑪里‧居禮騎士十字勳章，這是法國為了表彰健在的偉大人物而設立的榮譽勳位，但瑪里‧居禮謝絕了。她說：「我不要這塊小銅牌，只需要一個實驗室。」

為了躲避隨獲獎而招來的紛至沓來的記者採訪，瑪里‧居禮外出總是隱姓埋名，用假姓名進行登記。但有一次還是被一位窮追不捨的美國記者發現了，那位記者希望能夠採訪瑪里‧居禮，但瑪里‧居禮卻對他說：「在科學上，我們應該注意事而不是人。」

瑪里‧居禮先後被國內外 100 多個科研機構聘為名譽會員、名譽院士、名譽博士，榮獲獎金、獎章 20 餘次，但她都淡然處之。所以科學巨匠愛因斯坦稱讚她說：「在所有著名人物中，瑪里‧居禮是唯一不被榮譽所迷惑的人。」

> **感悟：**在眾多榮譽的光環下，能夠保持一顆平常心，將榮譽視為玩具而不是沾沾自喜、止步不前，躺在榮譽上睡大覺，這樣的人是可敬的，他們永遠會被世人尊重。

▎不須在乎榮辱

19 世紀中葉，美國有個叫菲爾德的企業家，為了連接歐美兩個大陸，決定鋪設海底電纜。在當時的技術條件下，這項工程的艱巨可想而知，但菲爾德還是率

領員工經過艱苦的探索和奮戰，完成這項工程。

　　隨著海底電纜的完成，菲爾德獲得了無上的榮耀。他成為美國當時最受尊敬的人，被譽為「兩個世界的統一者」。然而，在盛大的接通典禮上，電纜傳送訊號突然中斷，人們的歡呼聲頓時變為憤怒的喊叫，都罵他是「騙子」、「白痴」。頃刻間，至高無上的榮譽變成了滿頭滿臉的責罵、詆毀，鮮花和笑臉變成了拳頭和白眼。

　　對這些毀譽，菲爾德只是淡然一笑，不作任何解釋，只顧埋頭苦幹。經過六年的努力，最終透過海底電纜，架起了歐美大陸之橋。在又一次慶典上，他沒有坐貴賓席，只遠遠地站在人群中觀看。

> **感悟：**功名利祿，得而失之、失而復得的情況都是經常發生的。只要意識到一切都可能因時空轉換而變化，就能夠把功名利祿看淡、看輕、看開些。

▎放棄外部光環，歷練真本事

　　耶魯大學 300 週年校慶時，全球第二大軟體公司「甲骨文」的行政總裁、世界第四富翁埃里森（Larry Ellison）應邀參加校慶典禮。

　　埃里森當著耶魯大學所有校友的面，說出了一番驚世駭俗的言論。

　　他說：「所有哈佛大學、耶魯大學等名校的師生都以為自己是成功者，其實你們都是失敗者，因為你們以就讀於有過比爾蓋茲等優秀學生的學校為榮，但比爾蓋茲卻並不以在哈佛讀過書為榮。」

　　全場聽眾目瞪口呆。埃里森接著說：「眾多最優秀的人才非但不以哈佛、耶魯為榮，而且常常堅決地捨棄那種榮耀。

　　「世界首富比爾蓋茲，中途從哈佛退學；世界第二富翁保爾・艾倫，根本就沒上過大學；世界第四富，就是我埃里森，也被耶魯大學開除；世界第八富戴爾，唯讀過一年大學；微軟總裁斯蒂夫・鮑爾默（Steve Ballmer）在財富榜上大概排在十名外，他與比爾蓋茲是同學，為什麼成就差一些呢？因為他是讀了一年研究所後，才依依不捨地退學的……」

> **感悟：**豪門、名校等「光環」固然令人羨慕，但那些畢竟與自己的真實能力無關。烏鴉即使披上鳳凰的羽毛，它還是烏鴉，不如捨棄光環，以本來面目生活。

▌學會讓金錢為自己工作

美國百萬富翁羅·道密爾，是一個在美國工藝品和玩具業富有傳奇色彩的人物。道密爾初到美國時，身上只有 5 美元。他住在紐約的猶太人居住區，生活拮据，然而他對生活、未來卻充滿了信心。

一次，道密爾到一家生產日用品的工廠應徵：當時該廠只缺搬運工，而搬運工的薪水是最低的。老闆以為道密爾不會做搬運工，可道密爾卻答應了。

道密爾不但靠勤勞工作，比別人多付出努力學到了很多有用的東西，而且贏得了老闆的絕對信任。道密爾的週薪也由 30 美元，一下子加到了 175 美元，幾乎是原來的 6 倍。可是這樣的高薪並沒有把道密爾留住，因為他知道這不是他的最終目標，他不想為錢工作一生。

半年後，他交了辭呈。老闆百般挽留，但道密爾自有他的想法，他按著自己的計畫，堅定地向著最終目標前進。後來他做起基層推銷員，他想借此多了解一下美國，想借推銷所遇到的形形色色的顧客，來揣摩顧客的心理變化，磨練自己做生意的技巧。

兩年後，道密爾建立了一個龐大的推銷網。當他進入收穫期後，每月有 2,800 美元以上的收入，成為當地收入最高的推銷員。但是，他又出人意料地將這些辛辛苦苦開創的事業賣掉，去收購了一個面臨倒閉的工藝品製造廠。

從此，憑著在以前的工作中學到的知識和累積的經驗，道密爾改進了公司的每一項程式，對很多存在的缺點進行了一系列調整，人員結構、過去的定價方式都做了相應的變化。一年後，工廠起死回生，獲得了驚人的利潤。五年後，道密爾在工藝品市場上獲得了極大的成功。

> **感悟**：人不可能為錢工作一輩子，為錢而工作永遠不可能讓你真正富有。即使你現在有著不菲的收入，但你永遠不知道這樣的收入明天是否還會屬於你。轉變你的觀念，學會讓錢為自己工作，是你向成功邁出的第一步。
>
> **格言**：我們手裡的金錢是保持自由的一種工具；我們所追求的金錢，則是使自己當奴隸的一種工具。——　［法國］盧梭

▍高瞻遠矚，放棄唾手可得的小錢

亨利（Thierry Henry）從小家裡很窮，但他非常熱愛運動。他 16 歲時，就能夠壓碎一個棒球，能夠以每小時 90 英里的速度扔出一個快球，並且撞在足球場上移動著的任何一件東西上。他的高中教練是奧利·賈維斯，他不僅相信亨利，而且還教他怎樣自己相信自己。他教亨利知道：擁有一個夢想和足夠的自信，會使自己的生活有怎樣的不同。

某年暑假，亨利找了一份工作，這意味著他將有錢和女孩約會，還可以買一輛新自行車和新衣服，還可以存錢為他的母親買一棟房子。這一切都存在極大的誘惑力，但是他如果去做這份工作，就必須放棄暑假的棒球運動。當他把這件事告訴賈維斯教練的時候，教練生氣了。

「你還有一生的時間去工作，」教練說，「但是，你練球的日子是有限的，你根本浪費不起！」

亨利低著頭，還想堅持去打工。畢竟，有錢可以讓他得到許多快樂。

「孩子，你做這份工作能賺多少錢？」教練問。

「每小時 325 美元。」

教練繼續問：「你認為，一個夢想就值一小時 325 美元嗎？」

這個問題，簡單得不能再簡單了，它赤裸裸地擺在亨利的面前，讓他看到了立刻想得到的某些東西，和建立一個目標之間的不同之處。

於是，亨利放棄了打工，全心全意地投入到運動中去。同一年，他被匹茲堡海盜隊挑選去當隊員，並與他們簽訂了一份價值 2 萬美元的契約。後來，他在亞

利桑那州的州立大學裡獲得了足球獎學金，那使他獲得了接受教育的機會；在全美國的後衛球員中，他兩次被大眾認可，並且在美國國家足球聯盟隊隊員的挑選賽中，他排在第七名。

1984 年，亨利與丹佛的野馬隊簽署了 170 萬美元的合約。他終於為他的母親買了一棟房子，實現了他的夢想。

> **感悟：**人的一生，常會因為目光短淺，為了唾手可得的小錢而放棄了遠大的目標，到頭來，卻發現自己一事所成。如果有一個目標，就要捨棄任何一時的誘惑，堅持不懈地去奮鬥，直到實現夢想。
>
> **格言：**不為金錢左右的人最受尊敬。—— [古希臘] 尤利烏斯·凱撒

捨棄小利益，堅持大夢想

亨利非常熱愛運動，16 歲時就能夠壓碎一個棒球，能夠以每小時 90 英里的速度扔出一個快球，並且打在足球場上移動著的任何一件東西上。高中教練奧利·賈維斯器重亨利，而且還教亨利知道：擁有一個夢想和足夠的自信，會使自己的生活有怎樣的不同。

某年暑假，亨利找了一份工作，這意味著他將有錢和女孩約會，還可以買一輛新自行車和新衣服，還可以存錢為他的母親買一棟房子。這一切都存在極大的誘惑力，但是他如果去做這份工作，就必須放棄暑假的棒球運動。當他把這件事告訴賈維斯教練的時候，教練生氣了。

「你還有一生的時間去工作，」教練說，「但是，你練球的日子是有限的，你根本浪費不起！」

亨利低著頭，還想堅持去打工。畢竟，有錢可以讓他得到許多快樂。

「孩子，你做這份工作能賺多少錢？」教練問。

「每小時 325 美元。」

教練繼續問：「你認為，一個夢想就值一小時 325 美元嗎？」

這個問題，簡單得不能再簡單了，它赤裸裸地擺在亨利的面前，讓他看到了立刻想得到的某些東西，和建立一個目標之間的不同之處。

於是，亨利放棄了打工，全心全意地投入到運動中去。同一年，他被匹茲堡海盜隊挑選去當隊員，並與他們簽訂了一份價值 2 萬美元的契約。後來，他在亞利桑那州的州立大學裡獲得了足球獎學金，那使他獲得了接受教育的機會；在全美國的後衛球員中，他兩次被大眾認可，並且在美國國家足球聯盟隊隊員的挑選賽中，他排在第七名。

1984 年，亨利與丹佛的野馬隊簽署了 170 萬美元的合約。他終於為他的母親買了一棟房子，實現了他的夢想。

> **感悟：** 因為小事而耽誤大事是令人遺憾的，這是人們的不智。面對瑣碎小事，不可斤斤計較，該放棄就放棄，該退讓就退讓，從而把心思都投入到大事上去。只有放眼大局，朝著大目標前進，才能最充分地實現夢想。
>
> **格言：** 人們所努力追求的庸俗的目標 —— 財產、虛榮、奢侈的生活 —— 我總覺得都是可鄙的。 —— ［美國］愛因斯坦

▌勤儉節約是窮人的財富、富人的智慧

比爾蓋茲去參加一個特別隆重的會議，他的光臨引起了許多嘉賓的興趣，很多人都想一睹這位世界首富的風采。大家紛紛來到外面，迎接他的到來。

蓋茲開車來到會場外，看到停車場到處都是車，一時無法找到泊車的位置，便在停車場裡轉圈。

比爾蓋茲在普通停車場地轉來轉去，他的一個朋友看著很著急，便跑過來問他：「那邊貴賓停車場的空位很多，你為什麼要在這普通停車場轉來轉去呢？」

「那邊可比這邊貴一美元呢！」蓋茲回答。

這時，過來一位記者採訪他：「像您這樣一個美國大富豪，會在乎這點錢嗎？別說一美元，就是幾千、幾萬美元又算得了什麼呢？」

蓋茲嚴肅地說：「別說一美元，就是一角錢，在我一文不名的時候，都會使我高興好幾天呢！」

感悟：一元錢固然微不足道，但把許多個一元錢彙集起來，就能形成不小的力量，它可以對一個人、一個企業產生不可估計的影響。如果沒有一點一滴的累積，哪來的富有？沒有勤儉節約的習慣，怎能成為富翁？

第十一章　平凡中求幸福，自然界怡身心

一個人光溜溜地到這個世界來，最後光溜溜地離開這個世界而去，徹底想起來，名利都是身外物，只有盡一人的心力，使社會上的人多得他工作的裨益，才是人生最愉快的事情。

▌滿足的生活並不需要很多

老街上有一個鐵匠鋪，鋪裡住著一位老鐵匠史密斯。由於再也沒人需要他打製的鐵器，現在他改賣鐵鍋、斧頭和拴小狗的鏈子。

每天，史密斯坐在門內，貨物統統擺在門外，不吆喝，不還價，晚上也不收攤。你無論什麼時候從這裡經過，都會看到他在竹椅上躺著，眼睛微閉著，手裡拿著一個小收音機，身旁是一把咖啡壺。史密斯每天的收入，正夠他喝咖啡和吃飯。他老了，已不再需要多餘的東西，因此他感到非常滿足。

一天，一個文物商人從老街上經過，偶然間看到史密斯身旁的那把咖啡壺──古樸雅致，紫黑如墨，有製壺名家的風格。他走過去，順手端起那把壺仔細觀看。

壺嘴處有一記印章，果然是名家製作的。商人驚喜不已。

商人想以 10 萬美元的價格買下那把壺。當他說出這個數字時，史密斯先是一驚，之後拒絕了商人的請求，因為這把壺是他爺爺留下來的，他們祖孫三代打鐵時都喝這把壺裡的咖啡，他們的血汗也都來自這把壺。

壺雖沒賣，但商人走後，史密斯有生以來第一次失眠了。這把壺他用了近 60 年，並且一直以為是把普普通通的壺，現在竟有人要以 10 萬美元的價錢買下它，他想不通。

過去史密斯躺在椅子上喝咖啡，都是閉著眼睛把壺放在小桌上，現在他總要坐起來再看一眼，這讓他非常不舒服。更糟的是，當人們知道他有一把價值連城的咖啡壺後，許多人蜂擁而來，有的問還有沒有其他的寶貝，有的甚至開始向他

借錢。更有甚者，有小偷也來光顧他家的門。他的生活被徹底打亂了，他不知該怎樣處置這把壺。

當那位商人帶著 20 萬美元現金第二次登門的時候，史密斯再也坐不住了。他召來左右店鋪的人和前後鄰居，當眾把那把壺砸得粉碎。

現在，史密斯還在賣鐵鍋、斧頭和拴小狗的鐵鍊子，今年他已經 102 歲了，仍和過去一樣悠閒地生活著。

> **感悟：**對於真正享受生活的人來說，任何自己不需要的東西都是多餘的，這其中也包括金錢。因此，別讓不需要的東西打亂自己的生活才是智者的選擇。
>
> **格言：**茅草鋪頂的寒舍裡居住著自由人，金雕玉砌的華堂裡居住著奴隸。—— ［古羅馬］塞涅卡

▌以平常心對平常事

在一個既髒又亂的候車室裡，靠門的座位上，坐著位一個滿臉疲憊的老人，身上的塵土、鞋子上的汙泥表明他走了很多的路。

列車進站，開始檢票了，老人不急不忙地站起來，準備往檢票口走。

忽然，一個胖太太從候車室外走來，她提著一個很大的箱子，顯然也是趕這趟列車，可箱子太重，累得她直喘氣。

胖太太看到了那位老人，向他大喊：「喂，老頭！給我提一下箱子，我一會給你小費。」那位老人想都沒想，拎過箱子就和胖太太朝檢票口走去。

他們剛剛檢票上車，火車就啟動了。胖太太抹了一把汗，慶倖地說：「還真多虧你，不然我非誤車不可。」說著，她掏出一美元遞給那個老人，老人微笑地接了過去。

這時，列車長走了過來：「洛克斐勒先生，你好！歡迎你乘坐本次列車。請問我能為你做點什麼嗎？」「謝謝！不用了。我只是剛剛做了一次為期三天的徒步旅行，現在我要回紐約總部。」老人客氣地回答。

「什麼？洛克斐勒！」胖太太驚叫起來，「上帝，我竟讓著名的石油大王洛克斐勒先生給我提箱子，居然還給了他一美元小費，我這是在幹什麼啊！」她忙向洛克斐勒道歉，並誠惶誠恐地請洛克斐勒把那一美元小費退給她。

「太太，妳不必道歉，妳也沒有做錯什麼。」洛克斐勒微笑著說，「這一美元，是我賺的，所以我收下了。」說著，洛克斐勒把那一美元鄭重地放進了口袋裡。

> **感悟**：洛克斐勒暴富之初，貪婪刻薄，臭名昭彰。後來，洛克斐勒開始致力於慈善事業，與大眾分享財富，受到了人們的尊敬。此時的他，已經超越那個財大氣粗的商人的境界，而是以平常心對平常事，充分享受著生活的美好。

幸福沒有絕對標準

在美國西部的一個村子裡，有兩個年齡相仿的男子：愛德華和艾肯。愛德華在成年後娶妻生子，他有四個孩子，日子過得很清苦；艾肯看到愛德華這樣辛勞，於是決定終身不娶，並且遠離家鄉，在外面潛心做生意，最後如願以償，成了一名富翁。

30多年過去了，當年的年輕人都已經成了白髮蒼蒼的中年人。經商在外的艾肯思念家鄉，就衣錦還鄉了。一路上，他意氣風發，感覺非常良好，心裡一直想著如何炫耀自己的成功與幸福。

回家以後，艾肯經常串門子，在村民們的讚美聲中，感覺自己是多麼幸福的一個人。直到有一天再次經過愛德華的家門，他才明白自己的幸福在愛德華面前是多麼的不堪一擊。

這是一個陽光明媚的午後，艾肯依舊在村子裡踱步。走過愛德華的家門，忽然聽見一陣笑聲 —— 是愛德華夫婦倆在笑。

好奇的艾肯從門縫往裡看：愛德華的四個孩子正忙著把坐在躺椅裡的父母小心翼翼地搬到院子裡來，夫婦倆一臉的幸福，那笑是多麼的燦爛美麗！

艾肯忽然懷疑起自己來：我有什麼？我除了錢就是錢。沒有天倫之樂，沒有親情呵護……。

於是，艾肯拉住愛德華羨慕地說：「兄弟，你才是幸福的。你看我，除了錢什麼都沒有啊！」

這時，愛德華告訴艾肯：「幸福沒有絕對的標準，只要你心裡覺著自己很幸福，你就是幸福的。」

> **感悟**：沒有人能說清楚有多少錢、有多少權算是得到了幸福，更沒有人能說清楚有多少親人、有多少兒女、有多少朋友算是得到了幸福，也沒有人能說清楚擁有多少感情算是得到了幸福……幸福是純粹的個人感受，它永遠沒有統一的標準。
>
> **格言**：幸福，並沒有固定的含意，它是一種感覺。不同經歷和感受的人，對幸福的認識不同，理解也不同。── ［科威特］穆尼爾·納素夫

有益社會，就會有幸福人生

在聖塔莫尼卡的海灘上有一對印度老夫婦。

一天，天空很藍，海面翻卷著白浪。在一個高出海灘的土坡上，有成群的白色海鳥起起落落，那對老夫婦正在從小麻袋裡掏出食物餵牠們。

看得出來，老夫婦和這些海鳥很熟，因為幾乎每一隻鳥他們都能叫得出名字來，還指指點點地對身邊好奇的人們說哪隻鳥最調皮，哪隻鳥最近剛當了媽媽。

原來，老夫婦住在這裡已經七年多了，七年中的每一天下午，他們都會來餵海鳥。「我們都覺得這是生命中的幸福時光。」老夫婦說，「大自然這麼美，我們覺得只有做點什麼才能回饋。」

> **感悟**：用自己有限的力量去幫助別人、回報社會，找到心中的安寧和快樂，幸福的感覺就會到來。因為人人都是社會中的一分子，只有整個社會進步，個人才能找到幸福。

█ 回到心靈深處，平淡即是幸福

　　一對年輕夫妻各自都有一份不錯的工作，還有一個活潑可愛的兒子，在別人看來，他們一家簡直是幸福無比。然而，小夫妻經常為一些瑣事爭吵不休，比如妻子嫌丈夫不愛做家務，而丈夫又說妻子不夠溫柔。發展到後來，他們都厭惡對方，甚至想過離婚。

　　一天，年僅八歲的兒子忽然昏倒，送去醫院檢查，結果令他們大吃一驚：兒子得了白血病！他們拿著化驗單目瞪口呆，無論如何不肯相信眼前的事實。

　　他們忘記了爭吵，每天公司、醫院、家三點一線，但是兩年後，兒子還是離他們而去。

　　在臨終前，兒子對父母說的話令他們終生難忘：

　　「爸爸，媽媽，我知道我得的是絕症，你們不要再為我浪費錢了。但我要告訴你們：我最幸福的日子是最後這兩年，因為我再也沒聽到你們吵架。我希望你們永遠相愛，永遠不要吵架。」

　　感悟：幸福是什麼？幸福是平安，是和陸美滿。珍惜生命，善待自己，承擔生命裡應該承擔的那份責任，生命才更有意義。而在生活的一點一滴中，都滲透著生命的意義，只是很多人沒有發現。

█ 不經磨難，就不會理解幸運與福分

　　有個天使時常到凡間幫助人們，希望因此感受到幸福的味道。

　　一次，天使遇見一位農夫，農夫愁眉苦臉地向天使訴說：「我家的水牛剛死了，沒牠幫忙犁田，我怎麼播種莊稼？」於是天使賜他一頭健壯的水牛，農夫很高興，天使在他身上感受到了幸福的味道。

　　天使繼續向前走，不久他遇見一個男人。男人沮喪地向天使訴說：「我的錢被騙光了，回家都沒有路費。」於是天使給他金錢做路費，男人很高興，天使在他身上感受到了幸福的味道。

過了幾天，天使遇見一位詩人。詩人年輕、英俊，才華洋溢，而且非常富有，還有漂亮的妻子，但他卻整日煩惱。

天使問他：「我能幫你嗎？」

詩人對天使說：「我什麼都有，只缺一樣東西，你能夠給我嗎？」

天使回答說：「可以。你要什麼我都可以給你。」

詩人說：「我要的是幸福。」

天使一時有些為難，思索了片刻後說：「我明白了。」隨後，天使拿走詩人的才華，毀去他的容貌，奪去他的財產和他妻子的性命。天使做完這些事後，便離去了。

一個月後，天使再回到詩人的身邊，詩人正餓得半死，衣衫襤褸地躺在地上掙扎。於是，天使把他的一切還給他，隨後又離去了。

半個月後，天使再去看望詩人。這次，詩人摟著妻子，不住地向天使道謝。因為，他得到幸福了，他感到自己是最幸運的。

> **感悟**：幸福沒有標準答案，幸福是一種感覺，幸福與否取決於自己的心態。如果人們擁有一切，還不覺得幸福，那只好讓他一無所有，然後在重新得到失去的東西時，找回幸福的感覺。
>
> **格言**：一個人若不經歷困難險阻，沒有體驗過緊張情感，就不會理解幸福。── ［蘇聯］蘇霍姆林斯基

▍數一數自己擁有的幸福

在萊茵河畔，有位青年正垂頭喪氣地來回走動著，他心煩意亂，真想跳進河裡一死了之。正在這時，一位牧師經過，停下來問道：「你有心事嗎？」

青年深深地嘆了口氣說：「我叫萊恩，但上帝從來沒給我恩賜，我年近三十，仍然一事無成，一文不名，家裡還有個叫人看了就彆扭的黃臉婆。」牧師聽了微笑著問：「那麼你的理想是什麼呢？」萊恩說：「我曾經有三個理想，做像懷特那樣的超級大富翁，做像斯皮爾那樣的高官，如果這兩個不能實現，那麼我

想娶布蕾絲那樣的漂亮女人做妻子。」牧師笑著說：「萊恩，這很容易，你跟我來吧！」

牧師先帶萊恩來到世界超級富翁懷特的豪宅。這位富翁因為不惜犧牲健康追求財富病倒了，此時正躺在床上大聲咳嗽，臉色蠟黃，面前的金盆裡是他剛吐過的帶血絲的痰。萊恩看了十分噁心，忍不住轉過了身子。

兩人又來到斯皮爾的官邸，只見他身邊圍著幾個保鏢，吃飯、睡覺、上廁所，這些人都盯著。萊恩嘆了口氣，失望地說：「那他和蹲監獄有什麼兩樣？」

牧師帶著萊恩來到了布蕾絲的家裡。此時布蕾絲正向一位菲律賓傭人大發脾氣，甚至拿燃著的菸頭朝傭人身上燙。這時一個女傭進來通報說前夫求見，布蕾絲眼皮也不抬地吩咐：「叫他給我滾出去！順便帶個消息給他，明天我就要和第12任丈夫結婚了，他有興趣的話，可以來參加我們的婚禮。」萊恩看得目瞪口呆。

從布蕾絲家出來後，牧師問萊恩：「三個理想，你隨便挑一個，我都可以替你實現。」萊恩想了一會，說：「不，牧師，其實我什麼也不缺，與懷特先生相比，我有著他用所有金錢都買不來的健康；與斯皮爾先生相比，我有他沒有的自由；至於布蕾絲嘛，我老婆可比她賢淑善良多了……」

> **感悟**：其實，我們每一個人都不貧乏，只是往往目光向外，只看到別人的幸福，不注重自己心中、手中所擁有的幸福。收回目光，數數我們自己擁有的幸福，值得珍愛的還真的很多很多。
>
> **格言**：人生應該有兩個目標：第一是得到所想要的東西，盡力去爭取；第二是享受它，享受擁有它的每一種幸福。而常人總是朝著第一個目標邁進，從來不爭取第二個目標，因為他們根本不懂得享受。── ［西班牙］畢卡索

▋ 自己爭取幸福的午餐

查理出生時身體就是畸形的：脊椎骨拱起，左腿彎曲。醫生對他的父親說：「他的這些缺陷是沒有辦法彌補的。」查理不滿 1 歲的時候，他的母親去世了。他長大一些時，別的孩子都躲著他。

查理雖然身體畸形，頭腦卻非常靈敏。他 5 歲時能作拉丁語動詞變化；7 歲時學習了希臘語，並懂得了一些希伯來語；8 歲時就精通了代數和幾何。在大學裡，查理的每門功課都勝人一籌。但由於身體的缺陷，他的成績依然得不到學校認可。查理並沒有灰心，而是告訴自己：只要自己不斷努力，一定會得到社會認可的。

為了實現自己的理想，查理來到了美國。由於身體畸形，找工作非常艱難。經過一番周折，他在通用電氣公司找到了一份工作，當繪圖員，週薪只有 12 美元。

在工作中，查理除了完成規定的任務外，還花了很多時間和精力研究電氣。經過努力，查理一生獲得了 2,000 多項電氣發明的專利權，並寫出了許多關於電氣理論和工程方面的書籍和論文。

> **感悟：**不幸與幸福是可以轉換的，而其中的關鍵正是我們自己。天底下沒有白吃的午餐，並不意味著我們沒有午餐可吃，我們可以自己爭取，這是誰也阻擋不了的。

▎做自己喜歡做的事

美國著名心理學家威廉·諾伊曼在 16 ～ 21 歲期間換了 8 份工作。

運動和數學一直是諾伊曼很喜歡做的兩件事。從小到大，他一直是運動健將，也曾經想過如何把興趣發展成職業。後來他自問：

我願意把運動當成自己一輩子的終生事業嗎？答案是：靠體力過生活，並不是自己真正喜歡的。

在高中和大學的時候，諾伊曼的數學成績一直都名列前茅，他也曾經想過要當一位數學教授。但後來發現，當數學教授並不能達到他理想的工作條件。

17 歲的時候，諾伊曼接觸了汽車銷售業，因為他很喜歡車子。真正進入這個行業之後，他發現自己的個性似乎並不適合，於是又轉行了。

後諾伊曼發現，自己有一個特點，就是從小到大一直很熱心，很喜歡幫助別人。

在一個很偶然的機會，諾伊曼參加了一個激發心靈潛力的課程，給了他非常大的震撼。他發現，自己以前上了那麼多的課程，學習了那麼多的知識，卻沒有任何一個課程比得上老師安東尼‧羅賓短短八小時課程中分享到的那麼多。

諾伊曼想，假如我以後也能做他所做的事情，把一些真正對人們有幫助的資訊，不管用任何管道，書籍也好，錄音帶也好，或是錄影帶也好，都能夠分享給想要獲得這些資訊的人，那該會有多好？

諾伊曼發現，老師的這個工作完全符合自己，他確定這就是自己畢生所尋找的方向。他說：「我曾聽老師這樣說過：『世界上的每一份工作都很好，但是，沒有任何一項工作，比我目前所做的更有意義。』因為，他可以藉由幫助別人，來幫助自己。這句話讓我決定，要一輩子做這件有意義的事情。」

> **感悟：**選定一份工作確實不易，這要認識自己，認識社會，還要認識工作（職業）本身。適合自己的工作，不僅要與自己的興趣吻合，還要符合自己的價值觀和追求，就是說，它還要是有意義的。
> **格言：**人生最高的獎賞和最大的幸運產生於某種執著的追求，人們在追求中找到自己的工作與幸福。──　〔美國〕愛默生

幸福快樂是選擇來的

一位名聞遐邇的老人，被電視節目主持人以特別嘉賓的身分，邀請來參加電視節目活動。這位傑出老人在鏡頭前的精彩談話完全沒有經過特別的準備，更沒有經過任何排練。這些談話與他的個性是完全一致的，他精神抖擻，容光煥發，充滿快樂。無論想說什麼，他都毫不掩飾，而且思維敏捷。他的機智幽默，讓聽眾捧腹大笑。大家都非常喜愛他。

在節目的最後，節目主持人問這位老人：「您為什麼總是這樣高興？你一定有什麼特別的讓自己幸福的祕密吧？」

「不，沒有，」老人回答說，「我沒有什麼特別的祕密。這只不過像你臉上的鼻子一樣普通。每天早上起床的時候，我有兩種可能的選擇：要不是高興，就

是不高興。你想我會選擇什麼呢？當然，我會選擇快樂，這就是全部的祕密所在。」

感悟：如今，大家幾乎一致認同的是，幸福快樂與金錢地位關係不大，而與境界與和心情關係甚巨。有一顆平常心，寵辱不驚，得失看淡，並總是選擇事物樂觀、陽光的一面，也就等於選擇了幸福快樂。

▌關注此時此刻

一位教授應邀去軍事基地演講，到機場迎接他的是一個名叫拉爾夫的士兵。

在兩人去取行李的途中，拉爾夫先後三次離開了教授：第一次是去幫一位老奶奶拎箱子；第二次是將兩個小孩子舉起來，讓他們能看見聖誕老人；第三次是為一個人指路。每次回來的時候，他的臉上都掛著微笑。

教授問他：「你是從哪裡學到要這麼做的？」

拉爾夫回答說：「在戰爭中。」隨後他講述了自己在越南的經歷。當時他們的任務是排雷，他親眼看著幾個親密的戰友一個個地倒下了。

他說：「我要學會一步一步地生活。我永遠也不知道自己會不會成為下一個倒下的人。因此，我必須充分利用每次抬腳和落腳之間的間隙。我感覺到每一步都像是整個人生。」

感悟：我們從來到世上起就開始苦苦追尋：小時候憧憬未來；老時回憶過去，似乎我們要找尋的東西永遠也不會出現在我們面前。當生命由指尖悄然滑落、我們所剩時日不多時，才開始珍惜每一個今天，於是詫然發現：一直苦苦尋找的東西就在此時此刻。

▍珍視今日，活在當下

某地有一位善於解決人生困境的老師，他的身邊總是聚集著許多從各地慕名而來的弟子。每當這些弟子問老師人生問題，老師總是說：「要活在當下呀！」

當然，「活在當下」這種簡單的答案是無法滿足弟子們的要求的，他們總是懇求老師給一個更深刻和更詳盡的解答。

每當此時，老師總是面有難色地說：「好吧！既然如此，等我查查古代的聖賢是怎麼說的，明天再告訴你們，我想他們一定有很好的答案來滿足你們！」

原來，在老師書房最高的櫃子裡，鎖著一本記載了古代聖賢智慧精要的大書。老師似乎十分珍愛這本書，甚至不允許任何弟子靠近它。

第二天，老師翻過了那本大書後，弟子就會得到一個充滿智慧的答案。可當他們有了新的問題，老師還是只說那句「要活在當下呀」。

就這樣一而再、再而三，一年一年地過去了，日子久了，弟子對老師不免產生了疑問：「老師只懂得一句『活在當下』，完全不像古聖先賢那樣充滿了高深的智慧。」

一個弟子說：「老師自己並沒有什麼智慧，他只知道『活在當下』。」

另一個弟子說：「老師的智慧和我們相差無幾，差別只是他有一冊聖賢的書。如果擁有那本書，我們自己就可以當老師了。」

在背後議論老師久了，弟子們都生出了這樣的想法：「等老師死了，我只要搶到那本書，就可以做老師的繼承人，收很多的弟子，為別人解決人生難題。」

老師漸漸老了，要告別人世了。他既沒有指定繼承人，也沒有把聖賢書交給哪個弟子，遺言還是「要活在當下呀」那句話。

安葬好老師，弟子們將那本鎖在最高櫃子裡的聖賢之書拿了出來，當他們滿懷希望打開書時，竟然發現書頁都是空白，一個字也沒有，只有封面有老師的題字，寫的正是「活在當下」。

> **感悟**：人的一生都是由一個個「今天」組成的，但我們卻更多地追悔著「昨天」、期盼著「明天」，結果迷失了那一個個的今天。我們看重的應該是「今天」，應該是「當下」，實實在地「活在當下」，可以說是頂級的人生智慧。

快樂就是生活的一點一滴

一個磨坊主住在迪河河畔，他從早到晚總是忙忙碌碌，但卻像雲雀一樣快活地唱歌。附近的人們都喜歡談論他愉快的生活方式。終於，國王也聽說了他的事情。

「我要去找這個快樂的磨坊主談談。」國王說，「也許他會告訴我怎樣才能快樂。」

國王一步入磨坊，就聽到磨坊主在唱：「我不羨慕任何人，不，不羨慕，因為我要多快活就有多快活。」

「我的朋友，」國王說，「我羨慕你，只要我能像你那樣無憂無慮，我情願與你換個位置。」

磨坊主笑了，給國王鞠了一躬。

「我肯定不和您調換位置，國王陛下。」他說。

「那麼，告訴我，」國王說，「什麼使你在這個滿是灰塵的磨坊裡如此高興、快活呢？而我，身為國王，每天都憂心忡忡，煩悶苦惱。」

磨坊主又笑了，說：「我不知道你為什麼憂鬱，但是我能簡單地告訴你，我為什麼高興。我自食其力，我愛我的妻子和孩子，我愛我的朋友們。他們也愛我。我不欠任何人錢。我為什麼不應當快活呢？這裡有這條迪河，每天它使我的磨坊運轉，磨坊把穀物磨成麵，養育我的妻子、孩子和我。」

「不要再說了。」國王說，「我羨慕你，你這頂落滿灰塵的帽子比我這頂金冠更值錢。你的磨坊為你帶來的，要比我的王國為我帶來的還多。如果有更多的人像你這樣，這個世界該是多麼美好啊！」

319

> **感悟**：有的人刻意去找尋快樂，往往找不到，反而帶來更多的空虛和煩惱。回過頭來看看吧，其實，快樂就藏在平凡生活的一點一滴中。快樂的生活並不取決於錢財多少、地位高低，而取決於每個人如何看待快樂。
>
> **格言**：對於平凡的人來說，平凡就是幸福。 ——〔德國〕尼采

▌有笑臉的人生將會一路綠燈

某次航班中，在飛機起飛前，一位乘客向空姐要一杯水吃藥。空姐很有禮貌地說：「先生，為了您的安全，請稍等片刻，等飛機進入平流層後，我會立刻為您送上一杯水的。」

飛機進入了平流層狀態 15 分鐘後，乘客服務鈴急促地響了起來，那位空姐陡然一驚：糟了，由於太忙，她忘記為那位乘客倒水了！

當空姐來到客艙，看見按響服務鈴的果然是剛才那位乘客。她把水送到那位乘客面前，面帶微笑地說：「先生，實在對不起，由於我的疏忽，延誤了您吃藥的時間，我感到非常抱歉。」

這位乘客抬起左手，指著手錶說：「怎麼回事，這都過了多久了，有妳這樣服務的嗎？」無論空姐怎麼解釋，這位乘客依然怒氣未消。

飛行途中，每次去客艙服務時，空姐為了補償自己的過失，都會刻意走到那位乘客面前，面帶微笑地詢問他是否需要水，或者需要別的什麼服務。然而，那位乘客仍沒有原諒她。

就要到目的地時，那位乘客要求空姐把客訴單給他 —— 很顯然，他要投訴這名空姐。空姐儘管委屈萬分，但仍然面帶微笑地說：「先生，請允許我再次向您表示真誠的歉意，無論你提出什麼意見，我都將欣然接受您的批評！」那位乘客臉色一變，他接過客訴單，一言不發。

等到飛機安全降落，所有的乘客陸續離開後，空姐本以為這下完了，沒想到，等她打開客訴單，卻驚訝地發現，那位乘客寫下的並不是投訴信，而是一封熱情洋溢的表揚信。

在信中，空姐讀到這樣一句話：「在整個過程中，妳表現的真誠的歉意，特別是妳的 12 次微笑，深深打動了我，使我最終決定將投訴信寫成表揚信！妳的表現很優秀，下次如果有機會，我還將乘坐妳們的航班！」

> **感悟：**在人與人相處時，不妨多多微笑，對於普通的人際關係和諧，對於與顧客關係的融洽，皆是一劑靈丹妙藥。只要你的臉上總是洋溢著微笑，你就總會面對人生、事業的綠燈。
>
> **格言：**缺少服務員美好的微笑，正好比花園裡失去了春天的太陽與和風。── ［美國］康拉德‧希爾頓

喚回童心，找回快樂

社會迫使人們越來越世故，童心離人們越來越遠了。但偶然間，我們會從孩子們的言行中體會到童心的可貴，並希望自己仍然擁有一顆童心。怎麼辦？

‧天真常在，微笑常駐

孩子與笑有著難解的緣。孩子的笑能夠消融世俗世界裡的痛苦，讓那些傷痕累累的人得到無盡的慰藉。成年的人有必要好好地回憶一下，兒時是怎麼面對那些傷心的經歷，居然一笑置之的。找到那種兒時的感覺，再遇到什麼煩惱的事，就問自己：「能不能笑著應付這件事？」只要能在心裡這樣問自己，你一般都能微笑著瓦解煩惱。

‧充滿夢想，努力實現

孩子的想像力是豐富的，孩子心靈的世界充滿了夢想。那些夢想世界充滿了趣味，也充滿了神奇的創造性。身為一個成年人，你也可以允許自己享受同樣有趣的幻想。你可以寫下 20 條長期以來夢寐以求的事情，不論是參加馬拉松比賽、上電視，還是出國訪問。接著，劃去那些看起來在短期內無法實現的幻想，最後至少會得到一項當下可以實現的夢想，並馬上去實現。然後，依次……。

・率性而為，順其自然

　　孩子無論遇到什麼事都喜歡率性而為。我們想要回歸童年，尋找到童心，就應該打破常規的心態，不要對手邊的每一件事都精心策劃、按部就班。當朋友或孩子們建議你一起去做什麼事，不要輕易說「不行」。你要跟隨你的童心，去決定最終去不去。

・用愛心去擁抱生活

　　兩個素不相識的小孩子，短短的相處，幾句交談，能成為非常親近的好朋友。大人要做到這一點非常難，但也不妨一試。我們可以非常隨意地逛街逛公園，無論碰到作家、教授還是打掃環境的工人，都去和他傾心交談。在談話中，我們展露的是一顆充滿愛意的童心。相信生活也會回報給我們同樣的童心。

・找回童年歡樂

　　童年時我們都玩過一些遊戲，室內的、戶外的、野外的……這些遊戲帶給了我們無數的童年歡樂。長大了，我們遠離了這些遊戲。

　　其實，成年人玩看似滑稽的兒童遊戲，可以使人輕鬆地丟掉工作的重壓，使生活變得輕鬆愉快，就是接著再工作，也會因為回味玩耍的美妙而充滿了耐心。

▋ 用幸福之水洗刷苦痛

　　有位善於診治各種疑難雜症的中醫老專家義診，一位少婦向老專家訴說自己的病情：已經多日茶飯不思，白天鬱悶，夜裡失眠……。

　　老專家給她把過脈，觀過舌象，便肯定地說：「妳只是心中有太多的苦惱事，體有虛火，並無大病。」

　　少婦聽了如遇知音，於是便傾訴了心中的種種煩惱：炒股賠了一筆款，悔不當初；丈夫前不久開了一家商店，生意並不興隆；公公婆婆年邁體弱，需要經常去照顧家務；近日又和親屬發生了一些矛盾……。

　　老專家仔細聽過之後，問起她的另外一些情況：「丈夫跟妳的感情如何？」少婦臉上洋溢著笑容說：「他很疼愛我，對我關心備至。」

老專家又問：「孩子呢？」少婦眼裡閃爍著光芒說：「女兒聰明伶俐，成績好，也很懂事。」 老專家再問：「妳呢？有做些什麼別的事情嗎？」少婦連忙點頭說：「我從事服裝設計和加工製作，每年都有一些產品出口，去年，我入股的這家服裝廠還被評為明星企業……」

老專家一邊問一邊用筆寫，然後把寫滿字的兩張紙放到少婦面前：一張紙上面寫著使她苦惱的事；另一張紙上寫著讓她幸福的事。

老專家對少婦說：「妳的病已經診斷好，這兩張紙就是治病的藥方。妳把苦惱事看得太重了，卻忽視了身邊的幸福。」

說著，老專家讓學生取來一盆水、一隻豬苦膽，把膽汁滴入水盆中，那濃綠色的膽汁在水中暈開，很快便見不到蹤影。

老專家說：「妳已經親眼看到了，膽汁入水，味則變淡，人生何嘗不是如此？」少婦從中十分有所悟。

> **感悟：**我們常常感到煩惱憂鬱，並不是因為在生活中承受了太多的苦痛，而是我們不善於用幸福之水洗刷苦痛，面對痛苦和煩惱時，我們的目光變得短淺固執。其實，痛苦煩惱和幸福快樂有許多時候是雙胞胎。在我們嘆息流淚時，幸福快樂就在身邊向我們點頭微笑。
>
> **格言：**凡事只要看得淡些，就沒有什麼可憂慮的了；只要不因憤怒而誇大事態，就沒有什麼事情值得生氣的了。 —— ［古羅馬］塞涅卡

▌如何告別寂寞、走出孤獨

現代社會，地球變小了，距離變近了，人與人之間的疏離卻也達到了前所未有的程度，人們難免處於寂寞孤獨之中。

我們該怎樣規劃明天，克服寂寞與孤獨心理呢？以下是一些實用的技巧。

◇ **結交朋友，擺脫恐懼：**想要擺脫寂寞與孤獨，就必須克服顧影自憐的狹隘，走入充滿光亮的人群中，勇敢地去認識人，去結交新的朋友，去感受友情的溫暖，不要怕會受到傷害。無論到什麼地方，我們都要興高采烈，把自己的

歡樂盡量與別人分享。

◆ **調整需求目標**：寂寞與孤獨除產生於恐懼和不自信，還會在這樣的情況下出現：一是胸無大志，二是目標不切實際，從而因實現目標的困難，而失去活出自我的動力。因此，要擺脫空虛，必須根據自己的實際情況，及時調整生活目標。能投入精力做一件自己喜歡的事情，並能時時有所長進，你的生活會變得充實；生活充實了，你就不會有孤獨寂寞感了。

◆ **求得他人的支持**：當一個人失意徘徊時，總是特別渴望有人給予力量和支持，給予同情和理解。而要獲得他人的支持，你首先必須忘卻自我，多去關心他人，這樣你就不會感到空虛和寂寞了。

◆ **博覽群書**：讀書能使人找到解決問題的鑰匙，找到人生的無窮樂趣。要使人從寂寞與孤獨中解脫出來，讀書是一種極好的方法，讀書越多，知識越豐富，人的生活也就越充實。而且讀好書，就如同與哲人交友，哪裡還會寂寞孤獨？

◆ **忘我地工作**：工作是醫治寂寞與孤獨的良藥。當一個人集中精力，全心全意投入工作時，就會忘卻寂寞帶來的痛苦與煩惱，並從工作中看到自身的價值，對人生充滿希望。

◆ **轉移注意力**：孤獨寂寞之所以能影響我們，問題還在於我們對它過分關注。所以，不妨進行目標轉移，比如在學習或工作之餘，努力培養自己的業餘愛好，投入興趣，這樣就能使心情平靜下來。當一個人有了新的樂趣之後，就會產生新的追求；有了新的追求，就會逐漸調整生活狀態，很容易就會從寂寞與空虛狀態中解脫出來，獲得豐富多彩的生活。

▎面對壓力：減弱而不是對抗

在加拿大魁北克山麓，有一條南北走向的山谷。山谷有一種獨特的景觀：西坡長滿了松柏、杉樹等大大小小的樹，東坡卻像被精心挑選過一般 —— 只有雪松。

這一奇異景觀曾經吸引不少人前去探究其中的奧祕，但卻一直無人能夠揭開謎底。

1983 年冬，一對婚姻瀕臨破裂而又不乏浪漫的加拿大夫婦，準備規劃一次

長途旅行，希望重新找回昔日的愛情。兩人約定：如能找回就繼續生活，否則就分手。

當他們來到那個山谷的時候，天下起了大雪。他們只好躲在帳篷裡，看著漫天的大雪飛舞。不經意間，他們發現，由於特殊的風向，東坡的雪總比西坡的雪下得大而密。不一會，雪松上就落了厚厚的一層雪。然而，每當雪落到一定程度時，雪松那富有彈性的枝頭就會彎曲，使積雪滑落下來。就這樣，反覆地積雪，反覆地彎曲，反覆地滑落，無論雪下得多大，雪松始終完好無損。西坡的雪下得很小，樹木很少受到損害。

妻子若有所悟，對丈夫說：「東坡肯定也長過其他的樹，只不過由於不會彎曲而被大雪摧毀了。」

丈夫點頭之際，兩人似乎同時恍然大悟，旋即忘情地相擁熱吻起來。

丈夫興奮地說：「我們揭開了一個謎 —— 對於外界的壓力，要盡可能去適應；在適應不了的時候，要像雪松一樣彎曲一下，這樣就不會被壓垮。」

一對浪漫的夫婦，透過一次特殊的旅行，不僅揭開了一個自然之謎，而且找到了一個人生真諦。

> **感悟**：我們總是抱怨那些使我們處於某種壓力下的人和事，而從來不去檢查一下壓力的承受者 —— 我們本人。確實，壓力不是由我們造成的，但大多數情況下，背起壓力的正是我們自己。所以，當壓力襲來之時，我們還應該自己想辦法，自我減壓，把自己從壓力中拯救出來。
>
> **格言**：想要適應給人帶來強大壓力的現代生活，想要以頑強樂觀的態度生活下去，最重要的莫過於學會自我緩解精神負擔的訣竅。 —— 〔日本〕池見酉次郎

如何緩解、擺脫壓力

就像不能逃避生活一樣，我們也無法逃避壓力。那麼，如何隨時緩解壓力、釋放壓力、擺脫壓力的困擾呢？不妨試試以下方法。

◈ **正確認識壓力**：一個人如果能真正認識到自己遇到的不如意只是生活的一部分，而且是否存在這樣那樣的難題，也並非衡量是否幸福的標準，那麼他就不會被壓力所困擾。

◈ **常記「比下有餘」**：如果你因為對自己的生活處境不滿意，就感到壓力太大，不妨與不如你的人比一下。這就是俗話所謂「比上不足，比下有餘」。這並非悲觀思想，因為透過這樣的比較，你將擺脫壓力的困擾，從而輕裝前進。

◈ **抑制壓力**：壓力並非來自事情本身，而是來自我們心理的反應。這種反應因人而異，可大可小。消除壓力的真正關鍵是獲得一種控制能力，使你有力量去改變可以改變的事情，有力量去接受你無法改變的事實。

◈ **尋求分擔壓力的人**：一個人的能力再大，總是難以應付生活的各方面。比如把精力全部投入到工作上，就會無暇顧及家務；反之，則又可能把工作做得一塌糊塗。這些看起來都是小事，但這些小事卻實實在在地構成了我們生活中的最大困擾。如果全家人都充分利用自己的空閒時間，各盡其能，合理地分配家務，有的人負責採購、做飯，有的人負責清潔衛生，不僅可以減輕家務帶來的壓力，還可以享受天倫之樂，壓力自然而然也就被驅出門外，不亦樂乎？

◈ **拋棄一切讓我們厭煩的事**：想要從壓力中解脫出來，就要懂得如何規避壓力。到海邊或郊野散散步，或躺到沙灘或草地上，讓陽光盡情撫慰全身，讓血液流過每一寸肌膚。這樣靜靜地躺著，回憶天真爛漫的童年，回味身邊意味深長的人與事，臉上很快就會露出寧靜的微笑。

◈ **盡量把糟糕的事看得平淡一些**：針對這種情況，可以設計一把「度量」這類難題的 1～10 的比例尺。10 為最糟的事情，比如親人去世、失去工作……茶水濺在領帶上訂為 2，為孩子穿衣訂為 1。那麼碰到茶水濺到領帶、孩子穿衣服太慢之類的情況，自己心急如焚甚至要發火時，用「比例尺」衡量一下，便知道自己顯然反應過頭了，心情便會平靜下來。

▎擁有健康體魄，才可能有輝煌人生

瑪里·居禮非常喜愛舞蹈，同時也喜歡爬山、游泳等活動。她說：「我愛舞蹈不僅是為了娛樂，也是為了運動和健身。」她在對「鐳」的研究中，經過八年探索、四年提煉終於成功。她之所以能承受長期繁重的腦力和體力勞動，以及風寒、煙、雨的侵襲，與她經常鍛鍊身體密不可分。

托爾斯泰一生寫了許多著作，其中《復活》、《戰爭與和平》、《安娜·卡列尼娜》是舉世名著。他之所以能長期堅持大量的腦力勞動，也與他的身體健康密切相關。他熱愛自然風光，喜歡登山、游泳、摔角、體操等運動。因而當他 80 歲時，仍能從事文學創作。

孔子的弟子顏回是很「好學」的「不惰者」。他與孔子「言終日」而不休息。他也很聰明，能「聞一而知十」。但他身體很弱，29 歲頭髮全白了，31 歲就「不幸短命死矣」，沒有留下什麼著述。

唐朝著名的詩人李賀，也是由於體弱，又不注意鍛鍊身體，27 歲就病故了；著名的文學家韓愈「年未四十，而視茫茫，而髮蒼蒼，而齒牙動搖」。如果不是這樣，他可能會為我們留下更豐富的文化遺產。國外也不乏這樣的事例，羅馬尼亞人民為之驕傲的、創作《多伊娜》圓舞曲的奇普里安·波隆貝斯庫，由於體弱多病，又不注意鍛鍊身體，結果活到 20 多歲，就被肺病奪去了年輕的生命。

> **感悟：**「身體是革命的本錢」，沒有健康的身體，一切都是空談。生活在重重壓力之下的現代人，更應注意鍛鍊，強健體能，這樣，自己的事業才有基本的保障。
>
> **格言：**長期的身體毛病使最光明的前途蒙上陰暗，而強健的活力就使不幸的境遇也能放金光。 —— ［英國］史賓賽

▎如何擁有、保持健康的體魄

沒有健康的身體，進步、成功根本無從談起。想要擁有、保持健康的體魄，應從以下幾方面努力。

◆ **堅持合理的飲食**：健康的身體必須要吃得好，這是最基本的。千萬不要把進步、成功和所謂「廢寢忘食」連繫在一起，那只是一時的。現在提倡可持續發展，良好的身體才是一個人可持續進步的基本保障。

◆ **保持充足的睡眠**：一般人每天大約需睡足 8 個小時，當然這也因人而異，有人會多些，有人會少些。重要的是，必須有足夠的睡眠，第二天才會有足夠的精神。無論學習或工作再忙，也應盡量避免減少睡眠時間。

◆ **在感到疲倦以前就休息**：為確實保持健康，在感到疲勞之前就應該休息。這一點已被不少科學家證實：美國陸軍曾經幾次以實驗證明，即使是年輕人，如果能每一小時行軍後休息 10 分鐘，他們行軍的速度就會加快，也能更持久地進行行軍，否則便很快體力不支，所以陸軍部隊強迫每個士兵行軍 1 小時後休息 10 分鐘。棒球名將康黎·馬克說，每次出賽之前他如果不睡一個午覺，到第五局就會覺得精疲力竭了。如果他睡了午覺，哪怕只睡 5 分鐘，也能夠比完全場，一點也不感到累。

◆ **加強體育鍛鍊**：運動是消除全身緊張、保持精神輕鬆、興奮的很有效的辦法，也是保持活力、促進健康的有效辦法。我們可以選擇一種或數種自己喜愛的運動，每天堅持，使之成為我們每天生活的一部分，而且運動時要放鬆心情。切記：運動是最好的醫生；生命在於運動。

◆ **遠離不良生活方式**：不良生活方式，如吸菸、酗酒，飲食、睡眠不規律，飲食結構不合理，缺乏運動，不良的情緒影響，以及環境汙染加重等，都是造成疾病的主要原因。我們應該注意遠離不良的生活方式，這樣可以避免很多疾病的發生，使自己永遠保持一個良好的體魄。

> **格言**：人類的幸福只有在身體健康和精神安寧的基礎上，才能建立起來。——〔英國〕歐文

▎大自然因為自然才美麗

有一位探險家，他從 20 歲就開始了自己的環球之旅，在之後 40 年的時間裡，他幾乎走遍了地球上所有著名的荒漠、叢林和深山峽谷。

當他結束著名的南非大裂谷地帶的探險之後，有記者曾經問他有何感想，他說自己始終有兩大遺憾：一是為世人遺憾，地球上這麼壯麗的景色，竟然不得一睹；二是為景色遺憾，它那麼壯觀美麗，而不為世人所知。

後來，這位探險家又來到紐西蘭的斯奈爾斯島旅行，意想不到的是，他原先的心態因為這次旅行而徹底改變。

斯奈爾斯島是紐西蘭南部的一個小島，面積不到 7 平方公里，又遠離紐西蘭本土，一年到頭沒有幾個人到來。當探險家踏上這座小島的時候，發現這裡竟生長著成片的公爵蘭。

這位見多識廣的探險家之所以吃驚，是因為這種公爵蘭花姿奇秀，香味馥郁，在他的國家甚至在整個歐洲，都被認為是群芳之首。如果在歐洲，這樣的花都會受到精心呵護，用來裝飾總統套房，成為奢侈生活的必備品。可是在這個孤島上，這些美麗的花兒卻安靜而寂寞地生長著，幾百年甚至幾千年都無人知道。

探險家為此覺得非常遺憾，這是他見過的最大的一片公爵蘭。正當他在為它們難過的時候，看花朵上有幾隻野蜂正忙碌著，把蘭花上的花粉和花蜜帶回自己的家。這一切都是那麼和諧自然。

探險家忽然明白了，在自然界裡，所有事物都不會按照一定的意志存在。對於這一大片公爵蘭來說，當成總統套房的擺設和成為野蜂的食物都是一樣自然。也許它們能在這一片肥沃的土地上生長就是最大的價值，它們根本不需要別人來欣賞和讚美。

後來，他在日記中寫著：美麗不是為了誰存在，她們可以自己欣賞自己。這世界上有許多奇異而絕妙的景色我們都無緣目睹，這不遺憾，遺憾的是美景在前而自己不懂欣賞。

> **感悟：**大自然的美麗，正在於其自然；如若有為人為矯飾，就失去了那份自然的美麗。我們不可以按自己的價值觀來看待、評價自然，不可以按自己的意志來安排、調動自然。杳無蹤跡的幽谷裡，蘭花獨自美麗地開。
>
> **格言：**你不要忘了我最喜歡的一句箴言：「自然總是美的。」──〔法國〕羅丹

▎感受大自然的每一個美妙瞬間

阿萊莎朝廚房裡的掛鐘望了一眼。如果快一點的話，也許她能在丈夫卡羅回家之前把衣物熨好，可晚飯肯定是會延後了。

阿萊莎略停了一下，擦了擦臉上的汗水。天儘管陰沉，但這的確是她經歷過的最乾燥和最灼熱的天氣。

阿萊莎剛俯下身，從籃子裡拎起一件襯衫放到熨衣板上，正在此時，她聽見女兒蒂姆在門口大聲地喊：「媽媽，快來呀！」

「出事了嗎？」她立刻拔下熨斗的插頭，奔了出去。

「怎麼了？」阿萊莎問，「妳不知道我正忙著嗎？」

「妳聽呀！」

蒂姆拉過媽媽，低聲耳語，「那是什麼？」

起初，阿萊莎什麼也沒聽到。

過了一會，阿萊莎聽到一種模糊的聲音從遠處的樹林中慢慢傳來。她聽著，有些困惑，這種聲音她從來沒有聽到過。

突然，阿萊莎明白了。「那是雨！」

她輕輕地說，幾乎不能相信是她自己的聲音。「哦，蒂姆！」她說，「雨來了！」

阿萊莎一把抱住蒂姆，簡直是欣喜若狂。

多妙啊！她們聽著那急驟的雨點落在地上的劈啪聲，看著院子裡和路上坑洞

裡積聚著的雨水。於是，她們甩掉鞋子，光著腳跑進雨裡，手拉著手，仰望著天空。很快她們就被雨水浸溼了。真舒服，在可怕的熱天過去之後，雨顯得是多麼涼爽、新鮮啊！

她們愜意地一起呼吸著清新的空氣和潮溼的泥土散發出的沁人肺腑的氣息。

那天晚上的衣服熨完了嗎？晚飯做了嗎？阿萊莎已記不得了。但是她卻清晰地記著雨中那美妙的一瞬：彷彿世界上只有她和蒂姆看到了那動人的一幕，也許就真只有她們兩個人……。

> **感悟**：快節奏的生活裹挾著我們，現代的所謂「休閒生活」、「夜生活」又霸占了我們所有空閒時間，我們難得親近自然，體驗大自然帶給我們的欣喜與感動。而快樂、幸福需要的並不多，也許就是赤足戲水、冒寒堆雪、臥地看草、側耳聽鳥……。
>
> **格言**：對於自然美的真實的愛護心，尤其是美學教育上的首要。自然是美的源泉、藝術的源泉，亦可說是人生源泉。——〔中國〕豐子愷

▍都市裡那清晰的蟋蟀聲

有一位印第安人，他長年住在山裡，從來沒有到過大城市。一個偶然的機會，他的朋友邀請他去紐約做客，他欣然接受了。

到了紐約，當朋友引領著印第安人出了機場正要穿越馬路時，印第安人對他說：「你聽到蟋蟀的叫聲了嗎？」

紐約友人笑著說：「你大概坐飛機坐太久了，這機場的引道連著高速公路，是不會有蟋蟀的。」

又走了兩步路，印地安人又說：「真的有蟋蟀！我清楚地聽到了牠們的聲音。」

紐約友人笑得更大聲了：「您看看那裡吧，工人們正在施工，聲音這麼大，怎麼會聽得到蟋蟀聲呢？」

印第安人二話不說，走到斑馬線旁安全島的草地上，翻開了一枯樹幹，讓紐

約友人前來觀看那兩隻正在高歌的蟋蟀！

　　紐約友人看後感到十分吃驚，大聲說：「你的聽力真是太好了，能在這麼吵的環境下聽到蟋蟀的叫聲！」

　　印地安人說：「這沒有什麼了不起的。不光我可以，你也可以，所有聽力正常的人都可以。不信的話，我可以借你口袋裡的零錢來做個實驗嗎？」

　　紐約友人連忙說：「可以、可以！我口袋裡大大小小的銅板有十幾元，你全拿去用！」

　　紐約友人把錢掏出來交給了印地安人。

　　「仔細看，尤其是那些原本眼睛沒朝著我們這裡看的人！」印地安人說完，就把銅板拋到了柏油路上。

　　突然，有好多人轉過頭來看，甚至有人開始彎下腰來撿錢。

> **感悟：**人的聽力相差無幾，不同的是專注的事物，結果也就相對不同了。有人專注金錢，有人專注自然。聽到與聽不到，全然在於有沒有專注地傾聽。專注金錢的人聽不到自然之聲，而專注自然的人則能聽到大自然每一細小的聲音。我們願意做這個近乎寓言的故事裡的哪一種人？
> **格言：**美是到處都有的。對於我們的眼睛，不是缺少美，而是缺少發現。──〔法國〕羅丹

▌回歸故園，喚醒純真

　　珍妮從考入大學之後，就一直生活在城市裡，很少再回到她德文郡的鄉下老家。

　　在城市高速發展、五光十色的那個年代，像珍妮這樣希望生活在城裡的鄉村青年不在少數，她的兒時玩伴，可以說幾乎都是這樣的。

　　雖說是個女孩子，但珍妮不僅愛好文學，也喜歡哲學。她在城裡從事報紙編輯工作，更多地接觸的是時事和商務方面的情況，雖說也在副刊發表一些小文章，但很不滿足。

　　珍妮想，在燈紅酒綠的城市裡，實在是找不到什麼詩意，更別說進行哲理思考了。更讓她感到有些無所適從的是，都市裡的人際關係是那樣冷漠、實用，與她兒時的情景截然不同。

　　身在都市的珍妮，難免想念故鄉。可是工作實在太忙，她只是乘工作之便順路到過一些鄉村，蜻蜓點水而已。何況這些村莊經過了「開發」，沾染了許多都市的「風韻」，差不多算是「鄉村裡的都市」了。

　　珍妮的同學查理在城市待了幾年後回到了故鄉，並且擔任了鎮上的負責人。有感於都市生活的紛亂、躁動，他力求保持故鄉原貌，不做過分開發。因為他知道，即便是旅遊業招來遊客，也是原汁原味更有吸引力，都市裡的人來這裡是希望過幾天異質的生活，放鬆身心，體驗寧靜與素樸。

　　查理透過電子郵件向珍妮介紹了故鄉的情況，珍妮心動了，她終於下了決心，用幾年累積起來的假期，向報社請了一個多月的假。

　　回到故鄉，珍妮感到不僅天地開闊了，文思與哲思也開闊了。她開始規劃由城到村的「反向運動」。

> **感悟：**工業化代替了農業的支柱地位，都市吸引鄉村的人口，致使人們疏離了田園，疏離了自然。漸漸地，待在城市裡的人們越來越累，越來越多的人又回到了郊區或鄉間居住。人，還是在故園、在自然中要恬適一些。

▌享受旅行的時光

　　艾溫‧蒂爾（Edwin Way Teale）是美國的一位作家，也是旅行家。他原本是一家雜誌社的編輯，但他喜愛自然，喜歡旅遊。由於雜誌社的工作與出差旅行沒有多少關係，所以蒂爾十分苦惱。只是當時自己經歷尚淺，積蓄不多，無法脫離工作。

　　經過幾年的累積，蒂爾在許多方面有了儲備，尤其令他高興的是，一家出版公司欣賞他的文筆和敬業精神，不僅和他簽訂了出版合約，還預付了他一部分版

稅。如此，蒂爾可以實施他旅行寫作的宏偉計畫了。

在接下來的數年中，蒂爾幾乎遊遍了美國的名山大川，並且寫成四巨冊的《美國山川風物四記》。在旅行中，蒂爾飽覽了國家自然風光、動植物風貌，而且他的著作出版後也很受歡迎，獲得了好評，並被翻譯成多種文字。

漢娜是個都市白領，是個新潮的女孩。上班的時候，她一身職業套裝，精明幹練，工作出色。下班時間，她卻不像一般的女孩一樣逛商場、泡酒吧，而是換上輕裝，穿一雙運動鞋，在郊區裡四處踏青、賞秋，走訪民俗風情，探尋古蹟遺址。她的願望是有朝一日做一個旅行攝影家。

時光荏苒，幾年過去，漢娜的願望仍在紙上。她覺得那需要一定的基礎，而自己似乎一直還不具備。為此，漢娜也十分焦急。

一次，一連幾天趕工引起的不適，警醒了漢娜。是啊，自己已經二十七八歲，再這樣等下去，恐怕到時候要有心無力了。於是，她下定決定辭職，把房子租了出去，決定以小有的積蓄和房租支持自己的旅行。

事情原來並不像想像的那樣艱難，搭便車、住老家，再加上報刊和網路採用自己的照片和短文，漢娜的旅費綽綽有餘，還能供她收集一些心愛的民間工藝品。

更有意義的是，原公司的同事也加入了旅行的產業，並且透過旅行的體驗，促成大家集體捐建了一所希望小學。

> **感悟**：過自己希望的生活，並不需要多麼困難的條件。我們不一定要做專業的旅行家，但一定要設法享受旅行的時光，它是增進人文素養、培育寬廣胸懷的有益之舉，會使我們的人生更為豐富多彩。
>
> **格言**：人若虛度一生的光陰，便是拋下黃金未買一物。——〔波斯〕薩迪

第十二章　培育情感之花，繪出人間麗景

　　我以為世間人與人的關係，最自然最合理的莫如朋友。君臣、父子、兄弟、夫婦之情，在十分自然合理的時候都不外乎是一種友誼。所以朋友之情，實在是一切人情的基礎。

▌人生知己，有如同胞

　　春秋時期，俞伯牙是當時最善彈琴的人，然而知音難覓，他終日彈琴，無人賞識。

　　一日，遇到鍾子期，子期聽到伯牙的琴聲，激昂之處，便說浩浩乎志在高山；當聽到琴聲回轉千疊處，便說蕩蕩乎志在流水。二人於是成為莫逆之交。

　　後來，子期因病而死，俞伯牙悲嘆沒有了知音，便摔掉他珍愛的琴，誓不再彈。

　　還是春秋時代，管仲和鮑叔牙一起做生意，管仲拿出的本錢少於鮑叔牙，而分錢時，管仲拿一倍，鮑叔牙知道他家裡貧窮，不認為他貪財；管仲曾經為鮑叔牙出主意辦事，結果事情搞砸了，鮑叔牙不認為他愚笨，而認為是客觀條件不利；管仲三次當官，又三次被罷免，鮑叔牙不認為他沒出息，而是認為他沒有遇到好機緣；管仲三次作戰，三次敗北，別人笑他膽小，鮑叔牙說管仲不是害怕，而是要留下生命奉養老母親；公子小白與管仲有「一箭之仇」，小白當了國君後，鮑叔牙為管仲說好話，並推薦他當了齊國的相國，自己甘當管仲的副手。

　　所以管仲深有感觸地說：「生我者父母，知我者鮑叔牙也。」

> **感悟：**世界這麼大，每個人的性格、品行都有不同，若能遇上知己，的確是人生的幸福。知己朋友，志趣相投，彼此理解，不因利益起紛爭，互相支持、幫助。人生得一知己，足慰平生。
>
> **格言：**我以為世間人與人的關係，最自然最合理的莫如朋友。君臣、父子、兄弟、夫婦之情，在十分自然合理的時候都不外乎是一種友誼。所以朋友之情，實在是一切人情的基礎。——〔中國〕豐子愷

危難中不離不棄才是真朋友

赫胥黎（Aldous Huxley）與達爾文便是在科學鬥爭中相交相知的。

西元 1850 年代，達爾文把剛出版的《物種起源》寄給了正在倫敦礦物學院擔任地質學教授的赫胥黎。

赫胥黎認為此書很有價值，預感到此書將掀起軒然大波。他回信給達爾文，熱烈讚揚這部著作，並說，「我正在摩拳擦掌，以保衛這一高貴的著作，必要時「準備接受火刑」。

達爾文的進化論與基督教的《創世紀》是水火不容的。達爾文把自己的《物種起源》稱為「魔王的聖經」，正表明了他對宗教的挑戰。神學家們看到他的著作，也確實像見到「魔王」一樣恐懼和憎恨。

在這場激烈的鬥爭中，赫胥黎甚至站在達爾文前面驕傲地宣稱：「我是達爾文的鬥犬。」

為此，赫胥黎受到宗教狂熱者的攻擊。赫胥黎總是輕蔑地回答說：「是啊，盜賊最害怕嗅覺靈敏的獵犬。」為了保衛達爾文的學說，赫胥黎在此後的 30 年間，甚至改變了自己的學術研究方向，轉而研究脊椎動物化石。

> **感悟：**俗話說：「患難見真情」，苦難是交友的試金石。患難之交大多都是長久的、真正的朋友。在危難中不離不棄、並肩戰鬥的朋友，才是真正的朋友。
>
> **格言：**只有在患難的時候，才能看見朋友的真心。——　〔俄國〕克雷洛夫

交朋友不應在意社會地位

德國作曲家貝多芬成名早，名氣很大，而奧地利作曲家舒伯特卻一生坎坷，連糊口的職業也找不到。兩人社會地位相差如此懸殊，所以同在維也納，卻未曾見過一面。

一次，舒伯特夾了自己的一冊作品去拜訪貝多芬。不巧，貝多芬外出了。舒伯特只好留下自己的作品，悵然而歸。

貝多芬回家後就臥床不起。一天，病勢稍減，友人順手拿起桌上的一冊樂譜讓他消遣。

貝多芬略一翻閱，就驚呼：「這裡有神聖的光芒！是誰作的？」

友人告訴他，是舒伯特的作品。

這位友人又把貝多芬的評價轉達給舒伯特。舒伯特立即奔到貝多芬的床前，兩位音樂偉人終於相見了。

貝多芬深情地握著舒伯特的手喊著：「我的靈魂是屬於你的！」

不久，貝多芬就逝世了！舒伯特悲痛欲絕，親舉火炬為知音送葬。

第二年，舒伯特也離開了人世。臨終前，他向自己的親友提出了一個希望：「請將我葬在貝多芬的旁邊。」

在維也納中央公墓的墓地裡，兩位偉大的音樂家結伴長眠。

> **感悟：**如果兩個人志趣相投，互相欣賞對方，有意結交朋友，就不應該太在意對方的社會地位。地位的高低，不能成為交友的障礙。

年齡差異擋不住友誼

三國時，東吳元老程普自恃資歷高、年紀長，多次欺辱周瑜。

周瑜雖然被孫權所寵，官大權大，卻沒有以勢壓人，對此毫不計較，始終折節容下，以共同保衛國家。久而久之，便贏得了程普的敬服，使他們之間的關係不但沒有破裂，反而比以前更好。

用程普自己的話講：「與周公瑾交，若飲醇醪，不覺自醉。」意思是說，與周瑜交朋友，就像飲了美酒一樣，不自覺地就醉了。

> **感悟：**許多人不計年齡差別，不分長幼輩分而結交朋友，這種便是忘年之交。忘年之交可互相學習，年長的向年輕的學新知識、新技能；年輕的向年長的學道理、學經驗，二者取長補短、共同進步。

▌相互批評指正才是友誼的根本所在

晉代的祖士言是個大棋迷，特別愛下棋。當時時局混亂，他「有志不得酬」，心情極其苦悶，於是便沒日沒夜地沉浸在棋局之中。

祖士言有一個好朋友叫王叔處，屢次在他棋致正高時嚴厲地指責他，甚至毀掉他的棋局，苦口婆心地用「禹惜寸陰」的古訓來規勸他。祖士言以無事可做回應，王叔處又為他出謀劃策，說他身處京都，遊歷四方，文筆又好，完全可以記述歷史、告之後人，為後代留下寶貴的資料。

在好友的勸誡下，祖士言果真開始批閱文史典籍，為後世留下了歷史潮流的痕跡，算是立言於世，功成名就。

唐代大文學家韓愈也有一個好友 —— 張籍。他們感情很好，「出則連轡馳，寢則對榻臥。披盡古今書，事事相酌量」。

韓愈文名遠播，官居顯職，趨炎附勢的人很多，一片讚美之聲，自己也免不了「飄飄然」起來了。可是，張籍卻對他大潑冷水，每逢有信給他，總能指出他的缺點，尤其是韓愈不謙虛和喜歡賭博的毛病。

韓愈在好友的勸誡下，意識到了自己的不足，表示誠心悔改，在各方面果然大大進步。後來，韓愈自己也感嘆，幸虧有張籍，否則自己一定會飄飄然下去，一事無成。

> **感悟：**朋友有好多種，奉承、討好我們的並不一定是好朋友，批評、斥責我們的並不一定是壞朋友。朋友間互相指正批評，坦誠相待，便會共同進步；若是曲意奉承逢迎，於己於友都無益處。像王叔處、張籍這樣的靜友，他們對朋友的規勸，不僅無損友誼，而且使朋友百尺竿頭、更進一步，獲益匪淺。

格言：益者三友，損者三友。友直、友諒、友多聞，益矣；友便辟、友善柔、友便佞，損矣。——〔中國〕孔子

施予者的關愛與體貼

小珍要出國了讀書了，可是她的家庭因為某些變故已經沒有任何積蓄。很多朋友都打電話要支援她，但統統被她拒絕了。

這天，小珍的朋友小張正和丈夫商量怎麼資助小珍的問題，因為小張確信小珍肯定需要幫助，只是她的性格太強、不喜歡別人的捐助而已。

忽然，小張的丈夫想出了一個主意，說：「我看這樣吧，讓她幫妳買些東西吧，要知道小珍最愛幫助別人了。」說完，他意味深長地笑了笑。

小張一聽，茅塞頓開。

第二天，小張找到小珍，說：「小珍，聽說美國最近出了很多親子教育的書，能不能幫我留意一下，我不怕貴，只要好就買！越多越好，買好了請用航空寄給我。」然後給了小珍 2,000 美元的書籍費。最後，小張補充說：「買之前先給我看一下書名，讓我決定買不買。」

小珍欣然同意。到美國不久，就傳了許多書名給小張，但小張全都不滿意。

就這樣，小珍學成歸來，一見小張就抱怨說：「怎麼這幾年給了妳那麼多書名，妳都不買呢？」然後掏出 2,000 美元還給小張，又說：「不過，剛到美國那陣子，要是沒有妳的 2,000 美元，我還真熬不過去呢！」

小張聽了只是笑笑，隨後讓其他朋友取回了各自的 500 美元。

感悟：朋友之間，該援助時絕不能袖手旁觀。對朋友的幫助，有物質上的，也有精神上的。對於這個故事，如果我們只注意到被幫助者的自尊和幫助者的技巧，似乎有所局限，而更應該體會朋友互助所體現的關愛與體貼。

格言：真正的朋友不把友誼掛在口上，他們並不是為了友誼而互相要求一點什麼，而是彼此為對方做一切辦得到的事。——〔俄國〕別林斯基

▍如何贏取真誠的友誼

美國伊利諾州的一位年輕律師經常說：「林肯除了一幫朋友外，一無所有。」我們如何才能像林肯那樣贏得他人的友誼呢？交友應該注意哪些問題呢？

◆ **把交友當成一項生活內容**：一個人如果懂得交友的好處，就不應該把交朋友當成可有可無的事情。好朋友雖說可遇不可求，但我們應該積極去結交朋友，把交朋友當成一項生活內容。

◆ **慎重選擇朋友**：我們的性格、行為或多或少會受到朋友的影響。所以，對朋友的選擇一定要慎重。要多交益友，不交損友。

◆ **不能為短期效用交友**：有人交朋友純粹為了短期效用和自己的利益，根本不想去付出和承擔義務。這種人是很難交到真正的朋友的，即便一些人真心把他當成朋友，也是暫時的，過不了多久，他們的友誼就會不復存在。

◆ **向朋友敞開心扉**：有些人不願把自己心靈深處的恐懼、失望以及負面的情緒暴露出來。可是，在建立友誼的過程中，有時必須要敞開心扉。

◆ **及時規勸朋友**：朋友的另一種作用就是相互提醒，避免幼稚地犯錯。朋友間有信任作基礎，提出的建議往往容易被對方所接受。

◆ **為朋友打氣**：人生種種追求和奮鬥中難免遇到挫折，常會精神頹唐，灰心喪氣，或徹底絕望。這種時候，朋友的打氣是必需的。

◆ **不可忽略小事**：在朋友需要的時候，應該毫不猶豫地伸出友誼的手，讓朋友感受到友誼的力量。但人一生中，艱難的日子畢竟是暫時的，因此友誼往往體現在一些小事上，例如：朋友生病了，打電話去問候；朋友過生日，買份小禮物送去……。

◆ **接受朋友的幫助**：有人曾說過：「如果你想讓人成為你的朋友，就請他幫助你。」可見，想要贏得他人的友誼，接受朋友的幫助也很重要。幫助朋友，你會感到因為幫助了別人而幸福；同樣地，朋友也需要這種幸福的感覺。你應該為朋友創造這種機會。

▌跨過相思，捕獲自己的愛情

在一次大學的舞會上，史密斯認識了安娜。當時她一身樸素裝扮，正漫不經心地站在窗戶旁。

史密斯看了一會，開始了他的行動。他分開舞池中擁擠的舞者，直直向她走了過去。他走得堅定、自信、一刻沒停，一直走到安娜面前，一句話都沒說，拉起安娜走向了舞池。

大學畢業後，安娜成了史密斯溫柔的妻子。

後來安娜告訴他，她並不像他看上去的那麼漫不經心，她注意到了史密斯。當史密斯走過來的時候，她的心跳得很厲害，在心中默默祈禱：「男孩，別停下！男孩，別停下！」

> **感悟：**有多少兩情相悅的男女失之交臂，誰也說不清。有多少人在愛情之路上吞下了「錯過」的苦果，甘苦自知。許多的「錯過」，缺乏的不是雙方的愛，缺乏的是足夠的自信和堅定的行動。

▌走出卑怯，捕獲真愛

鐘斯女士被一起生活了 20 年的丈夫拋棄後，覺得自己不可能再吸引任何一個男人。

一年以後，她在朋友的勸說下開始練習攀岩，做得非常成功。透過進行冒險運動和正視自己的恐懼，她變得堅強了，她的自尊心和自信心也大大地提升了。她喜歡自己變成的這個「新人」，她還獲得了身為獨立個人的信心和勇氣。

有一天，當她甚至沒有心思去尋找愛情的時候，它卻悄悄降臨了。她遇到了一個樂觀向上、事業有成，同時又感情豐富、體貼的男人。

「在我眼中，妳是世界上最美麗的女人。」他常對鐘斯這麼說。從來都沒有人給過她這麼高的讚美。

每次他們在一起，都感到快樂無比。他們之間的親密程度不斷加深，在他們

心中激蕩的愛，比鐘斯以往經歷的任何一種愛都要強烈。

很快，他們變得如此親密。鐘斯確信自己找到了生活中真正的幸福、滿足和最真摯的愛。

> **感悟：**面對內心的恐懼，人們往往出現兩種選擇：克服它和迴避它。克服恐懼之後人會變得更成熟，而迴避恐懼，只會使自己被擊垮。相信自己能，並勇敢地去做，就一定能成功。

▌別人的愛情模式，不一定適合自己

從前有兩個人相戀了。但是他們不知道該怎麼去愛，又很想兩個人能永遠在一起，所以，他們去請教別人。

有人告訴男人，想要和你的女人在一起，就首先要有權力和金錢，這才是最重要的；也有人告訴女人，想要和自己和男人永不分離，首先要管住他的錢，這樣才是幸福美滿的真理。

於是，男人決定去做一番事業，女人也說要出去見見世面，他們約好兩個星期見一次面。

在離開女人的第一個星期，男人吃了一個星期的泡麵。每到吃飯，他就特別想女人，想和女人一起吃飯，一起聊天。可是，他沒有去找女人。

在離開男人的第一個星期，女人在外工作，總是被老闆罵。每到夜深人靜的時候，女人就特別想男人，想對男人說她每一天的經歷，訴訴心中的苦悶，想抱著男人放聲痛哭。可是，她沒有去找男人，因為她記得有人曾經對她說過，女人要有自己的事業，不能在男人面前表現得很沒用。母親也說過，女人要矜持，不能主動去找男人。

就這樣，他們在外面過了三年。男人在外面賺了很多錢，女人也有了自己的事業。女人記著「管住男人的錢」的話，每次回家，第一件事就是問男人賺了多少錢，男人的第一件事是好好地享受女人為他準備的一切。漸漸地，男人覺得女人很膚淺，只喜歡錢；女人覺得男人很冷漠，不體貼女人。於是，他們把兩週一

次的見面，改為了一月一次。

突然有一天，男人病倒了，沒有人照顧他，在昏迷中他一直叫著女人的名字。女人拋開一切來到男人的身邊，沒日沒夜地伺候著男人，不停地在他耳邊說：「你說過要和我永遠在一起，我不能沒有你。」

在女人的照料下，男人的病終於好了。他們都把自己的真實感受告訴了對方。

最後，他們決定放棄別人教給自己的生活方式，回到原來屬於他們的生活，只要能天天在一起，就算不能永遠，他們也不後悔。

30 年過去了，他們還是彼此相愛著。

感悟：「幸福的家庭是相似的，不幸的家庭各有各的不幸」已是眾所皆知的名言，實際上幸福的家庭也各有各的幸福，並不完全相同。別人的愛情模式不一定適合自己，千萬不可全盤照搬。如果為了賺錢而長期分離，愛情遲早會冷卻。

▌為幸福說謊

他和她相識在一個宴會上，那時的她年輕美麗，身邊有很多追求者，而他卻是一個很普通的人。宴會結束之後，他邀請她一起去喝咖啡，她很吃驚，然而出於禮貌，還是答應了。

坐在咖啡廳裡，氣氛十分尷尬，她只想儘快結束。但是當服務員把咖啡端上來的時候，他卻突然說：「麻煩你拿點鹽過來，我喝咖啡習慣放點鹽。」當時，她都愣了，服務員也愣了。

服務員拿來了鹽，他放了點進去，慢慢地喝著。她是好奇心很重的女子，於是問他：「你為什麼要加鹽呢？」

他沉默了一會，然後一字一句地說：「小時候，我家住在海邊，我老是在海裡泡著，海水湧進嘴裡又苦又鹹。現在，很久沒回家了，咖啡裡加鹽，就算是想家的一種表現吧。」

她突然被打動了。因為，這是她第一次聽到男人在她面前說想家。她認為，想家的男人必定是愛家的男人。她忽然有一種傾訴的欲望，氣氛漸漸地變得融洽起來……。

　　之後，兩個人頻繁地約會。她帶他去遍了城裡的每家咖啡館，每次都是她說：「請拿些鹽來好嗎？我的朋友喜歡咖啡裡加鹽。」再後來，就像童話書裡所寫的一樣：「他們結婚了，從此過著幸福的生活。」40 年後，他因病先於她而去，並給她留下了這樣一封信：

　　「原諒我一直都在欺騙妳。還記得第一次請妳喝咖啡嗎？其實我是不加鹽的，當時既然說出來了，只好將錯就錯。沒想到竟然引起了妳的好奇心，這下子，讓我喝了半輩子的加鹽的咖啡。

　　「今生得到妳，是我最大的幸福；如果有來生，我還希望能娶到妳。只是，我可不想再喝加鹽的咖啡了……」

▎真愛就是彼此相信、互相支持

　　1910 年，華萊士 (DeWitt Wallace) 想到一個辦雜誌的新辦法，他計劃把一些濃縮的文章編輯在一起，命名為《讀者文摘》。他做了一份樣本，自以為已費了很大精力。然後，他抱著很大希望把它寄給全國多家雜誌社，然而沒有一封回信，這如同一盆冷水，澆熄了華萊士希望的火花，他沮喪之極。

　　這時他遇見一位長老會傳道人的女兒 —— 麗娜‧比爾‧阿基森 (Lila Acheson Wallace)，不久二人便墜入愛河。

　　麗娜相信華萊士的夢想，稱這是個「了不起的想法」，鼓勵他堅持下去。在她的支持、幫助之下，華萊士開始向可能的訂戶寄發預訂信件。雖然，這時他的雜誌還未正式創辦。

　　1921 年 10 月，這對情侶喜結良緣。當兩人度完蜜月回到家時，發現信箱裡塞滿了來自全國各地的信件。這些信件無一例外地對華萊士的想法表示有興趣，這使這對夫婦受到莫大的鼓舞。於是他們開始編輯第一卷第一期，並於 1922 年 2 月正式發行。華萊士把麗娜當作雜誌的創辦人、編輯和擁有人之一。

這份小小的雜誌隨著歲月而成長，目前，《讀者文摘》至少用十八種語言發行，並成為全世界最暢銷的雜誌之一。

華萊士曾說：「我認為是麗娜使《讀者文摘》得以問世。」

> **感悟：** 愛的力量是無窮的，它可以使看似不可能的夢想得以成真，在對方陷入困境時給予鼓舞，相互扶持、共同前進，在夢想成真時，共同分享成功之果的甘甜。
>
> **格言：** 生活教會我們，愛情不在於彼此互相凝視，而在於共同朝一個嚮往看。——〔法國〕安·德·聖埃克蘇佩里

相愛的人，不應輕易猜疑對方

小麗馬上就要與男友結婚了。聽到這一消息後，小麗的前男友小王嫉妒無比。晚上，他獨自一個人到小飯館裡喝了一個晚上的酒。但是酒後的他不是老老實實地躲在家裡睡覺，而是開始琢磨如何報復一下這一對新人。

第二天，恰巧小麗男友的朋友有事要找小王，兩個人談起了小麗他們的婚事。小王乘此機會，有意要他們難過，就故作神祕地向小麗男友的朋友說起了自己以前與小麗談戀愛時的事。他有意含糊其辭，暗示自己曾與小麗發生過男女關係。

結果，沒有幾天，小麗的男友便知道了此事。此人也是個老古板，聽說此事後，對小麗破口大罵，小麗急得對天發誓，但其男友就不相信。小麗問其消息來源，並逼其男友的朋友與小王當面對證。

小王陰陽怪氣地說一句：「你的左腿內側有一塊黑痣是不是？」然後轉身就要離去。

小麗一聽，氣得哇哇大叫，自己的黑痣他是怎麼知道的？就要衝上去與他拚命。但是，小王一轉身就走了。小麗的男友也拂袖而去。

小麗此時是有口難辯，有苦難言。當天晚上便服毒自殺了。

後經法醫檢驗，小麗是清白的，她所謂的黑痣，經警方調查，是小麗的一個

女友無意中說出來的，被小王聽到後，用於策劃了這起事件。此時，小麗的男友已經後悔莫及。

> **感悟**：兩個人既然相愛，應該相互信任。如果輕信別人的詆毀，而對自己所愛的人產生懷疑，就會造成難以挽回的後果，斷送到手的幸福。

▌真愛未必要強求長相廝守

柴可夫斯基和梅克夫人是一對相互愛慕而又從未見過面的戀人。

梅克夫人是一位熱愛音樂、有一群兒女的富孀，她在柴可夫斯基最孤獨、最失落的時候，不僅給了他經濟上的援助，而且在心靈上給了他極大的鼓勵和安慰。她使柴可夫斯基在音樂殿堂裡一步步走向巔峰。柴可夫斯基最著名的《第四交響曲》和《悲愴交響曲》都是為這位夫人而作。

他們從未見過面的原因並非他們二人相距遙遠，相反他們的居住地僅一片草地之隔。他們之所以永不見面，是因為他們怕心中的那種朦朧的美和愛，在一見面後被某種太現實、太物質化的東西所代替。

不過，不可避免的相見也發生過。

那是一個夏天，柴可夫斯基和梅克夫人本來已安排了他們的行程：一個外出，另一個一定留在家裡。但是有一次，他們終於出了差錯，兩個人同時都出來了，他們的馬車沿著大街漸漸靠近。

當兩駕馬車相互擦過的時候，柴可夫斯基無意中抬起頭，看到了梅克夫人的眼睛。他們彼此凝視了好幾秒鐘，柴可夫斯基一言不發地欠身，梅克夫人也同樣回欠了一下，就命令馬車夫繼續趕路了。

柴可夫斯基一回到家就寫了一封信給梅克夫人：「原諒我的粗心大意吧！維拉蕾托夫娜！我愛妳勝過其他任何一個人，我珍惜妳勝過世界上所有的東西。」

在他們的一生中，這是他們最親密的一次接觸。

感悟：純粹精神上的愛太超凡脫俗了，在當今，現實生活中的人們很難相信柴可夫斯基的精神戀愛。但掌握好距離的尺度卻真是一門高超的藝術，我們要明白距離其實也是一種美。有時候兩個相愛的人無法在一起，就沒有必要強求長相廝守。

格言：有人居然說，愛情在分別時就會減弱，其實心愛之物得不到時滋味更加甜蜜。── ［印度］迦梨陀娑

真愛不在乎物質和生理的缺陷

心地善良的偉是個天生的啞巴，雖然能聽懂別人的話，卻說不出自己的感受。梅是偉的鄰居，一個自幼失去雙親、和外婆相依為命的女孩。在梅蹣跚學步的時候，偉就已是個 12 歲的大男孩了。她一直喊他哥哥。

他真像個哥哥，帶她上學，與她玩耍，含笑聽她嘰嘰喳喳講話。雖然他只能用手勢和她交談，可她能讀懂他有多麼喜歡自己。而她也離不開這位善良的啞巴哥哥。

一轉眼十幾年過去了，梅成了一位亭亭玉立的少女，她考上了大學。孤身一人的偉便開始拚命地賺錢，然後源源不斷地寄給梅。他認為，梅現在需要自己的照顧。而她從沒拒絕。終於，她畢業了，開始工作。有一天，她用手勢告訴他：「哥，我要嫁給你！」

偉先是一愣，而後轉身就跑，從此再也不肯見她，無論她怎樣哀求。她這樣說：「你以為我同情你嗎？想報答你嗎？不是，從 12 歲我就愛上了你。」可是，她得不到他的回答。

有一天，梅突然住進了醫院。偉嚇壞了，跑去看她。醫生告訴他，她喉嚨裡長了一個瘤，雖然切除了，卻破壞了聲帶，今後可能再也講不了話了。病床上，她淚眼婆娑地看著他。

他們用手交流，終於，偉答應了梅的請求。於是，他們結婚了。

他們在無聲的世界裡共同生活了三十多年，期間，沒有人聽他們講過一句話。他們用手、用筆、用眼神交談，分享喜悅和悲傷。他們成了周圍相戀男女最

羨慕的對象。人們說，那是一對多麼幸福的啞夫妻啊！

　　但愛情阻擋不了死神的降臨，終於有一天，偉拋下梅一個人去了另一個世界。人們怕她經受不住失去愛侶的打擊，紛紛跑來安慰她。這時，她收回注視他遺像的呆滯目光，突然開口講話：「愛人已去，謊言也該揭穿了。」

　　原來梅並不是一個啞巴！在場的人無不驚訝，繼而又對她多年來對愛的執著讚嘆不已。

　　從此，她不再講話，不久也離開了人世。因為她知道，偉在天堂等著她。但這對啞巴夫妻的愛情故事，卻在人間廣為流傳。

> **感悟：**有一首歌這樣唱：「我能想到最浪漫的事，就是和你一起慢慢變老。」真正的愛情，往往不在於物質和生理的缺陷，更重要的是心與心的交融。
>
> **格言：**愛情是生命中最美麗的感情，我們可以為它做任何事情。──〔法國〕皮爾・卡丹

▌既然相愛過，就不要互相仇恨

　　法國作家雨果 17 歲那年，與門當戶對、年輕貌美的阿黛・富歇訂婚，20 歲時兩人結婚。兩人情投意合，婚後生活很幸福，曾招來無數羨慕的目光。阿黛是個畫家，為雨果生了三男兩女。

　　照常理推斷，這應是個幸福的家庭，可是到了西元 1832 年，也是雨果婚後的第十年，阿黛突然另結新歡，追隨一位作家而去。這使雨果一度懊惱、痛苦不堪。次年，他結識了女演員茱麗葉・德魯埃 (Juliette Drouet)，兩人墜入愛河，這才使他那顆傷痛的心得到撫慰。

　　但阿黛離開雨果後，生活並不幸福，經濟一度很拮据，幾乎到了舉步維艱的地步。為了生存，有一次，她精心製作了一隻鑲有雨果、拉馬丁、小仲馬和喬治・桑 (Georges Sand) 四位作家姓名的木盒，到街頭出售，可是因為定價太高，很多天無人問津。後來，雨果看見了，就托人過去悄悄地買下來，這個木盒迄今

仍陳列在巴黎雨果故居展覽館裡。

盧梭 11 歲時，在舅父家遇到了剛好大他 11 歲的德‧菲爾松小姐，她雖然不很漂亮，但身上特有的那種成熟女孩的清純和亮麗，還是深深地吸引了盧梭。她似乎對盧梭也很有「好感」。很快，兩人便轟轟烈烈地像大人般地戀愛起來。但不久盧梭就發現，她對他所謂的「戀愛」，只不過是為了激起另一個她暗戀的男人的醋意 —— 用盧梭的話說「只不過是為了掩遮一些其他的勾當」時，他年少而又過早成熟的心，便充滿了一種無法比擬的氣憤與怨恨。他發誓不再見這個女子。

可是，20 年後，已享有極高聲響的盧梭有一次回故鄉探親時，竟在湖上不期然地看到了離他們不遠的一條船上的菲爾松小姐，她衣著簡樸，面容憔悴而又黯淡。

盧梭想了想，還是讓人悄悄地把船滑開了。他寫著：「雖然這是一個相當好的復仇機會，但我還是覺得不該和一個 41 歲的女人算 20 年前的舊帳。」

> **感悟：**時間的流水可以帶走很多東西，喜、怒、哀、樂都會隨之而去，但永遠抹不去曾經的真愛在心靈上留下的溫馨、美好與感動。相愛過的人，無論因為什麼原因分手，都不應互相仇恨，或報復對方。
>
> **格言：**人不是僅僅為了愛而生存的。難道男人的全部目標就是為了控制某一個女子，而女子的全部目標就是為了左右某一個男子嗎？ ——〔俄國〕赫爾岑

應該理智面對感情出軌行為

法國小說家呂西安‧裡歐和妻子感情很好，呂西安所有的小說都由妻子來列印。

但是有一天，一個名叫奧爾嘉的女人闖進了他們的生活。奧爾嘉提出了一個呂西安很不願意正視的問題：她要跟他結婚。

與奧爾嘉結婚，就意味著要與妻子離婚。可是，他與妻子結婚畢竟有 20 多年了。這可怎麼說出口？

不過，小說家畢竟是小說家。他很快就想出了一個相當妙的主意。他先編了一個故事，將自己與太太的戀愛與20多年的生活完全搬了進去。在小說的最後，他想像了一個結尾：那對夫妻離了婚，妻子走開了，獨自來到了一座森林中的小屋裡，在這裡過上了安靜的日子。妻子在臨走前一滴眼淚也沒有流，因為兩個人的婚姻裡畢竟已經沒有了以前那種令人怦然心動的東西了。不過，在妻子臨走前，他還是給了妻子一大筆金錢……。

當這天早上他把這份手稿交到妻子的手裡時，他的心裡還有些惴惴不安。晚上，他回到家裡時，心裡還在嘀咕妻子會怎麼對待他。但進門後，他卻發現，一切都還跟原來一樣，妻子的臉上一點也沒有看懂他的意思的樣子。

「稿子妳列印好了沒有？」呂西安問。

「列印好了，已經送往《里昂晚報》編輯部了。」

「哦……」那為什麼她沒有一點動靜呢？呂西安獨自猜測著。

幾天後，小說在晚報上發表了。呂西安讀了發表出來的小說，頓時恍然大悟。原來，妻子為故事的結尾做了一個較大的變更：既然丈夫提出了這個要求，夫妻倆還是離了婚。可是，那個在結婚20多年後依然對丈夫保持著純真愛情的妻子，在自己前往森林的路上，因過度憂鬱而死去了……。

呂西安一下子被震驚了，他產生了極大的罪惡感，後來他決定與奧爾嘉一刀兩斷。當然，直到他死，他也沒有向他的妻子說過自己曾經產生過的離婚想法。

感悟：聰明而又豁達的妻子巧妙地、沒說一句話就把自己的丈夫從別人的身邊給搶了回來。因此，對於婚姻基礎牢固的夫妻，用理智和緩的態度，去處理配偶偶爾的越軌行為，遠比大吵大鬧高明得多。

格言：感情壓倒理智，這就是人間產生罪惡的原因。── ［希臘］尤里比底斯

▎ 掌握愛的法則

人類因為有愛才美好，因此，無論異性之愛，親人之愛，朋友之愛……都被人們所追求。追求愛，保有愛，還需要掌握愛的法則。那麼，有哪些愛的法則需要掌握呢？

·時間是愛的溫床

一見鍾情的愛畢竟是可遇不可求的，也可能是非常短暫的。美麗而又幸福的愛需要雙方去維持、呵護，就像對待一樹種，只有精心培育，才能讓它生根發芽，長成一棵綠色蔚然的大樹。

愛需要單獨相處的時間。像處理日常瑣事那樣處理愛是不恰當的，也會使愛日益枯萎。愛需要特殊的美妙的時光，比如月夜談心、郊外野餐之類。

·誠實是愛的源泉

很多人為了追求愛，裝腔作勢，投其所好，不惜降低自己的人格來取悅對方。這無疑是錯誤的，也很難獲取真正的愛。

愛拒絕斤斤計較、吹毛求疵的小家子的誠實；愛需要坦誠、豁達、大度的誠實。愛從來都屬於那些情感執著、本性率真的人。正視自己的缺點和優點，哪怕自己的缺點很明顯，優點很平淡，仍然可以獲取高潔的愛。

·自由是愛的根基

愛的成熟還需要另一種易於被忽視的特質 —— 放手讓對方自由自在。想要獨占愛人的全部身心，認為容忍他人或異己的情感會種下禍根，這種看法倒也是人之常情。但我們必須懂得，我們所愛的人並不完全屬於我們自己，愛情也不必非要達到完全排外的程度。

·語言是愛的感測器

我們的生活離不開語言。沒有語言，我們無法發洩內心的怨氣，更無法豐富而又直接地傳遞我們心中的愛意。

用語言表達愛並不需要長篇大論。因為語言有著豐富的內涵和外延，一句

「和你在一起，我感到溫暖」，會讓愛人倒在你懷裡，久久難以平息內心的甜美。一句「兒行千里母擔憂」，會讓一個離家在外的孩子頻頻回望故鄉。

除了語言，身體接觸也是我們表達愛意的一種重要的方式。夫妻之間、父母與孩子之間、好友之間，適當的愛撫是美好的，表達我們的愛意也是有力的。

愛是生活中必不可少的一種情感，需要一生去追求，需要在一言一語、一顰一笑中體現。我們要學會追求愛，享受愛，傳播愛，這樣，愛才會永駐心間。

▌ 無價的三個字 —— 我愛你

有些夫婦用擁抱、親吻和公開地對對方、對他們的孩子說「我愛你」來表達他們彼此之間的愛。凱蒂和格雷厄姆擁有的家庭不屬於這一類。他們擁有一個充滿愛和五個可愛孩子的家，他們只是不習慣老是把「愛」掛在嘴上。

然而，有一天，談論愛的時候終於到來了 —— 凱蒂需要讓她的女兒琳達非常清楚：自己是多麼的愛她，她死去的父親生前是多麼的愛她。因為身患癌症的琳達已經不於人世了。

在琳達最後的幾個月裡，凱蒂常常坐在她的床邊，對她說出那三個簡單的字：「我愛妳」。凱蒂能看到女兒眼中有淚花在閃爍。這三個字對她來說，其意義是不同凡響的。

有一天，凱蒂正坐在琳達的床邊，電話鈴聲響了。打電話的是琳達的小叔南森和他的兩個孩子，阿什利和泰勒。

南森的話語中抑制不住內心洋溢的熱情，他對琳達說：「我能跟琳達講話嗎？」凱蒂解釋，她太虛弱了，甚至沒有拿電話的力氣。但南森懇求她把話筒放到枕頭上，靠近她的耳朵。於是，凱蒂完全照做了。

南森和孩子們沒有對琳達說什麼，而一起唱了一首歌，是斯蒂威・旺德（Stevie Wonder）作詞、作曲的那首《電話訴衷腸》。他們為唱好這首歌已經練習了好幾天了。

當歌聲停止的時候，琳達的臉上洋溢著一種被人深愛的、無比幸福的神情。她使用了渾身力氣，喃喃地說：「真是美極了。」

三天之後，琳達死了。但在她離開這個人世的時候，她已經知道了自己在這一生當中是被人接受的、被人欣賞和被人愛過的。

> **感悟：**「我愛你」是三個極其簡單的字，但人們往往由於各種原因而不願將它說出來。其實，適時地對你所愛的人說「我愛你」，這是一件無價的禮物。
>
> **格言：**「我愛你」……這樣的話是永垂不朽的。太陽也許什麼時候會熄滅，但這句話卻永遠不會熄滅。──〔俄國〕柯切托夫

▋善意謊言的背後，是真愛和幸福

有這樣一個故事。

到中午該吃午餐的時間，一對中年夫婦進來一家小吃店，男的有一隻眼睛看不見了，身後背著一把二胡；女的是個盲人，在男人的攙扶下，摸索著坐了下來。

「大碗豆花米粉，兩份。」男的將二胡靠在牆角。

剛坐下來，男的又起身去拿筷子，順便付了錢，又向店員說了幾句什麼。一會，米粉上來了，卻是一大一小兩碗。男的仔細地將米粉弄碎、拌勻，然後將大碗遞給女的。

女的吃了兩口問：「你呢？」

「我也是豆花米粉，大碗的，足夠了。」

「這種不是大碗的。」坐在旁邊的一個小孩忽然說。他一定以為，這個叔叔弄錯了，卻付了大碗的錢。中年男子並沒有抬頭，繼續低頭吃著。「叔叔，你吃的這種不是大碗的。」小男孩以為他沒聽見，重複說。

正吃米粉的女人停了下來，側著頭仔細辨別聲音的方向，她的臉輕輕地抽搐了一下。

吃完米粉，他們攙扶著走出了小吃店。

「今天吃得真飽。」男的說。

女的沉默了一會 ──「你不要騙我了，你吃的是小碗，你一直瞞著我。」女的失聲哭了起來。

「我不餓，真的不餓，妳……妳別這樣，路人看了多不好……」男的有些手足無措，抬起衣袖為妻子擦淚。

> **感悟：**人們常感嘆愛情很難長久，但這對貧窮的盲夫妻平凡的故事裡不也正投射出無盡的愛和關懷嗎？哪怕是一句善意的謊言，背後卻藏著真愛和幸福。
>
> **格言：**愛神固然常常造訪亭臺樓閣，不過對於茅屋陋室也並不是拒絕降臨。──〔義大利〕薄伽丘

爭爭吵吵，白頭到老

有一對年輕夫婦，平時總是甜甜蜜蜜、恩恩愛愛，認識他們的人都羨慕不已。但其實他們自己知道，他們之間也常常會有一些摩擦糾紛，鬥嘴吵架總是在所難免的。

一天晚上，碰巧兩人各自所在的公司都加班。妻子滿身疲憊地先回到家，剛坐下，丈夫也回來了。

「好餓，快給我盛碗飯！」丈夫有氣無力地說，妻子一身倦意地橫坐在沙發上，似乎沒聽到。

「怎麼不回答呀？我餓死了！」丈夫有些急了。

「我也剛到家……」妻子半閉著眼睛無力地說。

「妳哪去了？怎麼現在才到家？妳吃了嗎？還懶洋洋地坐在那幹嘛呀？快起來做飯啊……」

「不做！為什麼非得讓我做飯啊！」累壞了的妻子，也不知怎的就冒出這麼句話。

「妳怎麼為人妻子的，這點小事也要鬧！」丈夫也發火了。

「妻子怎麼了？妻子又不是女傭！你以為就你一個加班嗎？我也累啊！」

聽著妻子的一連串怒話，丈夫才知道原來妻子也剛加班回來。他有些後悔，自己不該那麼對待妻子。但又想著妻子也不該那麼凶，覺得妻子也有錯，於是便沉默不語地獨自坐在一邊。

妻子見丈夫不安慰也不道歉，又想著他剛才那幾句怒話，更覺得委屈，傷心憤怒聚集起來，她便不由自主地回臥室收拾起行李來。丈夫見了，一句話不說，把妻子的行李箱往地上一放，自己坐到了箱子裡面。「你幹嘛？」妻子問。「我也是妳的一部分，妳要走，把我一起帶走吧！」妻子笑了，兩人又擁抱在一起。

> **感悟**：夫妻同在一個屋簷下，同在一座圍城中，朝相見、晚相伴，長年廝守在一起，再和睦、再恩愛的夫妻，也難免有磨擦、有矛盾。在這種「家常便飯」面前，太認真、太計較了，非得辯個你對我錯、爭個你高我低出來不可，只能使「戰鬥」升級，小事變大；久而久之，難免會「仇恨入心要發芽」，使穩固的婚姻發生裂痕，使無間的情感產生空洞。
>
> **格言**：和睦的家庭空氣是世上的一種花朵，沒有東西比它更溫柔，沒有東西比它更優美，沒有東西比它更適合把一家人的天性培養得堅強、正直。──〔美國〕德萊塞

▌ 清水與婚姻

有一個小鎮，不知道為什麼離婚的人日益增加起來。為此，政府特地邀請一位研究婚姻問題的老教授前來演講。

上課鐘聲響了，老教授快步走進教室，把隨手攜帶的一疊問卷和兩個玻璃杯子放在書桌上，然後拿起粉筆在黑板上寫下一行大字：「世界上沒有失敗的婚姻。」

寫完之後，老教授向眾人提了一個問題：「誰感覺自己的婚姻是和諧的，請舉手。」結果教室裡沒有一個人舉手。

「既然大家認為各自的婚姻都不和諧，那麼這裡有一份問卷，上面有我所知

道的婚姻不和諧的原因，請大家選擇。」

大家拿起問卷，看到上面寫著一百多個答案：對方固執、任性、抽菸、喝酒、跳舞、吝嗇、嘮叨、工作狂、網路沉癮，等等。

一會，大家填完了，老教授收回問卷，然後逐一向大家展示。大家發現，每份答卷都只選擇了一個或者兩個答案。

老教授接著又向每人發了一份目前家庭狀況問卷，上面密密麻麻地寫著一百多個問題：收入是否夠維持生活？對方是否為你買過禮物？是否有孩子？孩子是否健康活潑？生病了是否及時治療？生病後是否得到過對方的照顧，等等。

一會，老教授再次收回問卷，又逐一向大家展示，每份答卷上幾乎全是肯定的回答。老教授把兩份問卷放到面前，緩緩地說：「透過這兩份調查問卷，我們可以知道，你們的婚姻並沒有什麼不如意之處，只是由於人為地放大了婚姻中一些細微的瑕疵，忽視了身邊的幸福而已。」

說著，老教授將一滴墨汁滴入一杯清水中，那滴墨汁在水中緩緩下降，最終沉入杯底，但杯子裡的水依舊是清澈的。這時，老教授用手指攪動清水，杯底的墨汁馬上擴散開來，整個杯子都成了藍色。

實驗做完了，老教授看著臺下已經陷入沉思的男女，語重心長地說：「滴墨入水，攪則變渾，婚姻何嘗不是如此？」

老教授拿起粉筆，在「世界上沒有失敗的婚姻"這句話的後面寫下了另一行大字：「前提是別攪渾那杯清水。」

感悟： 每個人身上都有缺點、弱點，我們不能刻意將其放大。同樣，對婚姻也是如此，如果我們不去在意對方那些小缺點，不輕易去觸動它、將它擴大，夫妻雙方就能在家庭這條船上一起航行更遠。

格言： 在充滿著體貼和關心的家庭中，永遠不會為雞毛蒜皮的事情發生爭執，傷感情。—— ［蘇聯］蘇霍姆林斯基

如何讓家庭和睦美滿

家庭專家認為，家庭幸福與否，取決於家庭成員的密切程度。因此，我們想讓家庭和睦美滿，就要家庭成員之間的關係更密切。不妨試試以下這些方法。

◆ **多一些家庭聚會**：想要家庭和睦美滿，必須多一些家庭聚會。家人多一些時間共處，是聯絡感情、融洽關係的不可或缺的管道。

◆ **力求相互溝通**：與我們每天生活在一起的人，我們並不全部了解。尤其是我們的父母，他們的所思所想，我們不真的全了解。父母與子女，都不要沉浸於家庭瑣事，都應該積極探討對方的思想和感情，做到相互了解。

◆ **相互排憂解難**：有的父母遇到像疾病、經濟拮据以及死亡等不幸的現實，會瞞住子女。可是心理治療專家指出，如果子女已到了懂事年齡而沒有人告訴他家裡所發生的不幸之事，他們往往會有被人遺棄的感覺。

◆ **找點家庭成員一起參與的事做**：選出一件有意義的事，讓每位家庭成員一起參與，這是一種增進家庭感情的好辦法。比如辦一份家庭週報、一個家庭照相展，再如一起包餃子等。

◆ **家庭儀式不要簡化**：這樣的儀式可以各種各樣，從講家裡的笑話到春季第一天去遠足，都可以作為例行儀式。一旦確定了這樣的儀式，就要堅持下去。

◆ **把家庭外的生活擺到家庭的桌面上**：《成功的孩子》一書的作者費德曼說：「父母都出外工作的子女，會覺得和父母有隔閡，感覺到父母背著他們在做神祕的事情。」可能的話，不妨帶子女到你工作的地方去看看，使他們有個印象，知道你不在家時人在何處，做些什麼。費德曼說：「和孩子談談你事業的目標、失意和成功的事蹟，這樣便可以和他們分享你生活中的一個重要部分。同時，你也在幫助他們形成他們對工作的價值觀和他們的抱負。」

◆ **身子離家心不離**：家庭成員出外工作或上學，一定要和家裡經常聯絡感情。可以採取打電話、寫信、發郵件、網路上聊天、互贈禮物等各種方式。

▌父愛的力量使人勇氣倍增

在小房間工作一整天後，年輕人極度疲憊，他只想回家好好休息，準備第二天的工作。

走向電梯時，他突然聽見尖叫聲，看見黑煙和火焰如波浪般在走廊出現。各種念頭接連閃過他的腦袋，他意識到：這座樓失火了，而自己專心工作，之前一點沒有覺察到。他驚慌地向四周一望：走廊裡黑煙鋪地，幾乎什麼也看不見，火焰也離自己越來越近。恐懼抓住了他：「我在六樓上面，絕對無法下去，我會死掉。」

照他看來唯一的生路 —— 走廊，已被火焰吞噬，根本不可能通行。

他聽見消防車的警鈴聲，他強迫自己冷靜下來，想起辦公室旁邊是一高大的窗戶，他一面咳嗽，一面搖晃著走向窗戶，企圖趕快逃離。

但當他往下看，只見一道煙霧遮蓋著地面。透過火焰和煙霧，他明白一批群眾已經聚集在下面，連同消防員一起，他們都在向著他喊：「跳下來！跳下來！」

年輕人覺得自己被恐懼所籠罩。從六樓上往下看，發現人們都顯得那樣小。他想：「從這麼高的地方跳下去，不死也只剩下半條命，還不如燒死在樓上呢！」

此時，從擴音器中他聽見大概是消防員的聲音：「你唯一的生路是往下跳，我們會用救生網把你接住，你會很安全的。」

群眾繼續呼叫，年輕人看不見網，沒有勇氣往下跳。他認為，即使有救生網，自己也可能摔傷，皮外傷沒關係，若弄成殘疾，那自己以後如何生活？他這樣猶豫著，感到自己的雙腳似乎黏在了地上。

忽然，擴音器傳來他父親的聲音：「孩子！沒問題的，你可以跳下來。」

熟悉的聲音傳來，他一下子輕鬆了許多，覺得自己的雙腳可以鬆開了。

> **感悟：**父子連心，父子之間早已建立起來的信任，使膽怯的人有勇氣面對突然而至的災難，在危急時刻使自己得到保全。父愛、母愛的力量都是巨大的，它使人勇氣倍增、不再畏懼。
>
> **格言：**愛的力量比原子彈更厲害，愛也是奇蹟的源泉。 —— ［美國］陶樂絲·卡內基

▍母愛的力量超凡脫俗

天有不測風雲，本來一個非常幸福的三口之家卻因一場突如其來的災難陷入困境。一場車禍過後，女主人雖然撿回了一條命，卻留下了後遺症，會間歇性神經失常，三不五時做出異常的舉動。

一天，女人感到自己的精神狀態還可以，於是就去學校接孩子。不料，在學校門口，女人的病突然發作，坐在街上做出各種奇怪的姿勢，引得路人紛紛圍觀。

這時，放學鈴聲響了，兒子走出校門，一眼就看見了自己的母親，於是連忙一把拉起發病的女人說：「媽，我們回家。」

女人雖然隨著小男孩的聲音站了起來，但「表演」還在繼續。就在這時，一陣風刮來，穿著單薄校服的男孩不禁打了個冷顫。也就在這時，奇蹟出現了，發病的女人突然停止「表演」，伸手脫下自己身上的外衣，套在了兒子的身上。

看了這個舉動，剛才還在嘲笑的路人都愣住了，許多人的眼眶都溼潤了。

> **感悟：**母愛偉大，是因為幾乎源自母親的本能。當子女受到傷害時，母親會本能地去加以保護；當子女小有進步時，母親就會發自內心地高興。母愛是那樣地具有超凡的力量，不僅可以突破心理的障礙，甚至能夠突破生理的閾限。母愛，可感天地，可泣鬼神。
>
> **格言：**做父母的對於子女的早年教育絕不是一種無效勞動。雖然在某些年月裡，好像被教育者處於沉睡狀態，沒有見到效應；但是，到後來終有一天，會看見大有好處的。── ［英國］笛福

▍一塊錢的母愛傭金

大偉家的樓下，有幾家擦皮鞋的小攤，大偉時常光顧。

一天，大偉忽然發現自己漂亮的鞋子不小心沾上了一層薄薄的水泥漿，於是就飛快地跑回家，想去找個擦鞋攤打理一下。可非常不湊巧，那天大家都沒有出來擺攤。

其實還是有一個攤子在的，一個長得有些難看的女人坐在路邊，身旁是她正在做作業的孩子。儘管這個女人年齡不大，可是頭髮蓬亂，衣服破舊，所以大偉從來沒有在她那裡擦過鞋。

可是這天出於無奈，大偉只好極不情願地坐到了醜女人的椅子上，一邊翻雜誌一邊嘴裡還不停地催她快點。

女人擦得挺快，也很乾淨。大偉如釋重負地站起身，伸手去皮包裡拿錢，卻發現裡面空空如也；再摸衣服口袋，也是毫無分文。此時大偉感到尷尬極了，只好說：「實在對不起，我忘記帶錢了！要不，我明天帶來給妳吧！」

「這……要不……」女人似乎有些不太情願說出某些話來。

大偉見狀，忙掏出手機準備叫朋友送錢過來。

「要不，你幫我兒子檢查一下作業吧！」醜女人回頭看看身邊的兒子，用一種膽怯而滿懷期待的眼神看著大偉，「我兒子的成績不太好，可我和他爸又沒讀過多少書，如果你覺得一塊錢不夠的話，我可以一直幫你擦鞋，直到你滿意為止。」

聽到這番話的那一刻，大偉久久沒有回過神來，他突然發現，身為一個孩子的母親，眼前這個相貌醜陋的女人竟然相當好看。

從那以後，大偉下班後總會順路去檢查一下那孩子的作業，不為別的，只因為他美麗的母親支付的一塊錢傭金裡，承載著深深的母愛。

> **感悟：**女人有美有醜，成為母親的女人也是一樣，但不論外表如何，她們對孩子的愛永遠是那麼無私，那麼崇高，純美。母愛是純粹的，只有至真、至善、至美！
>
> **格言：**母親對於孩子是第一所學校。——　〔科威特〕穆尼爾·納索夫

▌不要傷害你最愛的人

美國加州，有一個叫湯姆的人，他有一輛大卡車，他非常喜歡它，總是給它做全套的保養以保持美觀。

誰知有一天，4歲的小女兒珍妮用小鐵片在卡車上劃了很多道刮痕。盛怒之下，湯姆將珍妮的手用鐵絲綁了起來，然後把她扔在車庫裡，自己氣憤地出去了。

5個小時之後，湯姆才想起了還在倉庫裡的女兒。當他趕到車庫，小珍妮的手已經被鐵絲綁得血液不通。珍妮被送到急診室時，醫生說：珍妮的手掌部分組織已經全部壞死，必須截去。就這樣，一個4歲的孩子失去了她的一雙手。

半年之後，湯姆的卡車經過重新烤漆煥然一新。當他把車開回家後，小珍妮看著卡車說：「爸爸，你的卡車像新的一樣漂亮！」

沒等湯姆回答，珍妮又伸出那被截斷的手說：「可是，你什麼時候能還給我一雙手呢？」

湯姆受不了女兒的追問，於是飲彈自盡了。

> **感悟：**毫無疑問，這是一個極端的例子，但唯其極端，才更讓人震撼。誰都無心傷害自己最愛的人，但親近的關係往往讓人們的言行少了幾分拘束，極端之時便會釀成慘劇。對此，我們要深以為戒。

▌愛心支撐的承諾，能夠永恆

有一名礦工在下井刨煤時，不慎被啞炮炸死。因為礦工是臨時聘用的，所以礦上只發放了一筆撫恤金，便什麼都不管了。

悲痛的妻子在喪夫之痛後又面臨著來自生活上的壓力，由於她無一技之長，只好收拾行李準備回到家鄉那個封閉的小鎮去。這時礦工的隊長找到了她，建議她在礦工區開個麵包店，說不定可以維持生活。

礦工妻子想了一想，便答應了。

麵包店很快就開張了。開張第一天就一下子來了十個人。時間推移，買麵包的人越來越多。最多時可達二三十人，但最少時卻從未少過十個人，而且風霜雨雪天天都不間斷。

時間一長，許多礦工的妻子都發現自己丈夫養成了一個雷打不動的習慣：每天下井之前必須吃一個麵包。妻子們百思不得其解。

直至有一天，礦工的隊長在刨煤時被啞炮炸成重傷。彌留之際，他對妻子說：「我死之後，妳一定要接替我每天去買一個麵包。這是我們隊十個兄弟的約定，自己的兄弟死了，他的老婆孩子無法生活，我們不幫誰幫。」

從此以後每天的早晨，在眾多買麵包的人群中，又多了一位女人的身影。時光變換之間，唯一不變的是十個人的身影。

時光飛逝，當年礦工的兒子已長大成人，而他飽經苦難的母親兩鬢花白，卻依然用真誠的微笑面對著每一個前來買麵包的人。那是發自內心的真誠與善良。

更重要的是，前來光臨麵包店的人，儘管年輕的代替了年老的，女人代替了男人，但從未少過十個人。穿透十幾年歲月滄桑，依然閃亮的是十顆金燦燦的愛心。

> **感悟**：誠實守信、一諾千金是千百年來為人們所稱頌的美德。而守諾與真摯的愛心相結合，更成為無價之寶。用愛心支撐起來的承諾，能夠穿越塵世間的汙濁，抵達永恆。
>
> **格言**：無仁愛心者的人生，如同荒漠中的枯木。——　〔伊朗〕瓦魯瓦爾

▍讓親情抹去悲傷的記憶

愛迪夫婦都喜歡孩子卻不能生育，因此領養了一個男孩，他們叫他聖誕男孩，因為他是在快樂的耶誕節期間來的。

聖誕男孩一天天長大，他越來越清楚只有他才有權力每年挑選和裝飾聖誕樹，甚至在愛迪夫婦還沒有吃完感恩節的火雞時，他就開始急急忙忙地準備聖誕禮物單了。每次過節，聖誕男孩都鼓勵他們，帶他們度過歡樂的時刻。

可是，在第 26 個耶誕節那天，聖誕男孩在丹佛街的一起汽車事故中喪生，當時他正要趕回家去看他的嬌妻和幼女。但他先到愛迪夫婦這裝飾了聖誕樹，這是他一直都堅持的禮儀。

　　由於悲傷過度，愛迪夫婦賣掉了房子──因為屋裡的一切都會激起對昔日美好生活的回憶。然後，他們搬到加利福尼亞，遠離朋友和教堂。

　　在聖誕男孩死後的 17 年裡，他的妻子又結了婚，女兒也高中畢業了。愛迪夫婦退休後決定重返丹佛。

　　在一個暴風雪的黃昏，愛迪夫婦悄然返回。透過明亮的街燈，愛迪凝視著遠處的洛磯山脈。聖誕男孩喜歡到那裡去尋找聖誕樹，如今那裡的山腳有他的墳墓──一個令人傷心又難以忘懷的地方。

　　有一天，當愛迪凝望山頂積雪時，她聽到剎車聲，接著便是一陣門鈴聲。來的竟是愛迪的孫女！在她那雙灰綠色的眼睛和爽朗的笑聲裡，愛迪看到了她父親──聖誕男孩的影子。她身後拖著一棵大青松，還跟著她母親、繼父和十歲的異父弟弟。他們闖進來，笑聲陣陣，打開葡萄酒，慶祝愛迪重返家園。他們裝飾了松樹，又快活地把包裝好的包裹放在樹下。

　　這一次愛迪感到了安詳平和，感到生命的延續，中斷了 17 年的耶誕節的含義又回到了身上。

> **感悟：**有時災難固然可使人身心俱毀，但是人間的那一片親情，卻不可忽視。因為那是永遠的避風港，是最最堅固的人生堡壘。關心老人，讓他們感受到親情的溫暖，何不在節日時送上獨特的禮物。
>
> **格言：**互相贈送禮物的家庭習慣有助於增進父母與孩子之間的誠摯的友誼。其主要意義並不在禮物本身，而在於對親人的關心，在於希望感謝親人的關懷。──〔俄國〕伊‧佩切爾尼科娃

▍忘掉悲傷，關注生者

　　吉卜林是著名的英國作家，諾貝爾文學獎得主。

　　西元 1897 年的夏天，吉卜林的美國妻子佳麗生下了他們的第三個孩子。而且是他們盼望的男孩。吉卜林夫婦為這個男孩取名為約翰‧吉卜林。

　　小約翰漸漸長成一個聰明、開朗、快活的孩子。吉卜林覺得自己很幸福。但

在西元 1899 年的冬天，災難發生了。吉卜林的大女兒約瑟芬得了肺炎。因為沒有抗生素治療，約瑟芬死了。吉卜林悲傷之極，但為了 3 歲的二女兒艾西和僅僅 19 個月的約翰，他必須忘掉悲傷。

1915 年，17 歲的約翰已經長成一個又高又瘦、神采飛揚的小夥子了，一雙炯炯有神的眼睛托著一頭栗色的頭髮。

第一次世界大戰開始後，約翰當了兵，吉卜林則去了法國進行關於戰爭題材的創作。8 月 15 日，在開往前線前向媽媽和姐姐告別時，約翰留下了一句深情的話：「告訴在法國的爸爸，我愛他。」

6 個星期後的一天，郵差送來一份前線來的電報，電報上說約翰在一次行動中失蹤了。沒有人能提供詳細消息，但吉卜林還是抱著一線希望，跑了一家又一家野戰醫院，希望能找到曾經和約翰一起作戰的傷患。一家家醫院走過，一個個希望破滅。隨著時間的流逝，吉卜林的痛苦越來越深了。直到 1917 年底，終於找到了一個知情者，他說約翰已經在兩年前的一次戰役中犧牲了。聽到這個消息，全家人痛不欲生，因為連約翰的屍骨都不可能找到了。

在吉卜林生命的最後 18 年裡，他把自己的時間投入到各種為陣亡將士舉行的善後活動中。在那一個個失眠的夜晚，吉卜林呆呆地望著吱吱作響的天花板，在黑暗中苦苦思索著同一個問題：他到底是為何獻出了自己最珍貴的東西？

在一次去法國的途中，吉卜林去拜訪了那位戰後寄給他書和勳章的士兵，兩人建立了深厚的友誼。當這個士兵有了一個兒子時，吉卜林當了小男孩的教父，並把那本帶著彈孔的書和勳章也給了小男孩。多年來，吉卜林頭一次產生了一種希望：約翰沒有死，他把生命獻給了未來。

感悟：失去親人的人，自然會被痛苦和悲傷所籠罩，甚至頹唐不振、萬念俱灰。但是，死者已矣，生者猶在，往事悲傷，於事無益。當此之時，應該忘掉悲傷，為生者做些什麼，為死者的延續做些什麼，這樣才能有可告慰逝去者的靈魂。

格言：凡人之生也必以其歡，憂則失紀，怒則失端，憂悲喜怒道乃無處。愛欲靜之，遇亂正之，勿引勿推，福將自歸。—— ［齊國］管仲

看看人家過得這麼慘，你不可能衰到比他慘！
憤世嫉俗、顧影自憐、憂鬱耍廢、茫然自卑……生活本就不盡人意，你還在整天怪命運？

編　　著：秦搏

發 行 人：黃振庭

出 版 者：崧燁文化事業有限公司

發 行 者：崧燁文化事業有限公司

E-mail：sonbookservice@gmail.com

粉 絲 頁：https://www.facebook.com/
　　　　　sonbookss/

網　　址：https://sonbook.net/

地　　址：台北市中正區重慶南路一段六十一號八
　　　　　樓 815 室

Rm. 815, 8F., No.61, Sec. 1, Chongqing S. Rd.,
Zhongzheng Dist., Taipei City 100, Taiwan

電　　話：(02)2370-3310

傳　　真：(02)2388-1990

印　　刷：京峯彩色印刷有限公司（京峰數位）

律師顧問：廣華律師事務所 張珮琦律師

定　　價：480 元

發行日期：2023 年 06 月第一版

◎本書以 POD 印製

國家圖書館出版品預行編目資料

看看人家過得這麼慘，你不可能衰
到比他慘！憤世嫉俗、顧影自憐、
憂鬱耍廢、茫然自卑……生活本就
不盡人意，你還在整天怪命運？ /
秦搏 編著 .-- 第一版 .-- 臺北市：
崧燁文化事業有限公司, 2023.06
面；　公分
POD 版
ISBN 978-626-357-416-8(平裝)
1.CST: 自我實現 2.CST: 生活指導
177.2　　112008193

電子書購買

臉書